DER ONLINE-PUBLIKUMSKATALOG
DER UNIVERSITÄTSBIBLIOTHEK DÜSSELDORF

DER ONLINE-PUBLIKUMSKATALOG DER UNIVERSITÄTSBIBLIOTHEK DÜSSELDORF

METHODISCHE ERKENNTNISSE UND ERFAHRUNGEN

OPAC-Kolloquium am 27.-28. November 1989
herausgegeben von Günter Gattermann

VITTORIO KLOSTERMANN · FRANKFURT AM MAIN

ZEITSCHRIFT FÜR BIBLIOTHEKSWESEN UND BIBLIOGRAPHIE
SONDERHEFT 52

zugleich: Schriften der Universitätsbibliothek Düsseldorf
herausgegeben von Günter Gattermann, Band 8

CIP-Titelaufnahme der Deutschen Bibliothek

Der *Online-Publikumskatalog der Universitätsbibliothek Düsseldorf* : methodische Erkenntnisse und Erfahrungen / OPAC-Kolloquium am 27. – 28. November 1989. Hrsg. von Günter Gattermann. – Frankfurt am Main : Klostermann, 1991
(Zeitschrift für Bibliothekswesen und Bibliographie : Sonderheft ; 52)
(Schriften der Universitätsbibliothek Düsseldorf ; Bd. 8)
ISBN 3-465-02287-4
NE: Gattermann, Günter [Hrsg.]; OPAC-Kolloquium ‹1989, Düsseldorf›; Zeitschrift für Bibliothekswesen und Bibliographie / Sonderheft; Universitätsbibliothek ‹Düsseldorf›: Schriften der Universitätsbibliothek ...

Satz: L. Huhn, Maintal
Druck: Druck Partner, Hemsbach/Bergstraße
Printed in Germany

INHALT

Abkürzungen VII
Günter Gattermann: Vorwort IX

Arno Schulte-Geers: Das OPAC-Projekt der Universitätsbibliothek Düsseldorf. Realisierungsverlauf und Design 1

Gabriele Dreis: Zur Retrievalorganisation des OPAC 17

Ilse Bartholomäus: Die Benutzeroberfläche 27

Barbara Gattung: Datenbank-Aufbau und -Update 71

Gabriele Dreis: Formen des sachlichen Suchzugriffs. Probleme des automatischen Indexierens 84

Gisela Stedtnitz: Suchbarkeit von Namen 100

Barbara Gattung: Zur Analyse des Benutzerverhaltens. Teil 1 120

Gabriele Dreis: Zur Analyse des Benutzerverhaltens. Teil 2 131

Wolfgang Binder: Der OPAC der Universitätsbibliothek Bielefeld 137

Martin Skibbe: Der OPAC der Universitätsbibliothek der Universität der Bundeswehr Hamburg 144

Herbert Kristen: Der OPAC der Universitätsbibliothek Karlsruhe 152

Hans-Joachim Wätjen: ORBIS, der Oldenburger Online-Benutzerkatalog 163

Wolfgang Kowalk: Der OPAC der Universitätsbibliothek Saarbrücken 174

Hans-Joachim Fuchs, Cordula Rienas, Reinhard Bouché: Der OPAC der Universitätsbibliothek Tübingen 177

Elisabeth Niggemann: Die Diskussion während des Düsseldorfer Expertenkolloquiums 181

ANHANG 189

ANHANG A: Feinkonzept des GOLEM-Dokumentes – in Auswahl – 191

A.1 Aufbau der GOLEM-Zielinformationen 191

A.2 Übersicht über die GOLEM-Zielinformationen 197

A.3 Reihenfolge der Aspekte in den GOLEM-Zielinformationen 198

A.4 Konkordanztabelle: IBAS-Kategorien → GOLEM-Aspekte 199

A.5 Auszug aus den Regeln zur Datenkonvertierung
1. Anmerkungen zum Zeichensatz 199
2. Aufbau der GOLEM-Aspekte BAS und KOR 201
3. Stopwortliste für die GOLEM-Aspekte BAS und KOR 204
4. Aufbau des GOLEM-Aspektes JAH 205
5. Umsetzung der Körperschaftsnamen in die GOLEM-Aspekte AUT / KAZ / KIN / KOR 208
6. Umsetzung der Personennamen in die GOLEM-Aspekte AUT / NAZ / NAM und Funktionsbezeichnungen für Personennamen im GOLEM-Aspekt NAZ 211

ANHANG B: Feinkonzept der Benutzeroberfläche – in Auswahl – 215

B.1 Der OPAC-EDITOR 215

B.2 Übersicht über die Aspekt-Verwendung für die menügesteuerte Recherche 219

B.3 Übersicht für die Aspekt-Verwendung für die Anzeigeformate 220

B.4 Verknüpfungsschema in beispielhaften GOLEM-Sätzen 221

B.5 Struktogramm der Benutzeroberfläche nach 224

ABKÜRZUNGSVERZEICHNIS

ADV	Automatisierte Datenverarbeitung
AK	Alphabetischer Katalog
ALLEGRO	(Programmsystem für Bibliotheken)
BIBDIA	(Programmsystem für Bibliotheken, vgl. OLAF)
BIS	Bibliotheksinformationssystem
BRZN	Bibliotheksrechenzentrum Niedersachsen
BSB-EBCDIC	Bayerische Staatsbibliothek – Extended Binary Coded Decimal Interchange Code
BVB	Besondere Vertragsbedingungen
C	(Höhere Programmiersprache)
CD-ROM	Compact Disk – Read Only Memory
COBOL	Common Business Oriented Language
COM	Computer Output on Microfilm
COMSKEE	Computing and String Keeping Language
CPU	Central Processing Unit
dBase	(Dateiverwaltungssystem)
DCAM	Data Communication Access Method
DVA	Datenverarbeitungsanlage
EDV	Elektronische Datenverarbeitung
FAIRS	Facom Advanced Information Retrieval System
FHS	Format Handling System
FORTRAN	(Höhere Programmiersprache)
GOLEM	Großspeicherorientierte Listenorientierte Ermittlungsmethode
HBZ	Hochschulbibliothekszentrum
IBAS	Informationssystem Beliebiger Anwendungsstrukturen
IuD	Information und Dokumentation
IVS	Informationsvermittlungsstelle
JANET	Joint Academic Network
JURIS	Juristisches Informationssystem
KOBAS	Konstanzer Bibliotheks-Automatisierungs-System

KWOC	Keyword Out of Context
LAN	Local Area Network
MAB	Maschinelles Austauschformat für Bibliotheken
NKD-Format	Neues Konstanzer Datenformat
NMN	Niedersächsischer Monographiennachweis
NZN	Niedersächsischer Zeitschriftennachweis
OKAPI	Online Keyword Access to Public Information
OLAF	Online Ausleihsystem Freiburg
OPAC	Online Public Access Catalogue
OPACMAIN	(Steuerprogramm der OPAC-Benutzeroberfläche)
ORBIS	Oldenburgisches Regionales Bibliotheks- und Informationssystem
PAM	Primary Access Method
PASCAL	(Höhere Programmiersprache)
PASSAT	Programm zur Automatischen Selektion von Stichwörtern aus Texten
PICA	Project for Integrated Catalogue Automation
PL 1	(Höhere Programmiersprache)
RAK-WB	Regeln für die Alphabetische Katalogisierung – Regeln für Wissenschaftliche Bibliotheken
RAM	Random Access Memory
RSWK	Regeln für den Schlagwortkatalog
SIBAS	(Datenbanksystem)
STN	Scientific and Technical Information Network
STOK	Standortkatalog
SWB-Verband	Südwestdeutscher Bibliotheksverbund
SYKA	Systematischer Katalog
URICA	Universal Realtime System for Information Retrieval, Cataloguing and Acquisition
UTM	Universeller Transaktionsmonitor

VORWORT

Wer ein „Modellprojekt" durchführt, geht damit die Verpflichtung ein, ein Produkt – meist experimentell – zu entwickeln, das von Dritten übernommen werden kann, die in einer vergleichbaren Situation ein ähnliches Ziel haben. Aber nicht nur das fertige „Modell" soll Nutzen stiften, auch von den methodischen Erkenntnissen, die während eines möglicherweise schwierigen Entwicklungsprozesses gewonnen wurden, soll die interessierte Fachöffentlichkeit profitieren. Aus Fehlern, die gemacht worden sind, können andere lernen, auch wenn sie getrennte Wege gehen und alternative Konzepte verfolgen. Die Arbeitsergebnisse des Projektes sollten jedoch auch so positiv sein, daß sie es erlauben, sie öffentlich auszubreiten und zur kritischen Diskussion anzubieten.

Der Bibliotheksausschuß der Deutschen Forschungsgemeinschaft, der das Modellprojekt der Universitätsbibliothek Düsseldorf „Entwicklung eines Online-Publikumskataloges für wissenschaftliche Bibliotheken" fördert, hat bei der Bewilligung der Fördermittel mit Nachdruck die Notwendigkeit unterstrichen, die Arbeitsergebnisse des Projektes unverzüglich in der bibliothekarischen Fachöffentlichkeit bekannt zu machen und damit geeignete Rahmenbedingungen für die Nachnutzung zu schaffen. Mit diesem Ziel wurde zur Auflage gemacht, Arbeitsmaterialien und Arbeitsergebnisse in geeigneter Weise zu publizieren, darüber auf bibliothekarischen Fachtagungen zu berichten und in einem eigenen Symposium den Düsseldorfer Online-Publikumskatalog interessierten Nachnutzern im Detail vorzustellen. Dieser Verpflichtung hat sich die Universitätsbibliothek Düsseldorf von Anfang an gestellt.

Erstmals auf der Frühjahrstagung der Sektion 4 des Deutschen Bibliotheksverbandes vom 2.-3. März 1989 in Düsseldorf haben Mitarbeiter der Universitätsbibliothek über Absichten und Ziele des Projektes, über Erfahrungen und Ergebnisse der Entwicklungsarbeit berichtet und diese zur Diskussion gestellt[1]. Diese Berichte reflektieren den Erfahrungsstand vor der eigentlichen Implementierung der „Benutzeroberfläche"; sie erschienen jedoch trotz dieser Vorläufigkeit geeignet, veröffentlicht zu werden, um auf Probleme aufmerksam zu machen, die bisher in der Fachdiskussion vernachlässigt worden waren. Sie

[1] Universitätsbibliothek Düsseldorf. Entwicklung eines Online-Publikumskataloges für wissenschaftliche Bibliotheken (Berichte über das OPAC-Projekt der UB Düsseldorf). Düsseldorf 1989. 101 S. (Schriften der Universitätsbibliothek Düsseldorf. 6).

sollten auch verdeutlichen, daß nicht technische Modelle – weder Hardware-Konfigurationen noch Netz-Konzepte – ausprobiert werden sollten, sondern daß Grundfragen einer geeigneten Aufbereitung und Strukturierung bibliographischer Daten sowie eines benutzerfreundlichen Retrievals im Mittelpunkt standen und stehen.

Diese methodischen Überlegungen sind auch als Anregung für eine Debatte der durch Online-Publikumskataloge aufgeworfenen Katalogisierungs- und Katalogprobleme zu verstehen, die noch in den Anfängen steckt. Der 79. Deutsche Bibliothekartag 1989 in Bonn gab Gelegenheit, vor allem auf Probleme der inhaltlichen Suche nach Literatur aufmerksam zu machen[2]. Inzwischen ist die Berichterstattung über das Düsseldorfer Projekt unter Erweiterung der Fragestellungen fortgeführt worden[3], auf dem 80. Deutschen Bibliothekartag in Saarbrücken stand u.a. die Benutzungs-Perspektive des Online-Publikumskataloges im Vordergrund[4]. Einer Vertiefung der Frage, welche Funktionen und Aufgaben dem Online-Publikumskatalog künftig in einer wissenschaftlichen Bibliothek zugewiesen und welche Erwartungen und Wünsche des Benutzers erfüllt werden sollen und können, ist ein weiterer Bericht über die Projektarbeit gewidmet[5].

*

Am 27. und 28. November 1989 schließlich hat die Universitätsbibliothek Düsseldorf die Anregung des Bibliotheksausschusses der Deutschen Forschungsgemeinschaft und dessen Unterausschuß für Datenverarbeitung und Kommunikationstechniken aufgegriffen und ein zweitägiges OPAC-Kolloquium veranstaltet. Im Rahmen dieses Kolloquiums sollte der seit Mitte Oktober 1989 im Testbetrieb implementierte Online-Publikumskatalog in der Praxis, d.h. am Datenendgerät, demonstriert und die bisher gewonnenen Erfah-

[2] Günter Gattermann, Kann der Online-Benutzerkatalog unser Katalogproblem lösen? Erfahrungen aus dem OPAC-Projekt der Universitätsbibliothek Düsseldorf. In: 79. Deutscher Bibliothekartag in Bonn 1989. Reden und Vorträge. Frankfurt a.M. 1990, S. 81-92 (Zeitschrift für Bibliothekswesen und Bibliographie. Sonderheft 50).

[3] Auf Einladung des Hochschulbibliothekszentrums des Landes Nordrhein-Westfalen fand am 17.1.1990 in der UB Düsseldorf eine „OPAC-Sitzung" statt, an der alle wissenschaftlichen Hochschulbibliotheken des Landes Nordrhein-Westfalen, sowie Vertreter der UB Trier und der Rheinischen LB Koblenz teilgenommen haben. Vgl. unveröffentlichtes Protokoll des HBZ vom 19.1.1990.

[4] Arno Schulte-Geers, Der OPAC der Universitätsbibliothek Düsseldorf; Barbara Gattung, Benutzungs-Perspektive. In: 80. Deutscher Bibliothekartag in Saarbrücken 1990. Reden und Vorträge. Frankfurt a.M. (Zeitschrift für Bibliothekswesen und Bibliographie. Sonderheft 53).

[5] Günter Gattermann, Probleme des Online-Benutzerkataloges. Erfahrungen aus dem OPAC-Projekt der UB Düsseldorf. In: Zeitschrift für Bibliothekswesen und Bibliographie 36, 1989, S. 481-494.

rungen kritisch diskutiert werden. Ebenso war ein Vergleich mit alternativen Konzepten und Lösungen vorgesehen. Im Mittelpunkt der Fragestellungen sollten, wie im Projekt selbst, nicht Fragen der technischen Ausstattung, sondern des Katalogdesigns, der Benutzeroberfläche und der optimalen Wiedergewinnung von Katalogdaten durch den Benutzer stehen. Auch Folgerungen für die formale und inhaltliche Erschließungsarbeit in den Bibliotheken, die sich aus der Indexierung der Katalogdaten im Online-Publikumskatalog ergeben, sollten sichtbar gemacht werden.

Insgesamt 36 Teilnehmer, Fachleute, die mit der Planung und Realisierung lokaler Online-Benutzerkataloge befaßt sind oder in regionalen und überregionalen Verbundzentren Katalogdaten für lokale Systeme aufbereiten, waren anwesend und haben ihr Expertenwissen in fruchtbare Diskussionen einbringen können[6].

Mitarbeiter der Universitätsbibliothek Düsseldorf haben sich in ihren Vorträgen und Demonstrationen nicht darauf beschränkt, die „Errungenschaften" des Düsseldorfer Modellprojektes zu beschreiben, vielmehr haben sie sich – eingedenk der Einsicht, daß es *den* optimalen Online-Publikumskatalog nicht gibt – bemüht, jeweils problemorientierte Darstellungen zu geben, in denen der experimentelle Charakter der Entwicklung herausgestellt, sowie Schwierigkeiten, Fehleinschätzungen und Irrwege nicht verschwiegen werden sollten. Auf diese Weise ist in der Summe der Vorträge ein wohl realistisches Bild der Arbeit entstanden, sozusagen ein detaillierter Einblick in die Werkstatt des Projekts.

Dieses „Werkstattbuch", das hiermit vorgelegt wird, müßte zur Abrundung auch das sogenannte Pflichtenheft, d.h. das für die Programmierung notwendige und ihr vorausgehende bibliothekarische Feinkonzept enthalten. Dieses fehlt jedoch, da es mit mehr als 350 Seiten für den vorliegenden Band zu umfangreich war. Außerdem gibt es nicht *das* Pflichtenheft, da es auch nach Beginn der Programmierung durch ein Softwarehaus kontinuierlich und dynamisch fortgeschrieben wird und auch künftig der weiteren Optimierung des OPAC dient. Im Anhang dieses Buches sind ausgewählte, sozusagen feststehende Bestandteile aus den Arbeitsmaterialien in verständlicher Form abgedruckt.

Die Diskussion, für die reichlich Zeit während des Kolloquiums vorgesehen war, bezog auch alternative Lösungen ein, die von Vertretern der Universitätsbibliotheken Bielefeld, Karlsruhe, Oldenburg, Saarbrücken und Tübingen sowie der Bundeswehr in Hamburg in Kurzvorträgen vorgestellt wurden. Die in

[6] Vg. den Bericht von Hans Liegmann, OPAC-Kolloquium der Universitätsbibliothek Düsseldorf. In: Zeitschrift für Bibliothekswesen und Bibliographie 37, 1990, S. 101-102.

der Diskussion vorgebrachte Kritik an der Düsseldorfer Entwicklung war konstruktiv und hat die weitere Projektarbeit befruchtet. Darüber hinaus wurden grundsätzliche Fragen aufgeworfen und kontrovers beurteilt. Es erschien daher lohnend, nicht nur die Beiträge anderer Bibliotheken abzudrucken, sondern auch die wesentlichen Inhalte der Diskussion in einem eigenen Kapitel dieses Bandes zusammenzufassen, um das gebotene Bild einer „Modellentwicklung" weiter anzureichern.

Die durch Mitarbeiter der Universitätsbibliothek Düsseldorf gehaltenen Vorträge reflektieren einen bestimmten Stand in der Entwicklung eines Online-Publikumskataloges und sind daher nicht als Abschlußbericht anzusehen, zumal die Laufzeit des Projektes bis zum 31.12.1990 geht. Die seit Dezember 1989 im Routineeinsatz des OPAC gewonnenen Erfahrungen bestätigen jedoch täglich, daß die zur Zeit des Kolloquiums implementierte Version der „Benutzeroberfläche" sich bewährt hat und von den Benutzern der Bibliothek voll akzeptiert wird. Zur Zeit stehen im Benutzungsbereich der Zentralbibliothek, der Medizinischen Abteilung und der zehn über den Campus verteilt gelegenen Fachbibliotheken über 40 Terminals während der Öffnungszeiten für Recherchen zur Verfügung. Darüber hinaus gibt es 20 Wähleingänge, über die von jedem an den Großrechner angeschlossenen Terminal aus rund um die Uhr auf den Online-Publikumskatalog zugegriffen werden kann. Damit ist der Katalog universitätsweit verfügbar.

Der Analyse und Bewertung des Benutzerverhaltens wird ein hoher Stellenwert im Projekt eingeräumt: Die Analyse des Umgangs des Benutzers mit dem Retrieval, sein Erfolg oder Mißerfolg sollen Hinweise dazu liefern, wie der Dialog mit dem Rechner künftig optimiert werden kann. Da das vorgesehene breite Instrumentarium zur Ermittlung des Benutzerverhaltens erst in der Zeit nach Beginn des Routineeinsatzes, d.h. der echten Massenbenutzung, angewendet werden konnte, soll über die Evaluierung des Benutzerverhaltens und die hieraus gewonnenen methodischen Erkenntnisse erst nach Abschluß des von der Deutschen Forschungsgemeinschaft finanzierten Projektzeitraums im Laufe des Jahres 1991 umfassend berichtet werden.

*

Nachdem in den früheren Berichten über das Projekt ausführlich erläutert worden ist, warum seinerzeit in der Vorbereitungsphase die Alternative einer PC-Lösung nicht gegeben war und eine Verfahrenslösung auf einem Großrechner gewählt wurde, brauchen die Rahmenbedingungen der Düsseldorfer OPAC-Entwicklung nur kurz genannt zu werden:

- Anschluß an das Universitätsrechenzentrum, Benutzung eines Großrechners

(Siemens 7580-S), Einbettung des OPAC in die allgemeine Systemumgebung der Universität, Systembetreuung über Mitarbeiter des Rechenzentrums,
- unentgeltliche Nutzung des in der Universität mehrfach angewendeten Retrievalsystems GOLEM der Firma Siemens,
- Entwicklung eines Auskunftssystems, das auch wegen seines experimentellen Charakters unabhängig sein sollte und weder mit dem in der Bibliothek online betriebenen Katalogisierungssystem noch mit dem Online-Ausleihsystem verknüpft ist,
- Programmierung der Benutzeroberfläche durch ein auswärtiges Softwarehaus.

Der Anschluß an das Universitätsrechenzentrum brachte erhebliche Arbeitsersparnis, bedingte aber auch Abhängigkeit in vielerlei Hinsicht. Organisation und Verwaltung eines Großrechenbetriebes bestimmen über Einsatz und Verfügbarkeit des OPAC, nicht die Bibliothek selbst. Die Zuweisung von Betriebsmitteln (Speicherplatz, Plattenverteilung, CPU, Auftragspriorisierung usw.) geschieht unter Berücksichtigung aller Anwender. Änderungen des Betriebssystems BS 2000, Umstellungen des Universellen Transaktionsmonitors (UTM), Einführung von neuen Versionen des Retrievalsystems GOLEM durch die Herstellerfirma müssen toleriert und durch Anpassung von Anwendungen und Programmen nachvollzogen werden. So wurde die OPAC-Entwicklungsgruppe der Bibliothek häufiger zum Protokollanten für Systemmängel und konnte sich des Eindrucks nicht erwehren, Pilotanwender auch für die genannten Softwareprodukte zu sein. Die ansteigende Überlastung des Großrechners, häufiger auftretende Versorgungsengpässe, Rechnerausfälle, Leitungsprobleme, unzureichende Performance und die daraus resultierenden Schwierigkeiten und Verzögerungen haben die Zusammenarbeit zwischen Rechenzentrum und Bibliothek zeitweise stark strapaziert. Daß die Schwierigkeiten immer wieder überwunden werden konnten, ist zweifellos dem Direktor des Rechenzentrums, Herrn Professor Dr. J. Knop, und den zuständigen Mitarbeitern seines Hauses zu danken: Ihre Bereitschaft, im Rahmen des Möglichen zu helfen, trägt entscheidend dazu bei, den Online-Publikumskatalog auch künftig universitätsweit anzubieten. Unter den Mitarbeitern des Rechenzentrums verdient vor allem der „GOLEM-Administrator“, Herr Dipl. Math. Peter Schreiber, hervorgehoben zu werden.

Im Laufe des Jahres 1990 haben sich die Rahmenbedingungen für die Entwicklung und den Betrieb des Online-Publikumskataloges entscheidend verändert, ohne daß die Universitätsbibliothek dies voraussehen oder beeinflussen konnte.

Seit 1988 bemüht sich die Universität darum, den für Verwaltungsanwendungen seit 1979 eingesetzten Rechner (Siemens 7.760) durch eine leistungsfähigere

Maschine des gleichen Herstellers ersetzt zu bekommen. Der neue Rechner sollte so dimensioniert sein, daß auch der Online-Publikumskatalog vom überlasteten „Wissenschaftsrechner" (Siemens 7.580) auf die neue Anlage übertragen werden könnte. Schon im Sommer 1990 wuchs die Befürchtung, daß dieses Konzept nicht realisiert werden würde. Zum Zeitpunkt der Drucklegung steht fest, daß der Verwaltungsrechner nur noch bis Mitte 1991 betrieben werden kann und nicht mehr von einer gleichwertigen Anlage abgelöst werden wird. Der Online-Publikumskatalog muß daher auf dem überlasteten Wissenschaftsrechner bleiben und kommt durch das starke Anwachsen sowohl der Datenbank als auch der Benutzung in noch größere Schwierigkeiten als bisher. Seine Verfügbarkeit in der Universität scheint unter diesen Umständen nicht mehr auf Dauer gesichert zu sein.

In dieser Notsituation setzten Überlegungen ein, nach Abschluß des Modellprojektes Hardware und Systemumgebung zu wechseln, ohne jedoch die bei der Entwicklung gewonnenen Ergebnisse und methodischen Erkenntnisse aufzugeben. Einerseits müßte das Projekt so zu Ende geführt werden, daß die Nachnutzung der entwickelten Programme unter allen Umständen zu gewährleisten war. Andererseits sollten die methodischen Erkenntnisse konsequent auch in die neue Systemumgebung eingebracht werden, um die Kontinuität der Entwicklung sicherzustellen.

*

Diese unabdingbare Voraussetzung ist offensichtlich bei dem vom Rechenzentrum der Ruhr-Universität Bochum entwickelten und seit Oktober 1989 in der Universitätsbibliothek Düsseldorf implementierten Local Area Network (LAN) gegeben. Das für die Ausleihverwaltung eingesetzte schnelle LAN arbeitet auf der Grundlage des Client-Server-Prinzips mit den Komponenten eines Ethernet mit Novell-Software, Compaq Fileservern mit gespiegelten Platten und PC-Workstations als Buchungsplätzen. Da das Netzkonzept eine Erweiterung um weitere Komponenten ermöglicht, wird in Kürze ein File-Server mit der erforderlichen Plattenkapazität an das erweiterte Netz angeschlossen. Die Entwicklungsgruppe des Rechenzentrums der Ruhr-Universität Bochum (Leiter der Gruppe: Dr. Karl-Heinz Schloßer) wird in enger Zusammenarbeit mit der OPAC-Gruppe der Universitätsbibliothek Düsseldorf und auf der Grundlage der Düsseldorfer Arbeiten den Online-Publikumskatalog auf der neuen Hardware ablauffähig und über das offene Netz universitätsweit zugänglich machen.

Mit diesem Schritt wird nicht nur die Düsseldorfer OPAC-Entwicklung mit

ARNO SCHULTE-GEERS

Das OPAC-Projekt der Universitätsbibliothek Düsseldorf

Realisierungsverlauf und Design

1. Realisierungsverlauf

Nach Bewilligung der beantragten Förderungsmittel durch die DFG begannen die Arbeiten zur Entwicklung eines Online-Publikumskatalogs unverzüglich. Es wurde umgehend eine Arbeitsgruppe gebildet (OPAC-Gruppe), die im Kern aus vier Mitarbeitern bestand. Organisatorisch ist die Entwicklung des OPAC im ADV-Dezernat angesiedelt. Je nach Problemstellung und Arbeitsanfall wurde diese Arbeitsgruppe um Mitarbeiterinnen aus der Katalogisierungs- und/oder Benutzungsabteilung verstärkt (Abb. 1). Das Know-how und die Erfahrungen dieser Abteilungen waren für die Entwicklungsarbeiten außerordentlich wichtig. Weitere Unterstützung wurde dieser Gruppe durch die Firma SIEMENS und das Rechenzentrum der Universität zuteil. Ein Mitarbeiter des Rechenzentrums stand während der Laufzeit des Projekts für die Implementierung und Generierung der verschiedenen GOLEM-Versionen bereit. Eine Mitarbeiterin der Firma SIEMENS nahm regelmäßig an den Projektbesprechungen teil und wirkte darüberhinaus bei der Beseitigung von Schwierigkeiten mit dem GOLEM-System mit.

Die eigentlichen Entwicklungsarbeiten wurden von der OPAC-Gruppe getragen. In Abhängigkeit vom Stand der Arbeiten fanden offizielle Projektbesprechungen in einem größeren Kreis statt (einschließlich Bibliotheksleitung, Firma SIEMENS und Mitarbeitern aus den Abteilungen).

In diesen Besprechungen wurden grundsätzliche Probleme diskutiert und grundlegende Entscheidungen getroffen. Als Diskussionsgrundlagen wurden dafür umfangreiche Arbeitspapiere verteilt. Das Ergebnis dieser Projektbesprechungen wurde jeweils protokollarisch festgehalten und stellt zusammen mit den Arbeitspapieren einen wichtigen Teil der Dokumentation des Projektes dar.

Das Projekt war im DFG-Antrag bereits in Schritte (Realisierungsstufen) zerlegt worden, so daß die Arbeiten systematisch begonnen werden konnten (Abb. 2). Dabei wurden zunächst der Funktions- und Leistungsumfang von GOLEM im Detail untersucht. Dieses geschah durch umfangreiches Experimentieren mit diesem System (z.B.: Untersuchung der Retrievaleigenschaften und -möglichkeiten, Erstellen von Prozeduren und Schnittstellenprogrammen,

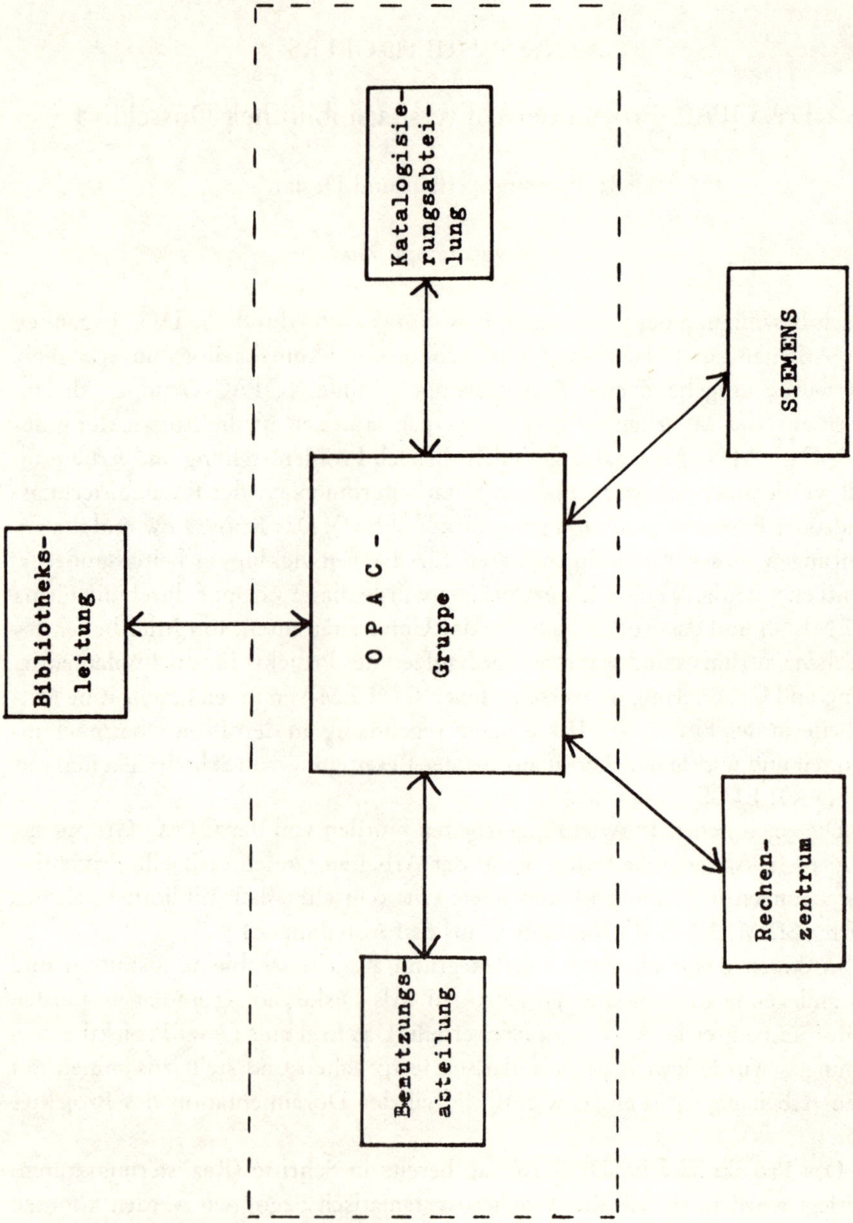

Abbildung 1: Arbeitsorganisation und Informationsfluß

Erstellen einer Testdatenbank u.ä..) Dabei traten die ersten Probleme auf: Zunächst gab es Schwierigkeiten beim Einsatz der verschiedenen Versionen (6.0, 6.1, 6.1a, 6.1b), die von der Firma SIEMENS nach und nach eingeführt und wegen der jeweiligen wesentlichen Verbesserungen für die Entwicklungsarbeiten eingesetzt werden mußten. Außerdem führten Benutzungsbeschränkungen am SIEMENS-Großrechner immer wieder zu Behinderungen der Arbeit: Für ca. drei Monate stand GOLEM vormittags nicht zur Verfügung (Grund: Adreßraumprobleme im virtuellen Speicher). Testarbeiten im Hinblick auf den Einsatz einer neuen Betriebssystemversion (BS2000 V9.0) schränkten die Verfügbarkeit des Rechners und damit von GOLEM weiterhin ein.

Nach einer gründlichen Analyse der vorliegenden IBAS-Katalogdaten wurden die Datenstrukturen in GOLEM festgelegt, d.h. die einzelnen Aspekte und damit verbunden die Deskribierung zum Aufbau eben dieser Aspekte definiert. Damit waren die gewünschten Retrievalmöglichkeiten (Sucheinstiege) und die Möglichkeiten der Dokumentenanzeige (Anzeige der Zielinformationen) festgelegt.

1.Jahr

Organisation der Arbeiten
Festlegung der Datenstrukturen in GOLEM
Analyse der vorliegenden IBAS-Katalogdaten
Automatische (sachliche) Deskribierung mit PASSAT
Datenumsetzung: IBAS → GOLEM, Updating
Systemanalyse – Programmierung

2. Jahr

Benutzeroberfläche: Erstellung des Pflichtenhefts
Softwarehaus: BVB-Vertrag:
Fachliches Feinkonzept
EDV-technisches Feinkonzept
Programmierung

3. Jahr

Ablieferung der Programme: Implementierung
Funktionsprüfung
Umsetzung der IBAS-Daten; Laden der GOLEM-Datenbank
Einsatz des kompletten OPAC
Benutzerverhalten: Optimierung der Parameter
Dokumentation des Projektes

Abbildung 2: Realisierungsverlauf

Im Hinblick auf eine automatische Indexierung (als Instrument für die verbale Sacherschließung) wurden intensive Testarbeiten mit dem Programmsystem PASSAT der Firma SIEMENS unternommen, die jedoch nicht die erhofften Ergebnisse brachten, so daß bei der Deskribierung auf seinen Einsatz verzichtet werden mußte.

Als nächstes stand die Systemanalyse des Umsetzverfahrens, d.h. eines Verfahrens zur Überführung der IBAS-Daten in die GOLEM-Datenbank, verbunden mit einem Updateverfahren zur regelmäßigen Aktualisierung der GOLEM-Datenbank im Mittelpunkt der Arbeiten. Zu diesem Zweck war die Abbildung der einzelnen IBAS-Kategorien auf die definierten GOLEM-Aspekte im Detail festzulegen. GOLEM-Datenstruktur, Umsatz- und Updateverfahren sind so angelegt, daß im OPAC die hierarchischen Strukturen des bibliographischen Datenmaterials wiedergegeben werden können, obwohl GOLEM dieses nicht vorsieht. Die entsprechenden Programme für die Datenumsetzung und das Updating wurden durch Mitarbeiter der Bibliothek erstellt.

Parallel zu den aufgeführten Arbeiten wurde das Pflichtenheft für eine neue Benutzeroberfläche der GOLEM-Datenbank in Angriff genommen. Hier bestand ein Problem darin, daß zunächst eine Grobversion geschaffen werden mußte, die eine zuverlässige Kostenabschätzung durch verschiedene Softwarehäuser ermöglichte. (Grund: Das Pflichtenheft lag wegen der Komplexität des Projektes zu diesem frühen Zeitpunkt noch nicht in seiner endgültigen Form vor). Dieses Grobkonzept wurde dann zwei ausgewiesenen Softwarehäusern zum Zweck einer Kostenabschätzung über die erforderlichen Programmierarbeiten zugeleitet. Gestützt auf die Beratung und Begutachtung des Landesamts für Datenverarbeitung und Statistik NRW und mit Zustimmung der Deutschen Forschungsgemeinschaft konnte der Auftrag an die Firma Pape & Partner Informationssysteme GmbH, Hamburg, vergeben werden. Dazu wurde ein BVB-Vertrag für Softwareerstellung abgeschlossen.

Parallel zu diesem Verfahren wurde das Grobkonzept zu einem fachlichen Feinkonzept, dem endgültigen Pflichtenheft ausgestaltet. Ein großer Teil dieser Ausgestaltung lag in der exakten Formulierung der notwendigen Plausibilitätskontrollen, den Reaktionen des Systems auf fehlerhafte Eingaben. Damit konnte das beauftragte Softwarehaus unmittelbar nach Vertragsabschluß mit den Programmierarbeiten beginnen. Hierbei war die intensive laufende Mitarbeit des Auftraggebers erforderlich (z.B.: Präzisierung des Pflichtenheftes, Ausräumen von Mißverständnissen und fehlerhaften Angaben, Diskussion von alternativen Realisierungsmöglichkeiten und abweichenden Realisierungsvorschlägen durch das Softwarehaus, Bereitstellung von Testdaten, Aktualisierung des Pflichtenheftes usw.).

Seit April dieses Jahres wurden nach und nach einzelne Programmodule ausgeliefert. Dieses hatte die ersten Testarbeiten zur Folge, die zu korrigierten Versionen und damit zu weiteren Testarbeiten führten. Nach der endgültigen Auslieferung der Programme wurde vom hiesigen Rechenzentrum der erforderliche Speicherplatz für die Datenumsetzung und den Aufbau der GOLEM-Datenbank bereitgestellt. Hier gab es zunächst Schwierigkeiten, da Speicherplatz im erforderlichen Umfang nicht vorhanden zu sein schien. Durch Umschichtungen konnte dann den Wünschen der Bibliothek jedoch nachgekommen werden. Nach dem Umsetzen der IBAS-Daten, dem Laden der GOLEM-Datenbank und dem Austesten der OPAC-Programme mit dem Gesamt-Datenbestand sowie dem Einstellen aller Parameter mit dem sogenannten OPAC-Editor liegt nun der OPAC in seiner ersten Version vor.

2. *Systemüberblick: Katalogisierung – OPAC*

Allgemeines

In der Übersichtsskizze (Abb. 3) ist der gesamte Bereich Katalogisierung/Online-Katalog (OPAC) in einer Art Datenschema dargestellt. Dabei stellt der linke Teil der Abbildung die Ausgangslage dar, während das Gesamtbild die Realität unter Einbeziehung des OPAC wiedergibt.

Auf dem linken Teil ist das derzeit verwendete IBAS II-Katalogisierungssystem zu sehen, das der Universität seit dem Jahr 1981 zur Katalogisierung ihrer Bestände dient. IBAS ist ein Online-System, d.h. Neuaufnahmen von Titelaufnahmen und Korrekturen erfolgen online im Dialogbetrieb. Es verfügt über eine Retrievalkomponente, die mit einer speziellen Retrievalsprache zu benutzen ist. Eingearbeitete Mitarbeiter verwenden diesen Retrievalteil im Zuge ihrer Katalogisierungsarbeiten. Die IBAS-Datenbank enthält zur Zeit mehr als 650 000 Titelaufnahmen. Diese maschinenlesbaren Katalogdaten wurden bis zum endgültigen Einsatz des OPAC auf zweierlei Art verfügbar gemacht: Zum einen wurden dreimal jährlich (heute parallel zum OPAC zweimal jährlich) die üblichen Mikrofiche-Kataloge (AK, SYKA, STOK, KWOC) produziert. Zum anderen wurde den Benutzern der Bibliothek ein Duplikat der IBAS-Datenbank an 18 Terminals im Lesesaalbereich und Informationszentrum online zugänglich gemacht. Als Hilfe für die Arbeit mit IBAS lag eine Broschüre als Einführung in das IBAS-Retrievalsystem bereit.

Auf der rechten Seite der Trennlinie ist der Teil dargestellt, der in diesem Gesamtsystem den OPAC ausmacht. Zentraler Datenpool dieses OPAC ist eine GOLEM-Datenbank, die ebenfalls die mit IBAS erfaßten Katalogdaten der Universitätsbibliothek enthält. Das System GOLEM bietet standardmäßig

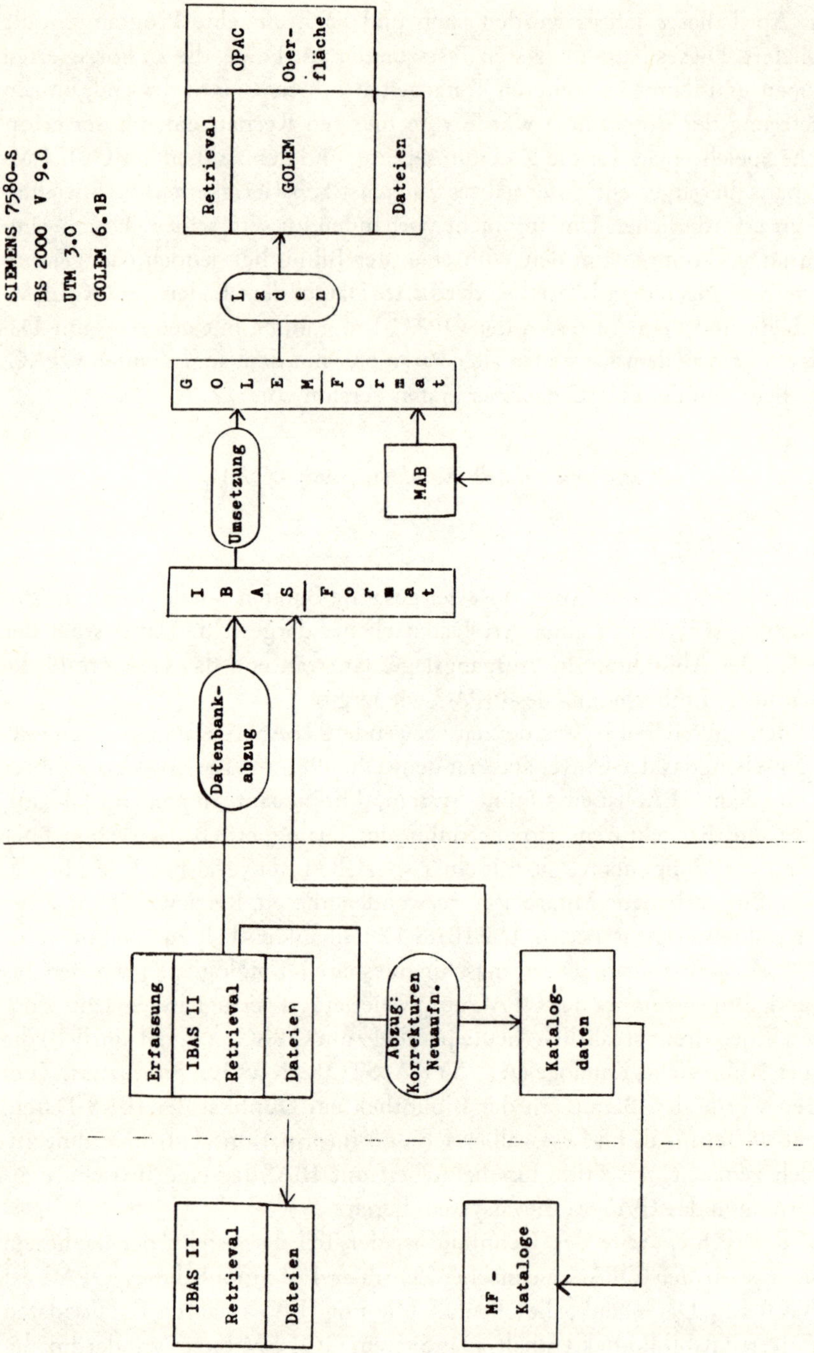

Abbildung 3: Systemkonfiguration

ein Retrieval über eine spezielle GOLEM-Retrievalsprache. Darüberhinaus gibt es eine definierte Schnittstelle für den Anbau einer eigenen Benutzeroberfläche. Hier ist die Benutzeroberfläche für den Düsseldorfer OPAC angesiedelt.

Die Voraussetzung für einen Betrieb des OPAC in dieser Organisationsform ist jedoch die Überführung der Katalogdaten von IBAS nach GOLEM. Die Entwicklung eines geeigneten und funktionsfähigen Mechanismus, der dieses leistet, gehörte ebenfalls zu den Projektarbeiten und war mit erheblichem Aufwand verbunden. Im folgenden werden einige Schwierigkeiten dargestellt, die mit diesem Vorhaben verbunden waren. Dazu war zunächst eine gründliche Analyse der vorhandenen IBAS-Katalogdaten erforderlich.

Analyse der vorhandenen IBAS-Daten

Die IBAS-Daten sind grundsätzlich von hoher Qualität. Die Erfassungskonventionen sind durch das IBAS-Kategorienschema und das Regelwerk RAK-WB festgelegt mit dem Ziel, eine RAK-gerechte Aufbereitung der Mikrofiche-Kataloge zu bewirken. Die Erfassung der Katalogdaten mit dem IBAS-System geschah daher zu dem Zweck, einen Datenbestand für die Herstellung von Mikrofiche-, also Listenkatalogen zu schaffen, die nach bestimmten Ordnungskriterien sortiert waren.

Nun sind aber ein Listenkatalog und ein Online-Katalog ziemlich verschiedene Dinge, jedenfalls was die praktische Arbeit mit ihnen angeht. Und so stellen sie auch verschiedene Anforderungen an die Aufbereitung der verwendeten Daten, das heißt an das Regelwerk, das ihrer Erfassung zugrunde liegt. Was für einen Listenkatalog zweckmäßig ist, muß für einen Online-Katalog nicht immer gut sein, beispielsweise Abkürzungen im Zusatz zum Sachtitel, Behandlung der zweiten und weiteren Vornamen, Auflösungen von Ziffern und Zeichen, verwendete Steuerzeichen für die Aufbereitung der Mikrofiche-Kataloge usw. Zusätzliche Schwierigkeiten traten auf durch die Inkonsistenz der Daten infolge von RAK-Änderungen im Lauf der Jahre, die nur selten retrospektiv nachvollzogen wurden.

Umsetzung IBAS → GOLEM (Definition der Aspekte)

Für die Umsetzung der IBAS-Daten in das GOLEM-System ist zunächst das Eingangsformat der GOLEM-Datenbank festzulegen. Dies geschieht durch die Definition der Aspekte (= Kategorien) in GOLEM. Weiter wird dann festgelegt, wie die einzelnen IBAS-Kategorien auf die GOLEM-Aspekte abgebildet werden sollen. Diese Definitionen sind grundlegend für die Qualität des OPAC, denn hier werden nicht nur die Möglichkeiten eines Sucheinstiegs (Aspekte), sondern auch die Inhalte der Suchindices (Wörterbücher) festgelegt. Für jeden Aspekt baut GOLEM einen Suchindex auf, der beim Retrieval für ein aspektgebundenes Suchen verwendet wird. Die Festlegung der Datenstruktur an dieser Stelle ist also ein ganz entscheidender Punkt und muß deshalb sehr sorgfältig erfolgen. Fehler an dieser Stelle sind nur mit erheblichem Aufwand (Neuaufbau der GOLEM-Datenbank) zu beheben.

Die wichtigsten Retrievalaspekte sind in einer Übersicht (Abb. 4) zusammengestellt:

- Autorennamen/Namen beteiligter Personen
- Körperschaftsnamen
- Stichwörter aus Körperschaftsnamen
- Titel
- Basic Index (Stichwörter aus Titeln und Schlagwortketten)
- Serientitel
- Erscheinungsjahre
- Bandnummern
- Verlage
- Systemstellen der Aufstellungssystematik
- Registerbegriffe (aus dem Register zur Aufstellungssystematik)
- Literaturarten
- Sprachbezeichnungen

Abbildung 4: Retrievalaspekte in GOLEM

Technisch ist es sehr einfach, diese Aspekte festzulegen, da GOLEM in dieser Hinsicht sehr flexibel ist. Weitaus aufwendiger war die Definition des inhaltlichen Aufbaus beispielsweise bei der Behandlung der RAK-Formen von Personennamen oder der Komposita beim Aufbau des Basic Index (Titelstichwortindex).

Das Updating

Ein großes Problem beim Überführen der Daten von IBAS nach GOLEM ist neben der einmaligen Umsetzung des IBAS-Datenbestandes in das GOLEM-Eingangsformat die Entwicklung eines geeigneten Update-Verfahrens. Hierbei müssen alle in IBAS online durchgeführten Änderungen des Datenbestandes am GOLEM-Datenbestand nachvollzogen werden. Dieses Verfahren muß sowohl auf die IBAS- als auch auf die GOLEM-Datenstruktur abgestimmt sein und hat somit auch Einfluß auf die Datenstruktur in der GOLEM-Datenbank gehabt. Dieses Updating der GOLEM-Datenbank muß in bestimmten Intervallen offline geschehen, da das Problem einer Online-Kopplung auf Datenbankebene noch nicht gelöst ist. Zur Zeit wird die GOLEM-Datenbank alle zwei Wochen auf den neuesten Stand gebracht.

Das Laden der GOLEM-Datenbank

GOLEM stellt einen Lademodul zur Verfügung, der die in das GOLEM-Eingangsformat umgesetzten Daten in die GOLEM-Datenbank lädt und damit für das Retrieval aufbereitet. Abgesehen von Programm- oder Systemfehlern arbeitet das GOLEM-Ladeprogramm sehr schnell und effektiv, so daß das Laden der gesamten Datenbank in einigen Wochen zu bewerkstelligen war.

Konzept der Datenhaltung

Das Konzept der Datenhaltung in zwei Datenbanken bringt im wesentlichen drei Vorteile mit sich:

1. Eingabe und Retrieval sind entkoppelt. Da der OPAC mit einer Eingabeschnittstelle versehen ist, besteht weitgehend eine Unabhängigkeit vom Erfassungssystem. Insbesondere können Verbunddaten, die etwa im MAB-Format vorliegen, für das Laden dieser GOLEM-Datenbank verwendet werden. Damit ist allen Organisationen, die über maschinenlesbare Katalogdaten und über die GOLEM-Software in der aktuellen Version verfügen, prinzipiell eine Nachnutzung möglich.
2. Es ist eine höhere Flexibiliät gegeben, da die beiden Datenbanken auf verschiedenen Rechnern liegen können.
3. Durch die funktionale Entzerrung von Erfassung und Retrieval wird die Belastung auf zwei Systeme verteilt. Das führt zu besseren Antwortzeiten, da beispielsweise die Arbeit in der Katalogisierung nicht von etwaigen Spitzenzeiten im Betrieb des OPAC behindert wird.

Bei dieser Art der Datenhaltung muß man allerdings auch einige Nachteile in Kauf nehmen. Neben erhöhtem Speicherplatzbedarf wegen der doppelten Datenhaltung ist auch ein höherer Aufwand durch die dv-technische Betreuung von zwei Datenbanksystemen sowie das Laden und Updaten der OPAC-Datenbank erforderlich.

3. Die Benutzeroberfläche des OPAC

Zu den eigenen Erfahrungen mit dem Online-Katalogisierungssystem IBAS sowie verschiedenen Retrievalsystemen des IuD-Bereichs wurden die notwendigen Informationen aus der Literatur, dem Besuch von Tagungen sowie von bereits existierenden OPAC-Systemen im In- und Ausland gesammelt. Dazu wurden vorhandene OPAC in Augenschein genommen. Dieses geschah entweder durch Besuche wie im Falle von PICA (Den Haag) oder durch das praktische Recherchieren in OPAC, die über Datex-P zugänglich waren. Dazu gehörten die OPAC der Universitätsbibliotheken Saarbrücken und Karlsruhe und der Bundeswehrhochschule in Hamburg: außerdem englische OPAC, die über das britische Universitätsnetz JANET erreichbar waren. Diese Erfahrungen vermischten sich mit den eigenen Vorstellungen sowie mit den Rahmenbedingungen, die durch die vorgegebenen Systeme IBAS und GOLEM gegeben waren.

Innerhalb dieses Rahmens sollte der OPAC drei allgemeine Eigenschaften haben, die im Laufe der Entwicklungsarbeiten immer im Auge behalten wurden: *Benutzerfreundlichkeit, Transparenz, Flexibilität.* Dabei ist es häufig so, daß die Transparenz eines Systems auch seine Benutzerfreundlichkeit erhöht; in manchen Fällen treten diese Eigenschaften jedoch konkurrierend auf, und man ist gezwungen, Kompromisse zu schließen. Da der entworfene OPAC in verschiedener Hinsicht auch einen experimentellen Spielraum für eine Optimierung bieten soll, ist neben Transparenz und Benutzerfreundlichkeit auch ein hohes Maß an Flexibilität erforderlich. Diese Flexibilität soll gewährleisten, daß die nach seinem Einsatz in der Bibliothek gemachten Erfahrungen mit möglichst geringem Aufwand in eine Optimierung des Systems umgesetzt werden können. Im folgenden werden die genannten Eigenschaften näher beleuchtet.

Benutzerfreundlichkeit

Beim Design der Benutzeroberfläche wurde mit großem Aufwand und viel Sorgfalt versucht, ein hohes Maß an Benutzerfreundlichkeit zu erreichen. In der Übersicht (Abb. 5) sind eine Reihe von Merkmalen aufgeführt, die die Benutzerfreundlichkeit des OPAC erhöhen:

- komfortable Benutzerführung
  - abgestuftes System von Instruktionen
  - sorgfältige Begriffswahl, Beispiele
  - weitere Möglichkeiten in den Helpscreens (sophisticated searching)

- klare, instruktive Dialogführung (wenige Schritte bis zum Ziel)
- Plausibilitätsprüfungen der Benutzereingaben (Fehlermeldungen, Fehlertoleranz)
- Verwendung von Normdateien (authority files: aut, kor)
- übersichtliche Anzeigeformate (TL, kurz, lang)
- Verzicht auf komplizierte Retrievaltechniken

Abbildung 5: Merkmale der Benutzerfreundlichkeit

Es sollte eine komfortable Benutzerführung gegeben sein, damit jedermann ohne fremde Hilfe mit dem OPAC arbeiten kann. Dafür ist ein abgestuftes System von Instruktionen vorhanden: Über eine Informationsdatei am Beginn des Dialogs, sowie über Bildschirminstruktionen und Helpscreens, die an jeder Stelle des Dialogs – zugeschnitten auf die jeweilige Situation – angeboten werden, kann sich der OPAC-Benutzer orientieren. Eine sorgfältige Begriffswahl und das Einfügen von Beispielen sollen die Instruktionen auch dem Laien verständlich machen. Außerdem sind in den Helpscreens zusätzliche Möglichkeiten des Retrievals erläutert (sophisticated searching).

Eine klare, instruktive Dialogführung führt den Benutzer in möglichst wenigen Schritten zum Ziel. An jeder Stelle des Dialogs werden ihm sämtliche Möglichkeiten der Fortsetzung des Dialogs offeriert. Plausibilitätsprüfungen erkennen formale Fehler. Dabei wird je nach Situation mit Fehlertoleranz oder einer Fehlermeldung reagiert.

Die Verwendung von Normdateien (authority files) vereinfacht die Suche bei verschiedenen Ansetzungsformen von Personen- oder Körperschaftsnamen. Übersichtliche Anzeigeformate machen die Ergebnisse überschaubar. Dabei werden aus einer Titelliste (eine Zeile pro Titel) Titel ausgewählt, die dann standardmäßig im „Kurzformat" angezeigt werden. Für ausführliche Titelinformationen steht zusätzlich ein „Langformat" zur Verfügung. Komplizierte Retrievaltechniken (z.B. string search) werden nicht verwendet.

Transparenz

Ein hohes Maß an Transparenz macht dem OPAC-Benutzer die Reaktionen des Systems plausibel und versetzt ihn in die Lage, die Arbeitsweise des OPAC zu verstehen. Deshalb wurden viele Festlegungen im Hinblick auf die Erhaltung der Transparenz des Systems getroffen. Merkmale der Transparenz sind in einer Übersicht (Abb. 6) zusammengestellt:

- klare, einheitliche Datenstruktur
- geeignete Auswahl an Retrievalfunktionen (FIND, DISPLAY, SHOW)
- klarer Aufbau des Suchbaums (Menütechnik, definierte Ebenen)
- klarer Aufbau der Suche (immer wiederkehrende Formalismen)
- einheitliche Bildschirmgliederung in funktionale Bereiche (Statusanzeige, Eingabezeile)
- kleine Stopwortliste
- dv-technische Transparenz (modularer Aufbau, strukturierte Programmierung, COBOL, Dokumentation)

Abbildung 6: Merkmale der Transparenz

Eine klare einheitliche Datenstruktur trägt zur Übersichtlichkeit der eingerichteten Aspekte und ihrer Inhalte bei. Die Verwendung der üblichen Retrievalfunktionen wie FIND, DISPLAY und SHOW sowie das Arbeiten mit den gängigen Boolschen Operatoren hält das Retrieval einfach und durchschaubar. Ein klarer Aufbau des Suchbaums und die Einbeziehung der Menütechnik sowie die Verwendung von definierten und jederzeit angezeigten Suchebenen tragen zur Transparenz des Ablaufs einer Suche bei und versetzen den Benutzer in die Lage, sich jederzeit im Retrieval zurechtzufinden. Unabhängig vom Sucheinstieg sorgen die gleichen immer wiederkehrenden Formalismen für ein leichtes Einarbeiten. Eine über den gesamten Ablauf der Suche hinweg einheitliche Bildschirmgliederung in funktionale Bereiche (Statuszeile, Darstellungsbereich, Eingabezeile, Orientierungsbereich) soll eine gute Handhabbarkeit und eine schnelles Zurechtfinden fördern. Um die Suchergebnisse nachvollziehbar zu halten wird nur eine kleine Stopwortliste verwendet. Die dv-technische Transparenz durch den modularen Aufbau der Programme und die konsequente Verwendung der Methode der strukturierten Programmierung sowie eine vollständige Dokumentation der Programme wirkt sich jedoch nicht auf die Benutzerfreundlichkeit aus, sondern ist vielmehr Voraussetzung für die Änderungsfreundlichkeit der Programme und somit die Flexibilität des Systems.

Flexibilität

Der Düsseldorfer OPAC hat von der Konzeption her einen experimentellen Charakter. Im Einsatz gewonnene praktische Erfahrungen sollen mit möglichst geringem Aufwand in eine Optimierung des Systems eingebracht werden. Zu diesem Zweck ist ein hohes Maß an Flexibilität erforderlich. Sie ist ein Maß für die Änderungsfreundlichkeit des Systems.

Die Grade der Flexibilität des Systems in den einzelnen Bereichen sind in Abb. 7 zusammengestellt:

Flexibilität

– bzgl. der Instruktionen:

→ freie Editierbarkeit (OPAC-Editor)

- bestimmter Bildschirmbereiche
- der Helpscreens und der Info-Datei
- der Fehlermeldungen

– bzgl. der Anzeigeformate

→ frei wählbar (OPAC-Editor)

– bzgl. der Plausibilitätskontrollen

→ Parametrisierung, Programmänderungen

– bzgl. der OPAC-Funktionen (z.B. Sucheinstiege)

→ Programmänderungen

– bzgl. der Datenstruktur (Aspekte)

→ neues Umsetzen + Laden + Programmänderungen

Abbildung 7: Grade der Flexibilität

Die Formulierung der Instruktionen kann durch die freie Editierbarkeit bestimmter Bildschirmbereiche, der Helpscreens sowie der Fehlermeldungen jederzeit geändert werden. Zu diesem Zweck wurde eigens ein sogenannter OPAC-Editor entwickelt. Mit diesem OPAC-Editor lassen sich sämtliche Anzeigeformate (Titelliste, Kurz- und Langformat) frei definieren. Er dient weiterhin zur Einstellung sämtlicher Systemparameter wie Trunkierungszeichen, minimale Trunkierungslänge, maximale Anzahl der einzugebenden Suchbegriffe u.ä. Alle nichtparametrisierten Bereiche können hingegen nur durch Programmänderungen angepaßt werden.

Änderungen der OPAC-Funktionen (z.B. Sucheinstiege) oder der Datenstruktur erfordern einen weitaus größeren Aufwand und können nur mit erheblichem Programmierungsaufwand und gegebenenfalls einem Neuaufbau der GOLEM-Datenbank durchgeführt werden. Die Flexibilität nimmt also mit der Tiefe des Eingriffs in den OPAC ab. Man kann erwarten, daß die Flexibilität des Systems ausreicht, um den anfallenden Optimierungserfordernissen in der Zukunft Rechnung tragen zu können.

4. Weiterentwicklung und Optimierung

Der entworfene OPAC ist ein Prototyp, also ein System, für das von vornherein eine Optimierungsphase vorgesehen ist, die sich auf eigene, insbesonders aber auch auf Erfahrungen stützt, die Benutzer bei der Arbeit mit dem OPAC machen. Um die Rückkopplung der Benutzererfahrungen auf die Systemoptimierung zu ermöglichen, sind verschiedene Erfassungsmethoden des Benutzerverhaltens vorgesehen (Abb. 8).

Zum einen ist ein Mailboxsystem in den OPAC integriert, in das der Benutzer seine Wünsche bezüglich des OPAC-Designs direkt eingeben kann. Weiterhin ist an jedem angeschlossenen Terminal ein Dialogmitschnitt einschaltbar, so daß gezielt Dialoge zu bestimmten Zeiten an bestimmten Datensichtgeräten mitgeschnitten werden können. Diese Mitschnitte werden nach Vorgaben der Bibliothek zu aussagekräftigen statistischen Übersichten zusammengestellt, aus denen dann gegebenenfalls Änderungen des OPAC-Designs erwachsen. Schließlich ist begleitend zu den automatisierten Verfahren eine Benutzerbeobachtung konventioneller Art vorgesehen. Über Fragebogen, Interviews u.ä. sollen weitere Informationen gewonnen werden, um die Erfordernisse, die von Seiten des Benutzers an den OPAC gestellt werden, in die Optimierung des Systems einzubringen.

Zur Zeit ist der OPAC von allen SIEMENS-Terminals der Universität aus erreichbar. Geplant ist die Kopplung verschiedener lokaler PC-Netze mit dem BS2000 – Rechner, um die Verfügbarkeit innerhalb der Universität weiter auszudehnen. Ebenso ist ein Zugang über Datex-P vorgesehen.

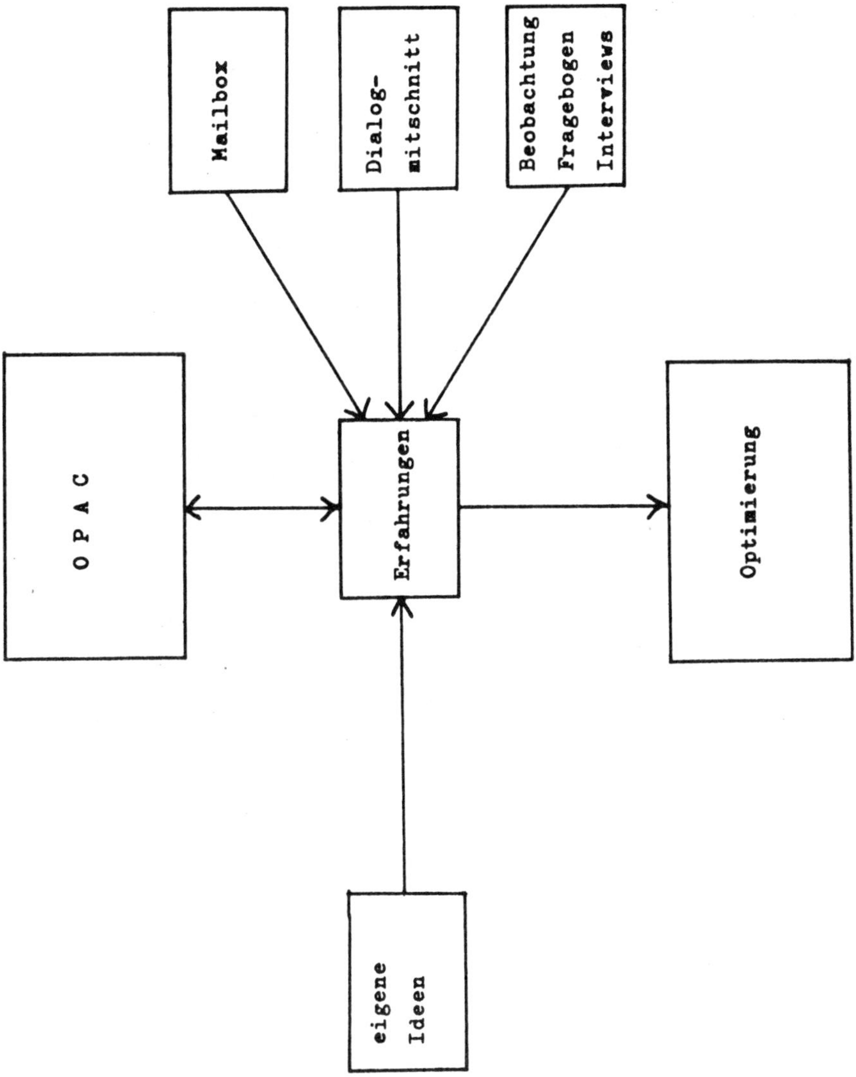

Abbildung 8: Optimierung und Weiterentwicklung

Der OPAC enthält alle maschinenlesbar erfaßten Titel der Universitätsbibliothek (über 650 000 Titel). Dieser Datenbestand wird kontinuierlich durch die Rekatalogisierung des noch nicht erfaßten Altbestands erweitert. Nach dem Anschluß der Universitätsbibliothek an den Katalogisierungsverbund des

Landes Nordrhein-Westfalen muß die Übernahme der Katalogdaten in den OPAC diesen Gegebenheiten angepaßt werden, was nicht unerheblichen Aufwand mit sich bringen wird. Sämtliche Zeitschriften der Universitätsbibliothek sind in der Zeitschriftendatenbank des Deutschen Bibliotheksinstituts nachgewiesen. Unmittelbar nach Fertigstellung der MAB-Schnittstelle wird dieser Zeitschriftenbestand (ca. 22 000 Titel) in den OPAC übernommen, womit dann Zeitschriften und Monographien in einer Datenbank nachgewiesen sind.

Schließlich ist die Entwicklung einer 2. (verbesserten) Version geplant, die neben Verbesserungen in der Benutzeroberfläche eine Optimierung des Retrievals (z.B. Suche mit zwei Autoren), eine Verringerung des Speicherplatzbedarfs (durch die Verwendung von Anzeigeaspekten) und eine Erhöhung der Performance (UTM, GOLEM) vorsieht. Ein besonderes Augenmerk wird dabei auf eine Verbesserung der verbalen Sacherschließung gerichtet. Zur Zeit ist noch offen, in wieweit RSWK, Schlagwortnormdatei und automatische Deskribierungsverfahren zum Einsatz kommen.

GABRIELE DREIS

Zur Retrievalorganisation des OPAC

Auf den ersten Blick scheint die Entwicklung eines OPAC einzig Teil eines „Umorientierungs-"Prozesses zu sein, der – hinsichtlich der Informationssituation einer Bibliothek – Bestehendes ändert bzw. Neues schafft.

Bei näherer Betrachtung aber ist ein OPAC in einer Vielfalt weiterer Gesichtspunkte Sub- oder Anschlußsystem übergeordneter größerer oder anderer Systeme, an denen die Bibliothek partizipiert.

Die Erläuterung des Düsseldorfer Versuchs, ein effizientes Retrieval im OPAC zu organisieren, ist daher auch ein Bericht über ein Spektrum vorgefundener Bedingungen, Zustände, Verflechtungen, die zwar reiche Möglichkeiten eröffneten, zugleich aber mehr oder weniger rigide Anpassung abverlangten.

Gründe, die uns daran hinderten, im „Rausch der großen Freiheit" beim OPAC-Design zu agieren, lagen (und liegen) in folgender Form vor:

1. Grund:

Der Düsseldorfer OPAC ist als sogenannte Benutzeroberfläche zu einem bestehenden und ausgewiesenen Information-Retrieval-System entworfen. Um den Erfolg einer Anfrage unabhängig zu machen von der Suchfertigkeit des Benutzers, ist unser Projekt der Aufgabe nachgegangen, die „hohe Nutzungsflexibilität" von GOLEM mittels der vorgelagerten OPAC-Dialogprogramme in „geringe Bedienungskomplexität" zu überführen.

Unmittelbar einsichtig ist bei diesem Zuordnungsverhältnis, daß die „inneren" Gebrauchseigenschaften der Oberfläche von denen des Basissystems determiniert werden. Nur das überhaupt konnte in die Anfragetechnik des OPAC tatsächlich Eingang finden, was als Strukturprinzip des Suchens im originären Retrievalsystem „vorgedacht" und angelegt ist.

Diese grundsätzlich positive Verwiesenheit hatte dennoch zur Konsequenz, daß wir an bestimmten Punkten der OPAC-Suchlogik zu der Einsicht genötigt wurden: „Was GOLEM nicht kann, kann der OPAC nimmermehr."

2. Grund:

Zwecks Aufbau der OPAC-Datenbank war es erforderlich, die per IBAS-Katalogisierung erbrachten, d.h. gegebenen Buchdaten in das GOLEM-Format umzusetzen.

Im Aspekt von Erfassungsqualität und Regelgerechtheit stellen nun die

IBAS-Daten zweifelsohne ein hervorragendes Ausgangsmaterial dar. Im Aspekt benutzerorienter Planung freilich – und „Benutzerfreundlichkeit" gibt ja sozusagen die „regulative Idee" einer OPAC-Realisierung vor –, im Interesse unserer Endnutzer hätten wir vielfach gerne auf Daten qualitativ-inhaltlich spezifischerer Relevanz zurückgegriffen. So würden wir unseren Examenskandidaten gerne Auskunft geben können über Literatur mit reichem bibliographischen Anhang, unseren Geographie-Studenten über Titel mit Kartenmaterial, unseren Kunststudenten über reine Bildbände im Unterschied zu Textbänden. Wir wissen von dem eigenartigen Benutzerinteresse ausschließlich an „Lebensläufen" von Doktoranden und Habilitanden unserer Universität. Elektronische Medien wünscht mancher sich eigens abrufbar. Wir kennen die im Studienbetrieb nicht unübliche Bewertung von Büchern danach, ob sie „dick" oder „dünn" sind. Die Frage nach der Hegel-Ausgabe in einem Einband bestimmter Farbe wird unserem Auskunftsdienst gestellt.

Die Literatur diskutiert das Verhältnis von Retrievalergebnissen zum Erwartungs- und Interessenhorizont eines Benutzers – in Abgrenzung vom Bezug von Literaturhinweisen zum thematischen Horizont einer Suchfrage – unter dem Begriff der „Pertinenz".

Leistungen eines Systems im Bereich der Pertinenz sind schwer zu quantifizieren, als Abstraktion indes mehr oder weniger näherungsweise auf den Begriff zu bringen. Gerade in einem OPAC dürfte daher einem auf dem Parameter „Pertinenz" fußenden Aufbau von Suchkriterien, einer Datenorganisation also, die allen nur erdenklichen Fragen zu Büchern in einer Bibliothek Platz gibt, intensivere Aufmerksamkeit zu widmen sein als dem der „Relevanz"; denn an ihm gemessen, so sehr er sich auch „aktuell" konkreter Bestimmbarkeit entzieht, erweisen sich „Katalogisierungs"-Datenbanken, Datenbanken für den Internbetrieb, in gewisser Weise auf unhandliche, ja überflüssige Vollständigkeit ausgerichtet.

Angesichts der schwierigen Aufgabe, der Streubreite und Dynamik relevanter Benutzeranforderungen zu entsprechen, darf OPAC-Gestaltung also folgendes nicht übersehen: Aus der Tradition des Zettelkataloges ist die Erhebung von Katalogdaten tendenziell immer noch mehr an den Belangen des dienstlichen, administrativen und funktionell eindeutig definierten Nutzens orientiert als an denen jenes unorthodoxen, wechselnden Bedarfs, wie er für den öffentlichen Nutzer typisch sein dürfte.

Die dem OPAC-Retrievalkomfort im Sinne der Pertinenz nicht durchgängig zuträgliche „Macht der faktischen Katalogverhältnisse" führt unmittelbar auf einen weiteren, den

3. Grund:

Das Niveau eines Gemeinplatzes hat mittlerweile die Feststellung, daß die „Regeln für die alphabetische Katalogisierung“ dem Online-Katalog, und auch hier gilt: den Anwendungserfordernissen des Online-„Publikums“-Katalogs, nicht (mehr) gemäß sind.

Strukturierungs-, Ordnungs- und Hierarchiekriterien von nach RAK-WB organisierten Datenbeständen muten dem, der unroutiniert im Online-Dialog mit ihnen suchen und sie auffinden will, nicht unerhebliche Lern- und Eingewöhnungsprozesse zu. Die Gründe hierfür sind leicht nachvollziehbar. Ich nenne nur einige offenkundige.

Wenn, wie ein Grundgesetz der Informations-Wissenschaft besagt, Information-Retrieval-Systeme dann weniger benutzt werden, wenn es für den Nutzer mühsamer ist, aus ihnen Informationen zu bekommen, als sie nicht zu bekommen, müssen OPAC-Konstruktionen in der Konzeptions-Phase auch folgende Überlegungen anstellen:

1.) Ist es für die Anzeige eines Titels nötig, das Ordnungskriterium der „Haupteintragung“ beizubehalten?
Anders formuliert: Sollte die Leistungsfähigkeit einer Datenbank, aus Datenelementen beliebige logische Informationseinheiten kombinieren zu können, überhaupt noch RAK-WB-gemäß beansprucht – und das heißt: restringiert – werden, etwa bei der Auswahl der Felder zur Titelanzeige innerhalb einer „Listendarstellung“ oder bei der Definition der Anzeigeaspekte eines „Verfasser- oder Urheberwerks“ im Gegensatz zu einem „Sachtitelwerk“? Macht diese terminologische Unterscheidung für einen OPAC noch Sinn?
Und weiterhin: Sollte die logische Auskunftspotenz einer Datenbank dahingehend unausgeschöpft bleiben, daß die Zahl der an der Produktion eines Werks beteiligten Personen nur bis zum Status eines ersten, zweiten oder dritten „Verfassers“ Berücksichtigung findet?

2.) Entscheidend für eine erfolgreiche Suche ist beim Online-Katalog die konsequente Befolgung des „Axioms der Genauigkeit“. Das Ergebnis einer Suche nach relevanten Informationen hängt von der Exaktheit ab, die es dem Rechner ermöglicht, durch Vergleich eines eingegebenen Suchstrings mit einer gespeicherten Zeichenkette den Search-and-Find-Prozeß durchzuführen.
OPAC-Designer haben sich daher die Frage zu stellen, wie signifikante, dem Benutzer teils völlig ungeläufige RAK-WB-Darstellungs- und Ansetzungsmodi – beispielsweise: Winkelklammern, Bandzählungen, Ansetzun-

gen von Personen- und Körperschaftsnamen, von Zahlen, Symbolen und Formeln – auf der Anzeigeseite erhalten bleiben können, ohne rechercheseitig die Suchfähigkeit des Benutzers zu belasten bzw. die „eiskalte" Systemreaktion „Null Treffer" zu provozieren.
Durch die Gestaltung eines Anzeige- und Retrievalaspektes zu ein und demselben bibliographischen Element haben wir versucht, dieses Problem in den Griff zu bekommen.

3.) Im Bereich der Titelwort-Suche bringt die aus RAK-WB-Gesichtspunkten skizzierte Problematik eine weitere Beeinträchtigung des Benutzers zum Vorschein.
Die seitens der Katalogisierung geübte Praxis, Zusätze zum Hauptsachtitel nach RAK-Maßgabe abzukürzen, hat insbesondere dort fatale Folgen für das Retrieval, wo auf -isch, -lich (im Deutschen) endende Akjektive abgekürzt werden, die vor einem Substantiv mit diesem zusammen eine Sinneinheit bilden, im Sinne etwa eines Sachworts.
So ist davon auszugehen, daß Suchbegriffe wie „Französ(ische) Revolution", „Künstl(iche) Intelligenz", „Hermeneut(ischer) Zirkel" immer dann jede praktische Relevanz für das Retrieval verlieren, wenn sie „das Pech haben", dem Untertitel anzugehören.
Anzumerken ist, daß – aufgrund gewisser eigener Titelbildungsstrukturen – diese Suchproblematik in den Geisteswissenschaften ungleich häufiger auftritt als in den Naturwissenschaften.

Wäre also ein eigenes, die technologischen Ressourcen optimal nutzendes Regelwerk dem OPAC zu wünschen?

Eine weitere Kette von Überlegungen schließt sich hier an:

Stellt der OPAC einen quasi absoluten, einen autarken Katalog dar? Ist seine Realisierung so zu entwerfen, daß er mit den anderen Katalogen der Bibliothek potentiell eine Einheit bildet? Oder ist er ein allen Suchbedürfnissen genügendes Auskunftsinstrument sui generis? Soll er nur das leisten, was die anderen Kataloge nicht vermögen? Oder soll er alles leisten, was Kataloge überhaupt und Listenkataloge vielleicht besser ermöglichen?

Das aufgerissene Spektrum „systemimmanenter Zwänge" ist nun zu verengen auf das daraus hervorgegangene konkrete Produkt, den Düsseldorfer OPAC als ein für die spezielle Anwendung „Bibliothek" ausgelegtes Information-Retrieval-System – im Gegensatz etwa zu fachlichen Datenbasen oder „Alltagsbedürfnissen" entsprechenden „databases for everyman".

Im Blick auf die „Wahrnehmbarkeit" des OPAC ist einer Fülle von „äußeren" Feinkriterien für benutzerorientierte Dialoggestaltung konstruktive Aufmerksamkeit gewidmet worden.

So sucht die OPAC-Aufbaulogik unter dem Gesichtspunkt der *Transparenz* in jeder Hinsicht „Kopfigkeit" zu vermeiden, Kopfigkeit in suchstrategischer, informationeller, sprachlicher, instrumenteller Hinsicht. Lernen und Umgang mit dem System, hoffen wir, sind so einfach konzipiert, daß der Benutzer von seinem primären Interesse, dem der Recherche, nicht abgelenkt wird.

Unter dem Gesichtspunkt der *Toleranz* erscheinen uns Sitzungs- und Rechercheablauf den Präferenzen des Benutzers flexibel anpaßbar. Die vorhandene Vielfalt von Verzweigungen im Programm kann er nach Wunsch und individuell ausschöpfen.

Die Kenngröße *Partizipation* liegt insofern vor, als der Benutzer über die Anwahl einer Mailbox mit eigenen Vorschlägen zur OPAC-Verbesserung an dessen Weiterentwicklung beteiligt sein wird.

Konsistenz (---› Abb. 1) wird durch feste Raumaufteilung des Bildschirms in funktionale Bereiche erreicht, die durchgängig dem gleichen Zweck bzw. Darstellungsinhalt dienen. Deshalb bleibt die graphische Struktur einer Bild-

Abbildung 1

schirmseite bei jedem Bildwechsel erhalten. Sie ist – in radikaler Abkehr vom originären GOLEM-Schirm – kognitionspsychologischen Befunden gemäß in „prägnante Blöcke" formatiert und folgt hinsichtlich der Informationsanordnung der Leserichtung von oben nach unten.

Im obersten Bereich werden Statusinformationen und Fehlermeldungen ausgegeben.

Darunter befindet sich das im engeren Sinn relevante, weitaus größte Informationsfeld, der Bildschirmteil für die Benutzer-Instruktion und Datensatz-Präsentation.

Es folgt die Eingabezeile, in der die Aufträge des Benutzers an den Rechner erteilt werden.

Entsprechend der Nähe zur Tastatur präsentieren die drei letzten Bildschirmzeilen – in Abhängigkeit von der aktuellen Dialogsequenz – den zur Verfügung stehenden Befehlsvorrat.

Richtlinien zur Gestaltung lesbarer Displays tolerieren eine Textauslastung der Schirmfläche bis zu maximal 30 %. Bei einer nicht geringen Anzahl von Instruktionsschirmen hat uns die Notwendigkeit, dem Benutzer Navigationshilfe durch bibliothekarischen Detailwust erteilen zu müssen, zu unzulässigen Überschreitungen dieser Kapazitätsausnutzung gezwungen.

Zu beachten ist, daß der Information über „Regeln" – als der Systemaufgabe, den Benutzer stringent zum Rechercheziel zu führen –, ihren inhaltlichen und formalen Komponenten, ihrer Instruktivität und Anschaulichkeit aufgrund der beim OPAC vielfach gegebenen „weichen" Retrievalsituation ganz besondere Bedeutung zukommt. „Weich" heißt eine Retrievalsituation immer dann, wenn der Benutzer nicht genau weiß, wonach er sucht, wenn er zur Zielinformation nur schrittweise hintasten kann, m.a.W. wenn ihm die exakte Sprache dafür fehlt, was als Wert in der Datenbank gespeichert ist.

Dem Problem der „falschen Ausdrucksweise" aus schlechter Kenntnis der „richtigen Retrievalsprache" begegnen freilich die in unserem OPAC vorliegenden „situativen" Hilfetexte zu jedem einzelnen Dialogschritt immer dann recht ratlos, wenn diese gar nicht erst gelesen werden.

Die einzelnen „Ebenen" des Dialogs in unserem OPAC (---› Abb. 2) werden dem Benutzer als jeweiliger „Status" im obersten Bildschirmbereich angezeigt. Auf der Strukturskizze sind sie links in Großbuchstaben ausgeworfen.

Da im folgenden Beitrag der gesamte Rechercheablauf konkret und unter Berücksichtigung dv-technischer Spezifikationen demonstriert ist, beschränken sich meine Erläuterungen auf die „konstitutiven" Momente der realisierten Recherchearten.

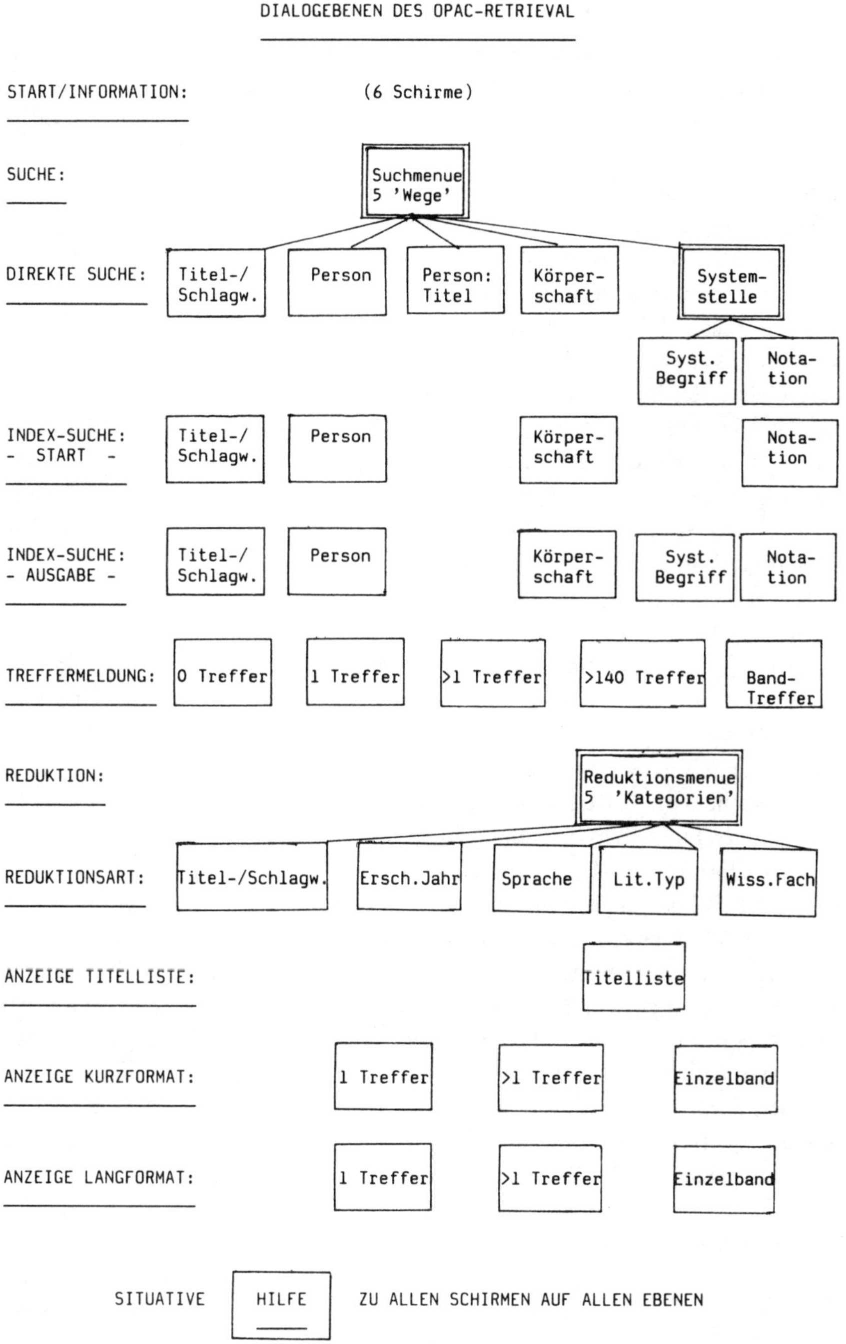
DIALOGEBENEN DES OPAC-RETRIEVAL
START/INFORMATION:
(6 Schirme)
SUCHE:
Suchmenue 5 'Wege'
DIREKTE SUCHE:
Titel-/ Schlagw.
Person
Person: Titel
Körper- schaft
System- stelle
Syst. Begriff
Nota- tion
INDEX-SUCHE: - START -
Titel-/ Schlagw.
Person
Körper- schaft
Nota- tion
INDEX-SUCHE: - AUSGABE -
Titel-/ Schlagw.
Person
Körper- schaft
Syst. Begriff
Nota- tion
TREFFERMELDUNG:
0 Treffer
1 Treffer
>1 Treffer
>140 Treffer
Band- Treffer
REDUKTION:
Reduktionsmenue 5 'Kategorien'
REDUKTIONSART:
Titel-/Schlagw.
Ersch.Jahr
Sprache
Lit.Typ
Wiss.Fach
ANZEIGE TITELLISTE:
Titelliste
ANZEIGE KURZFORMAT:
1 Treffer
>1 Treffer
Einzelband
ANZEIGE LANGFORMAT:
1 Treffer
>1 Treffer
Einzelband
SITUATIVE
HILFE
ZU ALLEN SCHIRMEN AUF ALLEN EBENEN

Abbildung 2

Unser „Suchmenü" präsentiert dem Benutzer fünf „Suchwege" zur Auswahl. Option 1 eröffnet die (Formal- und Sach-)Recherche über den sogenannten „Basic Index". Der Basic Index ermöglicht die Ermittlung von Titelaufnahmen, von denen der Benutzer einzelne beliebige Deskriptoren – virtuelle oder konkrete – aus dem Titel- und/oder Schlagwortbereich kennt.

Die „Titel"-Stichwörter werden sowohl aus den IBAS-Kategorien für den Hauptsachtitel und dessen Zusätze, als auch für den Parallelsachtitel, Einheitssachtitel, Gesamttitel und Bandtitel aufbereitet.

Alle weiteren Registereinträge stellen generisch Wörter aus verstichworteten Schlagwortketten dar.

Aufgrund des Vorteils der Freitexinvertierung, d. h. der Zugriffsmöglichkeit auf Titelelemente unabhängig von ihrer Position im Datenfeld, ist über den Basic Index auch das Suchinteresse „Volltitel" abgedeckt. Auf einen „eigenen" Einstieg „Volltitel-Suche" haben wir, aufgrund der spezifischen Schwierigkeiten des „phrase-match-searching", bewußt verzichtet. Im Interesse der Suchbarkeit von Titeln in ihrer vollständigen Form ist daher auch die auf den Basic Index bezogene Stopwort-Liste auf einen minimalen Wörterumfang eingegrenzt worden.

Somit gestattet der Basic Index ein „single keyword searching", bei dem häufig eine sehr hohe Rückgewinnungsquote („recall") bei gleichzeitig geringer Trefferquote („precision") erzielt wird. Zwecks Ausgleichs insbesondere dieses Mangels existiert – neben den fünf „primären" Suchwegen – ein „sekundärer" Sucheinstieg „Reduktion" mit fünf verschiedenen Reduktions-„Kategorien" unterschiedlicher Leistungsfähigkeit und Einsetzbarkeit.

Über Option 2 sind „persönliche Autoren" im Verständnis der Definition nach RAK-WB suchbar. Nur mit *einem* Autor kann in der vorliegenden Version unseres OPAC jeweils gesucht werden. Hinsichtlich einer komfortablen Retrievalfähigkeit von Mehrverfasser-Schriften, etwa im Falle von Briefpartnerschaften, überlegen wir, diese Entscheidung in einer 2. Version zu revidieren.

Einstiegspunkt 3 (Persönlicher Autor: Sachtitel) sucht die „Quick search"-Offerte in Anlehnung an die mit den amerikanischen OPAC-Studien vorliegenden Standards zu realisieren. Zudem ist davon auszugehen, daß hinsichtlich dieser Zugriffsart eine eigenständige, an konventionellen Katalogen geschulte Erwartungshaltung des Benutzers besteht.

Suchweg 4 setzt die Kenntnis von Elementen einer Körperschafts- oder Konferenzansetzung voraus.

Beim Einstieg 5 über die Systemstelle ist alternativ die Eingabe der Notation – als alphanumerisch verschlüsselter Zugriff – oder eines aus unserer Systematik herrührenden Begriffs – als verbaler Zugriff – zugelassen.

Bei allen „direkten" Suchzugriffspunkten können Anfragebegriffe durch

Sichten der entsprechenden „Aspekt"-Register in die Suchformulierung übernommen werden (= Index-Suche).

Die Möglichkeit des „Browsing" entfällt nur für Option 3, da hier systemseitig nicht über einen separat aufgebauten Aspekt gesucht wird, die Recherche vielmehr über die AND-Verknüpfung von Autor-Suchindex und Basic Index erfolgt.

Lange nachgedacht haben wir über das potentielle Benutzerinteresse an einem Zugriff über den Verleger und die ISBN bzw. ISSN. Wir sind darin übereingekommen, die entsprechenden Aspekte – in der GOLEM-Datenbank selbst – zwar anzulegen, d. h. auf „Experten"-Niveau verfügbar zu halten, das Zugriffs-Spektrum in der Benutzeroberfläche jedoch nicht darum aufzuschwemmen.

Zur „Ausgabe" der Retrievalergebnisse sei hier nur angemerkt, daß uns einerseits die amerikanischen OPAC-Empfehlungen, andererseits Erkenntnisse der Lerntheorie dazu bewogen haben, aus Gründen besserer Lesbarkeit und erhöhter Instruktivität das kategorisierte Format einer Deskriptiv-Anzeige vorzuziehen.

Aus traditioneller bibliothekarischen Perspektive dürfte ein signifikantes Merkmal unseres OPAC die mangelnde Unterscheidung zwischen formalem und thematischem Suchzugriffs-Anspruch des Benutzers sein. Anders als etwa im renommierten OKAPI-Projekt des Polytechnic of Central London sieht unser Menü-Modus *nicht* vor, den Benutzer zu fragen: „Do you want to look 1.) for specific books or 2.) for books about something?" Der Grund ist folgender:

Der verbalen Sacherschließung sind in unserem Hause nur etwa 35 Prozent aller in IBAS erfaßten Titel unterzogen worden. Deshalb versuchen wir, mittels der im Basic Index geleisteten Zusammenführung von Titel- und Schlagwortmaterial, den in Buchtiteln als „Stichwort" repräsentierten Bestand an verbaler Information „sachspezifisch" zu nutzen.

Im Aspekt des sachlichen Suche stellt der Basic Index daher, wenn man so will, nichts anderes als eine umfangreiche Akkumulation von Wörtern dar, deren unterschiedliche Informativität und grammatische Form so kreativ wie kundig gehandhabt werden sollte. – Aus den amerikanischen Untersuchungen ist als Trend bekannt, daß der Nutzungsgrad von Schlagwörtern dann besonders niedrig ist, wenn über einen Stichwortzugriff verfügt werden kann.

Über folgendes sind wir uns völlig im klaren:

Was dieser Index als Instrument der subject search ermöglicht, ist ein rein syntaktisch orientiertes Suchen, das auf der Ebene des Informations-„Gehalts" von Wörtern hoch Brauchbares und völlig Unbrauchbares, Wesentliches- *und* Banales in „einem" Index vorfindet; dem auf der Ebene der Grammatik die

Kenntnis besonderer „information search tactics“ abverlangt wird; das auf der Ebene der Semantik, wie im einzelnen noch zu zeigen sein wird, spezifischen Unschärfen in die Falle läuft.

Dies kann sich als eine große Schwäche des geschilderten Zugriffs-Wörterbuchs als – so unsere Hypothese – *der* zentralen Schnittstelle zwischen Mensch und Maschine herausstellen. Denn gerade von seiner Beschaffenheit werden Struktur und Qualität der Rechercheergebnisse im OPAC entscheidend determiniert.

Seine Unzulänglichkeit bei der Schlagwortsuche verweist OPAC-Entwickler auf die Notwendigkeit, den Eigenheiten eines weiteren Systems Rechnung zu tragen, denen das System „Sprache“.

OPAC-Konstruktionen, OPAC-Überlegungen zur Optimierung sachlicher Zugriffsmethoden geraten unversehens – nicht zuletzt aufgrund Spezifika der „deutschen“ Sprache – tief hinein in linguistische Probleme. Denn wo es um das Fragen nach „Sachen“ geht, kann dieses zustande nur kommen im Medium von „Sprache“ und ihrer diskreten Einheiten, den Wörtern.

Über Gedanken und Entwürfe zur Veränderung der mit Sprache verfahrenden Sacherschließungsmethoden in diesem Hause wird auf dem Hintergrund der sich wandelnden informationstechnischen Möglichkeiten noch mehr zu berichten sein.

ILSE BARTHOLOMÄUS

Die Benutzeroberfläche

Unser OPAC-System besteht aus 88 einzelnen Programmbausteinen, deren Steuerung das Hauptprogramm OPACMAIN übernimmt. Das von einer Softwarefirma erstellte Programmsystem ist in das auf der DVA Siemens 7.580-S ablaufende GOLEM-System der Version 6.1B eingebunden. Jedes im GOLEM-System vereinbarte Endgerät, Terminal oder PC, kann somit unsere Benutzeroberfläche mit zwei Befehlen anwählen.

EINGABE: o golem

EINGABE: opac

Mit dem ersten Befehl ‚o golem' wird die Verbindung zum GOLEM-System angemeldet, mit dem zweiten Befehl ‚opac' wird in das Hauptprogramm verzweigt und der Eröffnungsbildschirm angezeigt (s. Abb. 1).

```
BEGINN              Inhalt der Datenbank am 16.03.90:  793.921 Literaturhinweise
--------------------------------------------------------------------------------

                      UNIVERSITAETSBIBLIOTHEK DUESSELDORF
        **    OPAC    **    ONLINE-PUBLIKUMSKATALOG     **    OPAC    **


Der Computer-Katalog weist alle in der Universitaetsbibliothek Duesseldorf
(Zentralbibliothek, Fachbibliotheken, Medizinische Abteilung) vorhandenen
Buecher   a b    Erscheinungsjahr 1981 nach.
Die   v o r   1981 erschienenen Buecher werden nach und nach erst elektronisch
erfasst. Sie sollten diese deshalb immer dann   z u s a e t z l i c h   in den
Zettelkatalogen suchen, wenn sie im Computer-Katalog gar nicht oder nur als
Bestand einer Fachbibliothek verzeichnet sind.


!!!!!       Nicht suchbar sind: Zeitschriften, Zeitungen, Aufsaetze.       !!!!!

--------------------------------------------------------------------------------
BITTE EINGABE:
--------------------------------------------------------------------------------
I = INFORMATION           M = SUCH-MENUE             B = BRIEFKASTEN
H = HILFE                                            S = STOP OPAC
KUENFTIG ALLE EINGABEN DURCH DRUCK AUF 'EM'-   u n d   'DUE1'-Taste beenden !!!!
```

Abbildung 1

Wurde die vorangehende Recherche nicht „ordnungsgemäß" beendet, wird anstelle des Eröffnungsbildschirms der letzte Bildschirm des letzten Dialogs gesendet. In diesem Fall ist es sinnvoll, vor der eigenen Recherche mit der

Funktion ‚E' = ‚ENDE/BEGINN' auf den Eröffnungsbildschirm zu positionieren, damit Zwischenergebnisse und Tabellen des letzten Dialogs gelöscht werden.
Der Eröffnungsbildschirm ist der erste von 44 Bildschirmen der Benutzeroberfläche. Alle Bildschirme bis auf eine Ausnahme innerhalb der Mailbox haben den gleichen Aufbau. In der obersten Bildschirmzeile werden bei der Erstausgabe eines Bildschirms der Status und zusätzliche Informationen angezeigt. Im Verlauf der Recherche kann diese Zeile mit Fehler- oder sonstigen Meldungen sowie der Angabe über die aktuell angezeigten GOLEM-Dokumente überschrieben werden.

Der folgende, 16 Zeilen große Bildschirmbereich wird
- zur Information des Benutzers
- zur Anzeige der unterschiedlichen Menüs
- zur Beschreibung der Suchanfragen und Startbegriffe
- zur Index- und Trefferanzeige
- zur Beschreibung der Reduktionsmöglichkeiten
- zur Titellisten- und Einzelanzeige
- zur Anzeige von Informations- und Help-Texten und
- zur Nachrichteneingabe in der Mailbox benutzt.

Die 20. Zeile ist bis auf die o.g. Ausnahme innerhalb der Mailbox als einziger Teil des Bildschirms überschreibbar. Zur Eingabe von Suchanfragen, Startbegriffen, Auswahlnummern oder Funktionen – in Groß- und/oder Kleinschreibung – steht dem Benutzer ein Bereich von 65 Zeichen zur Verfügung. Die letzten drei Zeilen jedes Bildschirms dienen der Darstellung des bildschirmabhängigen Funktionsvorrates, der zur Weiterführung benutzt werden kann, und zur Ausgabe weiterer Hilfestellungen für den Benutzer. Auf allen Bildschirmen außer dem Eröffnungsbildschirm erscheint am Ende der 24. Bildschirmzeile die aktuelle Bildnummer, die zu Kontrollzwecken für die Systemverwalter mitgeführt wird.

Hier auf dem Eröffnungsbildschirm ist die erste Zeile mit dem Status ‚BEGINN' sowie der aktuellen Anzahl der Literaturhinweise und dem Stand der Datenbank besetzt. Im mittleren Teil wird der Benutzer über die Art der gespeicherten Titel und Bände informiert und in der Eingabezeile kann
- mit der Funktion ‚I' = ‚INFORMATION' das Eingangsmenü angewählt,
- mit der Funktion ‚H' = ‚HILFE' der Hilfetext zum Eröffnungsbildschirm angefordert,
- mit der Funktion ‚M' = ‚SUCH-MENÜ' direkt zum Suchmenü gesprungen,
- mit der Funktion ‚B' = ‚BRIEFKASTEN' zur Mailbox verzweigt

oder

– mit der Funktion ‚S' = ‚STOP OPAC' der Dialog von der Benutzeroberfläche abgemeldet werden.

Alle Texte auf allen Bildschirmen sind frei wählbar und können mit dem von der Benutzeroberfläche unabhängigen Programmsystem OPAC-EDITOR, ebenfalls erstellt von der Softwarefirma, verändert werden.

Unsere Benutzeroberfläche gliedert sich in drei Komponenten, die Retrievalkomponente, die Informationsebene und die Mailbox. Letztere kann nur von einer Stelle, und zwar vom Eröffnungsbildschirm aus, angewählt werden.

EINGABE: b

Der gesendete Bildschirm informiert den Benutzer über die Gründe, die zur Einrichtung eines Briefkastens geführt haben, und beschreibt die weitere Vorgehensweise (s. Abb. 2).

```
INFORMATION
--------------------------------------------------------------------------------

                              BENUTZER-BRIEFKASTEN

An Ihrer Beurteilung unseres Computer-Katalogs sind wir sehr interessiert.
I h r e   Kommentare, Kritiken, Aenderungsvorschlaege sollen in eine verbesserte
Version des Systems eingehen.

-  Moechten Sie uns etwas mitteilen? -
   Beschreibbare Bildschirmseiten koennen Sie anfordern mit der Eingabe
   B (= Briefkasten).
-  Wuenschen Sie eine Antwort auf Ihre Mitteilung?
   Entsprechende Informationen erhalten Sie hier nach Eingabe von H (= Hilfe).


--------------------------------------------------------------------------------
BITTE EINGABE:
--------------------------------------------------------------------------------

E = ENDE/BEGINN                                   B = BRIEFKASTEN
H = HILFE                                                                B-003
```

Abbildung 2

Durch erneute Eingabe der Funktion ‚B' fordert der Benutzer einen beschreibbaren Bildschirm an (s. Abb. 3), in welchem als einzige Ausnahme die Schreibmarke auf den Anfang der dritten Zeile positioniert ist.

EINGABE: b

Zur Eingabe der Mitteilung an die Universitätsbibliothek stehen die nachfolgenden 16 Zeilen zur Verfügung. In der 20. Zeile kann mit der zusätzlichen Eingabe der Funktion ‚N' = ‚NÄCHSTE SEITE' ein weiterer Bildschirm zur

Fortsetzung der Nachricht angefordert werden. Wird die Eingabezeile nicht oder mit anderem Inhalt als den zulässigen Funktionen besetzt, wird automatisch die Funktion ‚E' ausgeführt.

```
BRIEFKASTEN  -  Schreiben Sie bitte Ihre Nachricht in das leere Fenster:
--------------------------------------------------------------------------------









--------------------------------------------------------------------------------
WEITERE EINGABE:
--------------------------------------------------------------------------------

E = ENDE/BEGINN                                            N = NAECHSTE SEITE
H = HILFE                                                                  B-004
```

Abbildung 3

EINGABE: Heute ist der 1. Tag des OPAC-Kolloquiums!

EINGABE: Stop

Die ausgefüllten Bildschirminhalte werden zeilenweise in einer Datei des GOLEM-Systems abgespeichert und mit dem logischen Terminalnamen, dem Tagesdatum und der Uhrzeit versehen.

Die Eingabe ‚Stop' wird wie die Funktion ‚E' interpretiert und bewirkt den Sprung von der Mailbox zurück zum Eröffnungsbildschirm (s. Abb. 1).

Die Informationsebene wird mit der Funktion ‚I' auf dem Eröffnungsbildschirm angewählt. Aus dem Eingangs-Menü können mit der Ziffer ‚1' das primäre Suchmenü, mit ‚2' die Erläuterungstexte zur Benutzung des Online-Publikumskatalogs oder mit ‚3' die Informationstexte zur Benutzung der Universitätsbibliothek angefordert werden (s. Abb. 4). Bevor ich zur Vorstellung des Suchmenüs komme, möchte ich eine der beiden Informationsmöglichkeiten aufzeigen.

EINGABE: i

```
INFORMATION
--------------------------------------------------------------------------

                              EINGANGS-MENUE


         1 = BEGINN EINER SUCHE

         2 = EINFUEHRUNG IN DEN UMGANG MIT DEM ONLINE-PUBLIKUMSKATALOG /
                                   O(nline) P(ublic) A(ccess) C(atalogue)

         3 = EINFUEHRUNG IN DIE BENUTZUNG DER UNIVERSITAETSBIBLIOTHEK



--------------------------------------------------------------------------
BITTE EINGABE:
--------------------------------------------------------------------------

E = ENDE/BEGINN
H = HILFE                                                           B-002
```

Abbildung 4

EINGABE: 2

Wird die Ziffer ‚2' ausgewählt, erhält der Benutzer ein Einführungs-Menü, aus dem er durch Eingabe einer oder mehrerer Ziffern und/oder einer Bereichsangabe unter acht Informationen zur Benutzung des Online-Publikumskatalogs wählen kann (s. Abb. 5). Mit dem Programmsystem OPAC-EDITOR ist es jederzeit möglich, Anzahl und Inhalt der Informationen zu verändern.

Der formale Aufbau der Benutzereingabe ist beispielhaft auf fast allen Bildschirmen erläutert. An dieser Stelle soll eine formal und logisch fehlerhafte Eingabe zeigen, daß umfangreiche, bildspezifische Plausibilitäten durchlaufen werden, die eine Normierung des Eingabestrings vornehmen sollen.

EINGABE: 1-2/ 4 und 88

Bei der Eingabe wurde ein Plausibilitätsfehler erkannt. Die entsprechende Fehlermeldung wird in der obersten Bildschirmzeile angezeigt (s. Abb. 6).

Über einen weiteren Systemparameter wurde die Ausgabe der Fehlermeldungen auf ‚mittelhell/blinkend' und sonstiger Meldungen auf ‚hell' festgesetzt. Ob die Originaleingabe des Benutzers oder die bis zur Feststellung des Fehlers vom Programm manipulierte Eingabe wiederangezeigt werden soll, ist ebenfalls über einen Parameter einstellbar.

```
EINFUEHRUNG:  UMGANG MIT DEM ONLINE-PUBLIKUMSKATALOG
--------------------------------------------------------------------------------
                              EINFUEHRUNGS-MENUE

   1 = ALLGEMEINES ZUR DATENEINGABE        5 = ANZEIGE DES SUCHERGEBNISSES

   2 = ALLGEMEINES ZUR SUCHE               6 = STOPWOERTER

   3 = SUCHMENUE / SUCHWEGE                7 = TRUNKIEREN

   4 = REDUKTION DER TREFFERMENGE          8 = VERKNUEPFEN MIT AND, OR, NOT


                            Eingabeform   ->   1,3,5-8
--------------------------------------------------------------------------------
BITTE EINGABE:
--------------------------------------------------------------------------------
                                                     S = STOP EINFUEHRUNG
E = ENDE/BEGINN            M = EINFUEHRUNGS-MENUE    N = NAECHSTE SEITE
                                                     V = VORIGE SEITE       B-097
```

Abbildung 5

```
EINGEGEBENE NUMMER(N) NICHT VORHANDEN! BITTE EINGABE AENDERN!
--------------------------------------------------------------------------------
                              EINFUEHRUNGS-MENUE

   1 = ALLGEMEINES ZUR DATENEINGABE        5 = ANZEIGE DES SUCHERGEBNISSES

   2 = ALLGEMEINES ZUR SUCHE               6 = STOPWOERTER

   3 = SUCHMENUE / SUCHWEGE                7 = TRUNKIEREN

   4 = REDUKTION DER TREFFERMENGE          8 = VERKNUEPFEN MIT AND, OR, NOT


                            Eingabeform   ->   1,3,5-8
--------------------------------------------------------------------------------
BITTE EINGABE: 1-2,4,88
--------------------------------------------------------------------------------
                                                     S = STOP EINFUEHRUNG
E = ENDE/BEGINN            M = EINFUEHRUNGS-MENUE    N = NAECHSTE SEITE
                                                     V = VORIGE SEITE       B-097
```

Abbildung 6

An der Eingabezeile des zurückgesendeten Bildschirms ist erkennbar, daß der Parameter auf ‚manipulierte Wiederanzeige‘ gesetzt ist. Die unzulässigen Zeichen wie Schrägstrich, Blank und Buchstaben sind eliminiert und/oder durch Kommata ersetzt worden. Durch Korrektur des Eingabestrings wird eine formal und logisch fehlerfreie Eingabe abgeschickt.

EINGABE: 1-2,4,8

Als Antwort wird die erste Seite des ersten Informationspunktes des Einführungs-Menüs angezeigt (s. Abb. 7). Durch die Eingabe zweier aufeinanderfolgender Winkelklammern ‚auf‘ und/oder ‚zu‘ bei der Erfassung der Informationstexte im OPAC-EDITOR wird dem Benutzer mitgeteilt, ob zu der jeweils aktuell angezeigten Seite eine Vorgänger- und/oder Folgeseite existiert. Diese können über die Funktionen ‚V‘ = ‚VORIGE SEITE‘ oder ‚N‘ = ‚NÄCHSTE SEITE‘ angefordert werden.

```
EINFUEHRUNG:  UMGANG MIT DEM ONLINE-PUBLIKUMSKATALOG
-------------------------------------------------------------------------------

                        ALLGEMEINES ZUR DATENEINGABE

*  Das blinkende Dreieck, die Schreibmarke (Cursor), gibt die augenblickliche
   Schreibposition in der Eingabezeile an.

*  Bei einem Schreibfehler oder einer Eingabekorrektur kann die Schreibmarke mit
   Hilfe der gruenen Tasten  '<-'  und  '->' (rechts auf der Tastatur) bewegt
   werden, um falsche Zeichen zu ueberschreiben oder mit der Leertaste zu
   loeschen.
   Durch Druck auf die LZF-Taste (rechts auf der Tastatur) kann der gesamte Ein-
   gabetext - ab Cursor-Position - in einem Zug geloescht werden.

*  Bitte jede Eingabe durch Druecken der EM-Taste (EM = Endemarke) beenden und

                                                                             >>
-------------------------------------------------------------------------------
BITTE EINGABE:
-------------------------------------------------------------------------------
                                                S = STOP EINFUEHRUNG
E = ENDE/BEGINN          M = EINFUEHRUNGS-MENUE   N = NAECHSTE SEITE
                                                V = VORIGE SEITE        B-097
```

Abbildung 7

EINGABE: n

Die zweite Seite ist noch nicht die letzte Seite zu Punkt 1 (s. Abb. 8).

```
EINFUEHRUNG:  UMGANG MIT DEM ONLINE-PUBLIKUMSKATALOG
--------------------------------------------------------------------------------
<<

   dann durch Druecken der roten DUE1-Taste (DUE1 = Datenuebertragung) (beide
   rechts unten auf der Tastatur) an den Rechner schicken!
   Bis zur Betaetigung der DUE1-Taste kann der Text in der Eingabezeile beliebig
   korrigiert werden.

*  Gross-, Klein- oder Gemischtschreibung bei der Eingabe ist fuer die Suche
   unerheblich (Ausnahme: die Suche mit Abkuerzungen wie z. B.  DAS  oder  DER).

*  Umlaute und Eszett koennen nur in aufgeloester Form eingegeben werden:
   ae, oe, ue, ss.

*  Das Trunkierungszeichen ist '$'. (s. dazu auch Einfuehrungs-Menue: 7)

                                                                              >>
--------------------------------------------------------------------------------
BITTE EINGABE:
--------------------------------------------------------------------------------
                                                S = STOP EINFUEHRUNG
E = ENDE/BEGINN          M = EINFUEHRUNGS-MENUE  N = NAECHSTE SEITE
                                                V = VORIGE SEITE          B-097
```

Abbildung 8

EINGABE: n

Auf der dritten Seite jedoch fehlen in der rechten unteren Ecke des Informationsblockes die Fortsetzungszeichen (s. Abb. 9).

```
EINFUEHRUNG:  UMGANG MIT DEM ONLINE-PUBLIKUMSKATALOG
--------------------------------------------------------------------------------
<<

*  Beachten Sie bitte immer, dass der benutzbare Funktionsvorrat von Bildschirm
   zu Bildschirm wechselt:

   -  Die allgemeinen BEDIENUNGSHINWEISE befinden sich grundsaetzlich auf den
      drei letzten Zeilen des Bildschirms.

   -  MENUES im Schirm-Hauptfeld offerieren Suchvorgaenge verschiedener Art,
      zwischen denen durch Ziffern-Eingabe ausgewaehlt werden kann.



--------------------------------------------------------------------------------
BITTE EINGABE:
--------------------------------------------------------------------------------
                                                S = STOP EINFUEHRUNG
E = ENDE/BEGINN          M = EINFUEHRUNGS-MENUE  N = NAECHSTE SEITE
                                                V = VORIGE SEITE          B-097
```

Abbildung 9

Da auf dem Einführungs-Menü nicht nur die Zahl 1, sondern zusätzlich 2, 4 und 8 ausgewählt wurden, können die Seiten dieser Informationspunkte nacheinander mit der Funktion ‚N' abgerufen werden (s. Abb. 10).

EINGABE: n

```
EINFUEHRUNG:  UMGANG MIT DEM ONLINE-PUBLIKUMSKATALOG
--------------------------------------------------------------------------------
                                ALLGEMEINES ZUR SUCHE

Zwei grundlegende Methoden gibt es, mit deren Hilfe Buecher im Computer-Katalog
gesucht werden koennen:

*  DIREKTE SUCHE
   Sie schreiben Ihre Suchargumente (Begriffe, Zahlen, Notationen) direkt in die
   Eingabezeile.
   Diese Methode empfiehlt sich vor allem bei der Suche nach Buechern, von denen
   Sie Kenntnis in Form exakter Daten haben.

*  INDEX-SUCHE
   Sie lesen sich alphabetische Index-Listen durch, um daraus Argumente (Be-
   griffe, Zahlen, Notationen) fuer die Suche auszuwaehlen.
   Diese Methode empfiehlt sich immer dann, wenn Sie Buecher 'auf Verdacht'
                                                                              >>
--------------------------------------------------------------------------------
BITTE EINGABE:
--------------------------------------------------------------------------------
                                              S = STOP EINFUEHRUNG
E = ENDE/BEGINN          M = EINFUEHRUNGS-MENUE   N = NAECHSTE SEITE
                                              V = VORIGE SEITE          B-097
```

Abbildung 10

Die Funktion ‚V' ist jedoch nur innerhalb eines Informationspunktes wirksam und führt im anderen Fall zu einer Fehlermeldung (s. Abb. 11).

EINGABE: v

Über die Funktion ‚M' = ‚EINFÜHRUNGS-MENÜ' und erneute Auswahl der entsprechenden Ziffern können die Seiten der zu diesem Zeitpunkt nicht mehr anzeigbaren Informationstexte wieder angefordert werden.

Die Informationsebene innerhalb der Benutzeroberfläche wird durch die Eingabe der Funktion ‚S' = ‚STOP EINFÜHRUNG', welche auf jeder Informationsseite angeboten wird, wieder verlassen. Es wird der Bildschirm mit dem Eingangs-Menü angezeigt, von welchem aus das Einführungs-Menü mit ‚2' gewählt wurde (s. Abb. 4).

EINGABE: s

Die Eingabe der Ziffer ‚3' auf diesem Schirm bewirkt den Sprung in das zweite Einführungs-Menü, aus dem der Benutzer nach dem gleichen Verfahren acht Informationen zur Benutzung der Universitätsbibliothek anfordern kann.

Von allen Informationsbildschirmen sowie von allen Helpscreens aus kann die Funktion ‚H' = ‚HILFE' nicht ausgewählt werden.

```
ANFANG DER AUSWAHL-NR. ERREICHT! 'V' NICHT MEHR MOEGLICH!
--------------------------------------------------------------------------------
                              ALLGEMEINES ZUR SUCHE

Zwei grundlegende Methoden gibt es, mit deren Hilfe Buecher im Computer-Katalog
gesucht werden koennen:

*  DIREKTE SUCHE
   Sie schreiben Ihre Suchargumente (Begriffe, Zahlen, Notationen) direkt in die
   Eingabezeile.
   Diese Methode empfiehlt sich vor allem bei der Suche nach Buechern, von denen
   Sie Kenntnis in Form exakter Daten haben.

*  INDEX-SUCHE
   Sie lesen sich alphabetische Index-Listen durch, um daraus Argumente (Be-
   griffe, Zahlen, Notationen) fuer die Suche auszuwaehlen.
   Diese Methode empfiehlt sich immer dann, wenn Sie Buecher 'auf Verdacht'
                                                                              >>
--------------------------------------------------------------------------------
BITTE EINGABE: v
--------------------------------------------------------------------------------
                                                S = STOP EINFUEHRUNG
E = ENDE/BEGINN          M = EINFUEHRUNGS-MENUE  N = NAECHSTE SEITE
                                                V = VORIGE SEITE         B-097
```

Abbildung 11

Ich komme nun zur Retrievalkomponente unserer Benutzeroberfläche.

Das Suchmenü bietet

- die Suche mit Titel- und/oder Schlagwörtern,
- die Suche mit einem Personennamen,
- die ‚quick search' mit einem Personennamen und Stichwörtern,
- die Suche über körperschaftliche Verfasser

und

- die systematische Suche an.

EINGABE: 1 (s. Abb. 12)

Mit Beispielen für die einzelnen Suchwege werde ich versuchen,

- Besonderheiten der einzelnen Sucheinstiege,
- alle möglichen Trefferbildschirme und Anzeigeformate,
- einige Reduktionsmöglichkeiten

und

- die beiden Hierarchiestufen, die zwischen Serien und untergeordneten Serienbänden einerseits und mehrbändigen Werken und untergeordneten Einzelbänden andererseits existieren,

darzustellen.

```
SUCHE
--------------------------------------------------------------------------------

                                  SUCHMENUE

                Entscheiden Sie sich fuer einen 'Suchweg':

                       1 = TITELWORT / SCHLAGWORT

                       2 = PERSON ALS VERFASSER

                       3 = PERSON UND TITEL

                       4 = KOERPERSCHAFT ALS VERFASSER

                       5 = SYSTEMSTELLE

--------------------------------------------------------------------------------
BITTE EINGABE:
--------------------------------------------------------------------------------

E = ENDE/BEGINN
H = HILFE                                                                  B-010
```

Abbildung 12

Die Ziffer ‚1‘ wählt den Suchweg ‚Titelwort/Schlagwort‘ aus (s. Abb. 13). EINGABE: 1

```
DIREKTE SUCHE
--------------------------------------------------------------------------------

                                   Suchweg
                          TITELWORT  /  SCHLAGWORT


Die Suche ist moeglich mit - bis zu drei - Woertern, die im Sachtitel eines
Buchs   e x a k t   enthalten sind oder das Thema eines Buchs beschreiben. - Sie
koennen also eingeben

den Anfang eines Titels               ->  Was ist los
einzelne sinntragende Titelwoerter    ->  Farbsehvermoegen Patienten Diabetes
ein Schlagwort / Schlagwoerter        ->  Politische Oekonomie



--------------------------------------------------------------------------------
BITTE EINGABE:
--------------------------------------------------------------------------------
                         I = INDEX
E = ENDE/BEGINN          M = SUCHMENUE
H = HILFE                                                                  B-011
```

Abbildung 13

Auf dem gesendeten Bildschirm, der im Mittelteil wieder Informationen zur Dateneingabe enthält, kann der Benutzer ‚direkt' seine Suchworte eingeben oder mit der Funktion ‚I' = ‚INDEX' die Indexanzeige anfordern, die bei allen direkten Suchwegen mit Ausnahme der ‚quick search' möglich bzw. bei einem der beiden systematischen Sucheinstiege obligatorisch ist. Mit Hilfe der Verknüpfungsoperatoren ‚and' oder ‚or' oder ‚not' kann die Suchanfrage zu diesem Zeitpunkt der Recherche bereits differenziert werden. Das Zeichen ‚Blank' wirkt wie der Operator ‚and'. Die Anzahl der möglichen Suchworte wurde wiederum über einen Systemparameter festgesetzt, der z.Zt. auf der Zahl ‚5' steht. Mit einer entsprechenden Fehlermeldung wird der Benutzer aufgefordert, seine Suchanfrage zu reduzieren, falls seine Eingabe mehr als 5 Worte umfaßt.

EINGABE: gesammmelte werke

Die Eingabe der Suchworte ‚gesammmelte' und ‚werke' führt zum ersten von 5 konzipierten Trefferbildschirmen, dem Null-Treffer-Schirm (s. Abb. 14). Die einzelnen Suchworte werden in der eingegebenen Reihenfolge mit ihrer Trefferrate dargestellt. Das Suchendergebnis wird am Ende dieser Tabelle aufgeführt. Für die Anzeige von 10 Suchworten wäre der mittlere Bildschirmbereich optimal genutzt, so daß nicht mehr als 10 Stichworte zugelassen werden können. Nach intensiven Diskussionen wurde festgelegt, die Verknüpfungsart auf allen Treffer-Bildschirmen nicht anzuzeigen, da diese Maßnahme eine Verringerung der maximal darzustellenden Suchargumente bedeutet hätte.

```
TREFFERMELDUNG
--------------------------------------------------------------------------------

gesammmelte......................................      0 TREFFER
werke............................................   1236 TREFFER

   SUCHENDERGEBNIS:        0 TREFFER

                           Bezweifeln Sie die 'Richtigkeit' des 0-Ergebnisses ???
                           ->  H (= HILFE) eingeben!




--------------------------------------------------------------------------------
BITTE EINGABE:
--------------------------------------------------------------------------------

E = ENDE/BEGINN            M = SUCHMENUE
H = HILFE                  W = SUCHWEG                                      B-040
```

Abbildung 14

Am ersten Suchwort ist erkennbar, daß ein Rechtschreibfehler gemacht wurde. Ist ein Eingabefehler auf den ersten Blick nicht ersichtlich, kann man mit ‚H' die ‚HILFE zum SUCHENDERGEBNIS NULL-TREFFER' anfordern (s. Abb. 15).
EINGABE: h

```
HILFE zum SUCHENDERGEBNIS  0  TREFFER
-------------------------------------------------------------------------------

Folgende Gruende koennen fuer ein 0-Treffer-Endergebnis verantwortlich sein:

*  Voraussetzung A: Ihre Eingabe war  r i c h t i g !
   Unter dieser Voraussetzung bedeutet das 0-Treffer-Ergebnis, dass im Computer-
   Katalog  k e i n e  Buecher nachgewiesen sind:
   -  zu dem bestimmten Begriff, mit dem Sie gesucht haben.
   -  wegen der Art der logischen Verknuepfung (AND, OR), mit der Sie Ihre Such-
      begriffe verbunden haben.
   -  zu dem Systematik-Begriff, der auf eine bestimmte Notation verwies. Die
      betreffende Notation stellt eine sog. Idealstelle in der Systematik dar.
   -  zu dem von Ihnen ausgewaehlten Reduktions-Argument.

                    *  Voraussetzung B: Ihre Eingabe war  n i c h t  richtig! >>
-------------------------------------------------------------------------------
BITTE EINGABE:
-------------------------------------------------------------------------------
                                                  S = STOP HILFE
E = ENDE/BEGINN                                   N = NAECHSTE SEITE
                                                  V = VORIGE SEITE       B-099
```

Abbildung 15

Die Helpscreens sind in gleicher Weise aufgebaut wie die Bildschirme der Informationsebene. Mit ‚V' und ‚N' kann zurück- und vorgeblättert werden. Die o.g. Winkelklammern weisen wiederum auf Vorgänger- und Folgeseiten hin. In der obersten Bildschirmzeile wird zusätzlich angezeigt, daß und auf welchem Hilfebildschirm man sich gerade befindet. Bei den OPAC-Einführungsveranstaltungen in unserem Haus haben wir jedoch die Erfahrung gemacht, daß dieser Hinweis allein noch nicht ausreicht. Ein Konzept zur besonderen Kennzeichnung der Helpscreens sowie der Informationsbildschirme befindet sich in Vorbereitung.

EINGABE: n
Die zweite und letzte Seite der ‚HILFE zum SUCHENDERGEBNIS NULL-TREFFER' ist erreicht (s. Abb. 16).

```
HILFE zum SUCHENDERGEBNIS  0  TREFFER
-------------------------------------------------------------------------------
<<
*  Voraussetzung B: Ihre Eingabe war  n i c h t  richtig !
   Ob dies zutrifft, koennen Sie - sofern Sie noch keine Reduktion vorgenommen
   haben - auf dem Treffermeldungs-Schirm ueberpruefen (dazu hier S = STOP HILFE
   verwenden). Ihre Eingabeargumente erscheinen dort im einzelnen aufgelistet:
   -  Ist Ihnen bei der Eingabe eines Suchbegriffs ein Rechtschreibfehler unter-
      laufen?
   -  Haben Sie bei der Suche mit Titelwoertern daran gedacht, die Woerter exakt
      so zu schreiben, wie sie im Titel auftreten?
   -  Ist die Schreibweise der Person, nach der Sie suchen, so 'richtig'? Ist
      sie Ihnen nicht genau bekannt, bitte Suchweg erneut anwaehlen und im Index
      blaettern!


Haben Sie noch Fragen? Die Kolleginnen und Kollegen aus der Benutzungsabteilung
                     helfen Ihnen gerne weiter. Wirklich!
-------------------------------------------------------------------------------
BITTE EINGABE:
-------------------------------------------------------------------------------
                                                 S = STOP HILFE
E = ENDE/BEGINN                                  N = NAECHSTE SEITE
                                                 V = VORIGE SEITE        B-099
```

Abbildung 16

EINGABE: s

Mit der Eingabe der Funktion ‚S' = ‚STOP HILFE' wird zu dem Bildschirm zurückgesprungen, von welchem aus die Hilfe-Funktion aufgerufen wurde (s. Abb. 14). Diese Funktion muß für die Rückkehr von jeder Seite jedes Hilfetextes eingegeben werden.

Auf allen Index-, Treffer-, Reduktions- und Anzeigebildschirmen bietet unser OPAC-System dem Benutzer die Möglichkeit, mit der Eingabe der Funktion ‚W' = ‚SUCHWEG' auf den einmal gewählten Suchweg, ohne erneute Auswahl des Sucheinstiegs im Suchmenü, zurückzukehren. Da ich jedoch die

EINGABE: m

weiteren Sucheinstiege vorstellen möchte, wird die Funktion ‚M' eingegeben (s. Abb. 12).

EINGABE: 2

Durch Auswahl der Ziffer ‚2' sendet das System den Eingabebildschirm zur direkten Suche mit einem Personennamen (s. Abb. 17).

Im mittleren Teil des Bildschirms werden dem Benutzer an Beispielen die Eingabemöglichkeiten eines Personennamens erläutert. Bei der Festlegung der Plausibilitäten für diesen Sucheinstieg sind wir besonders abhängig von den Erfassungsregeln RAK-WB und hausinternen Abweichungen. Aus diesem Grund durchläuft die Eingabe komplizierte Prüfungen, die nicht alle dargelegt werden können.

Es gibt jedoch drei einfache Regeln:

1. Wird eine Rechtstrunkierung, und nur diese ist in unserem OPAC-System erlaubt, mit dem Trunkierungszeichen ‚Dollar' vorgenommen, wird eine GOLEM-Suchanfrage aufgebaut.
2. Enthält der Name eine in Winkelklammern gesetzte Ordnungshilfe oder kein Komma, wird automatisch die entsprechende alphabetische Stelle im Autoren-Index, falls vorhanden, oder der nächsthöhere Wörterbucheintrag angezeigt.
3. Enthält der Name ein Komma, wird grundsätzlich vom System trunkiert, bei mehr als einem Vornamen immer hinter dem ersten Buchstaben des zweiten Vornamens, und es wird eine GOLEM-Suchanfrage aufgebaut.

```
DIREKTE SUCHE
--------------------------------------------------------------------------------

                               Suchweg
                 PERSON ALS VERFASSER/BETEILIGTE EINER SCHRIFT

                  Wenn von der gesuchten Person bekannt sind

  Nachname und 1. Vorname                  ->                 Meyer,Hermann
  Nachname und 1. zus.gesetzter Vorname    ->                 Meyer,Hermann-Josef
  Nachname und 2 Vornamen                  -> EINGABEFORM:    Meyer,Hermann S.
  Nachname, der 1. Vorname nur teilweise   ->                 Meyer,H
  Nachname, jedoch kein Vorname            ->                 Meyer,



--------------------------------------------------------------------------------
BITTE EINGABE:
--------------------------------------------------------------------------------
                          I = INDEX
E = ENDE/BEGINN           M = SUCHMENUE
H = HILFE                                                                  B-012
```

Abbildung 17

EINGABE: leo

In der Eingabe ‚leo' ist kein Nachname erkannt worden. Der entsprechende Index-Bildschirm wird angezeigt (s. Abb. 18). In der linken Spalte erscheint eine fortlaufende Zählung, die zweite Spalte unter der Überschrift ‚Menge' zeigt die Trefferhäufigkeit an. In der letzten Spalte sind die Wörterbucheinträge aufgelistet. Mit der Eingabe einer oder mehrerer Nummern, welche die gewünschten Autoren kennzeichnen, hat der Benutzer über die Index-Suche die Möglichkeit, mit mehr als einem und maximal 10 Personennamen zu suchen. Die Bereichsangabe von Nummern ist auf allen Index-Schirmen nicht erlaubt.

```
INDEX-SUCHE
--------------------------------------------------------------------------------
Nr.     Menge        * Index der Personen-Namen *
01        1          LEO<AFRICANUS>
02        2          LEO<ARCHIPRESBYTER>
03        5          LEO<DERGROSSE>
04        1          LEO<DIACONUS>
05        2          LEO<HEBRAEUS>
06        1          LEO<IMPERIUMBYZANTINUM,IMPERATOR,6>
07        5          LEO<MAGNUS>
08        1          LEO<MARSICANUS>
09        5          LEO<PAPA,1>
10        1          LEO<PAPA,3>
11        1          LEO<PAPA,4>
12        1          LEO<SAPIENS>
13        2          LEO,ALBERT
14        1          LEO,EMILIODI
15        3          LEO,FRIEDRICH
--------------------------------------------------------------------------------
BITTE EINGABE:
--------------------------------------------------------------------------------
NUMMER(N) AUSWAEHLEN (Z. B.: 2,11,12,13)
E = ENDE/BEGINN             M = SUCHMENUE               N = NAECHSTE SEITE
H = HILFE                   W = SUCHWEG                 V = VORIGE SEITE        B-032
```

Abbildung 18

EINGABE: 10

Die Auswahl der Nummer 10 bewirkt die Ausgabe des Ein-Treffer-Schirms

EINGABE: a

(s. Abb. 19). Die Reduktion einer Treffermenge 1 ist selbstverständlich nicht nötig, so daß mit der Funktion ‚A' = ‚ANZEIGE' die Aufbereitung des GOLEM-Dokumentes, standardmäßig zuerst immer im Kurzformat, erfolgen kann (s. Abb. 20).

Am Ende der obersten Zeile wird noch einmal das Trefferergebnis mitgeführt. Beim Aufbau der GOLEM-Dokumente haben wir uns für die aspektgebundene Abspeicherung des bibliographischen Teils einer Titelaufnahme entschieden. Lediglich die Lokaldaten wie der Aufstellungsort und die zur Vormerkung eines Titels oder Bandes benötigte Buchungsnummer sind in einem Textabschnitt aufgebaut, der bei der Anzeige im Kurz- und Langformat am Ende ausgegeben wird.

Die 31 aufgebauten GOLEM-Aspekte teilen sich in zwei Gruppen, in Retrieval- und Anzeigeaspekte. Für die Aufbereitung im Kurzformat werden nur Anzeigeaspekte, für das Langformat und die Titelliste werden Anzeige- und Retrievalaspekte verwendet.

```
TREFFERMELDUNG
--------------------------------------------------------------------------------

LEO<PAPA,3>.......................................        1 TREFFER

   SUCHENDERGEBNIS:        1 TREFFER









--------------------------------------------------------------------------------
BITTE EINGABE:
--------------------------------------------------------------------------------

E = ENDE/BEGINN           M = SUCHMENUE              A = ANZEIGE
H = HILFE                 W = SUCHWEG                                  B-041
```

Abbildung 19

```
ANZEIGE KURZFORMAT                                                 1  Treffer
--------------------------------------------------------------------------------

Verfasser:      Smaragdus <Virdunensis>
Titel:          (Opera omnia)
Impressum:      Turnholti, Brepols, 1967 ca. - 1140 Sp.
Serie:          (Patrologiae cursus completus / Patrologia Latina). 102

  STANDORT -------------------- SIGNATUR ---------------------- BUCHUNGSNR.
  Fachbibl. Philosophie ....... 25 phi c 00070.m635 ........... 5002164 01








--------------------------------------------------------------------------------
BITTE EINGABE:
--------------------------------------------------------------------------------

E = ENDE/BEGINN           M = SUCHMENUE
H = HILFE                 W = SUCHWEG                L = LANGFORMAT        B-061
```

Abbildung 20

Eine Besonderheit des OPAC-EDITORS muß an dieser Stelle erwähnt werden. Die Retrieval- und Anzeigeaspekte, welche für die drei Anzeigearten benutzt werden sollen, werden ebenfalls über den OPAC-EDITOR definiert und können jederzeit den Wünschen der Benutzer und Bibliotheksmitarbeiter angepaßt werden. Zusätzlich können die einleitenden Texte, die Anfangspositionen, die Textlängen und die Deskriptionszeichen zwischen mehreren Deskriptoren eines Aspektes, z.B. bei mehreren Titelfassungen, frei gewählt werden. Im Kurzformat werden der Verfasser, der Hauptsachtitel mit Untertitel, die Zählung, das Impressum, die übergeordneten Einheiten sowie der Lokalteil ausgegeben. Bei übergeordneten Aufnahmen enthält die Anzeige einen zusätzlichen Hinweis mit der Einleitung ‚Bandtitel:'.

EINGABE: 1

Das Langformat kann die Anzeige zusätzlicher Aspekte einer GOLEM-Zielinformation beinhalten, falls diese im entsprechenden Katalogisat erfaßt worden sind (s. Abb. 21). In vielen Fällen wird der Benutzer seine bei der direkten Suche eingegebenen oder bei der Index-Suche ausgewählten Suchbegriffe wiederfinden. Das Gegenteil ist jedoch auch denkbar, wenn über ein Schlagwort, eine Personen- oder Körperschaftsverweisungsform oder über den Einstieg ‚Systematik-Begriff' gesucht und/oder zusätzlich über die Reduktionskategorien ‚(weiteres) Titelwort/Schlagwort', ‚Sprachzugehörigkeit' oder ‚Literaturtyp' eingeschränkt worden ist. Bei dem Beispiel erscheint der aus dem Index ausgewählte Autor in der Zeile mit der Einleitung ‚Verf. (Person):'. Eine Rückkehr ins Kurzformat nach Anwahl des Langformates ist nicht möglich.

```
ANZEIGE LANGFORMAT                                                  1  Treffer
------------------------------------------------------------------------------

Verfasser:          Smaragdus <Virdunensis>
Verf.(Person):      Leo <Papa, 3.>; Stephanus <Papa, 4.>
Titel:              (Opera omnia)
                    Smaragdi ... opera omnia, acced. Sancti Leonis III, Stephani IV
                    ... scripta quae supersunt universa
Impressum:          Turnholti, Brepols, 1967 ca. - 1140 Sp.
Serie:              (Patrologiae cursus completus / Patrologia Latina). 102
Notation:           phic00070

  STANDORT -------------------- SIGNATUR ---------------------- BUCHUNGSNR.
  Fachbibl. Philosophie ....... 25 phi c 00070.m635 ........... 5002164 01



------------------------------------------------------------------------------
BITTE EINGABE:
------------------------------------------------------------------------------

E = ENDE/BEGINN            M = SUCHMENUE
H = HILFE                  W = SUCHWEG                                   B-071
```

Abbildung 21

EINGABE: m

Die ‚quick search' ist der dritte primäre Sucheinstieg (s. Abb. 12).

EINGABE: 3

Mit diesem Suchweg wird dem Benutzer die Möglichkeit geboten, mit der Angabe des Personennachnamens und eines oder mehrerer prägnanter Titel- und/oder Schlagwörter seine Trefferanzahl von vornherein zu minimieren oder in vielen Fällen sogar die Trefferquote 1 zu erzielen (s. Abb. 22).

```
DIREKTE SUCHE
--------------------------------------------------------------------------------

                                   Suchweg
                               PERSON UND TITEL


  Geben Sie (nur) den Nachnamen des Autors   u n d   ein, zwei oder drei Woerter
                        aus dem Sachtitel ein. - Beispiele:


  Autor und 1 Titelwort           ->  Lagerloef: Wildgaensen
  Autor und praegnante T.woerter  ->  Tinhofer: Mathematik Studienanfaenger
  Autor und Titelanfang           ->  Grimm: Vom Fischer (und = STOPWORT) seiner



--------------------------------------------------------------------------------
BITTE EINGABE:
--------------------------------------------------------------------------------

E = ENDE/BEGINN          M = SUCHMENUE
H = HILFE                                                                  B-014
```

Abbildung 22

EINGABE: duncan, : ranges und algebras

Die Auflistung der Stichwörter enthält das Stopwort ‚und'. Stopwörter, dazu zählen alle Einzelbuchstaben, alle einstelligen Zahlen, bestimmte Artikel der deutschen, englischen, französischen, italienischen und spanischen Sprache sowie deutsche und englische Konjunktionen, werden von den Prüfroutinen erkannt und aus dem Eingabestring eliminiert. Es wird eine kombinierte GOLEM-Suchanfrage aufgebaut, wobei der Personen- und Basic-Index durchsucht und die Zieladreßlisten in einer ‚UND'-Verknüpfung verglichen werden. Die Verwendung der Boolschen Operatoren innerhalb der Stichwortauflistung ist auch hier erlaubt.

Die Eingabe führt zum optimalen Trefferendergebnis 1 (s. Abb. 23).

```
TREFFERMELDUNG
--------------------------------------------------------------------------------

duncan,$......................................          71 TREFFER
ranges........................................          17 TREFFER
algebras......................................         378 TREFFER

   SUCHENDERGEBNIS:           1 TREFFER









--------------------------------------------------------------------------------
BITTE EINGABE:
--------------------------------------------------------------------------------

E = ENDE/BEGINN             M = SUCHMENUE            A = ANZEIGE
H = HILFE                   W = SUCHWEG                                   B-041
```

Abbildung 23

EINGABE: a

Im Kurzformat bereits (s. Abb. 24) wird dem Benutzer in der Zeile mit der Einleitung ‚Bandtitel:' angezeigt, daß es sich um eine übergeordnete Einheit, in diesem Fall um ein mehrbändiges Werk, handelt, zu welchem er sich alle untergeordneten Bände durch die Funktion ‚&' anzeigen lassen kann. Zusätzlich zu dem in den letzten drei Bildschirmzeilen angebotenen Funktionsvorrat werden dem Benutzer somit weitere Funktionen offeriert, die entweder als Aspekt in das GOLEM-Dokument eingefügt oder von der Benutzeroberfläche in Abhängigkeit des angezeigten GOLEM-Dokumentes ausgegeben werden.

Bei den Überlegungen zum Aufbau der bereits oben erwähnten Hierarchiestufen mußten wir die Erfassungsmodalitäten berücksichtigen. Im Katalogisierungssystem IBAS wird eine untergeordnete Einheit zu einer übergeordneten mit der Bandzählung verknüpft. Der formale Aufbau einer Bandzählung läßt in manchen Fällen bei Einzelbänden zu einem mehrbändigen Werk nur eine Fingierung der Zählung zu, so daß einerseits die richtige Einsortierung des Bandes in die Bandaufführungsliste, andererseits jedoch der Aufbau der Bandzählung selbst kompliziert und für den Benutzer nicht immer vorausschaubar ist. Zweitens sind mehrbändige Werke mit mehr als 100 Einzelbänden die Ausnahme, wo hingegen in Serien weitaus mehr Bände erschienen sein können.

Aus diesen Gründen hat der Benutzer ausschließlich bei der Anzeige von Serienbänden die Möglichkeit, die Reihenfolge der Bände zu wählen. Bei mehrbändigen Werken werden die Einzelbände grundsätzlich in der nach Zählung aufsteigend sortierten Reihenfolge ausgegeben. Es ist hierbei zu beachten, daß bedingt durch die im GOLEM-System definierte Sortierlogik zuerst die Bände mit alphabetischer, danach die mit alphanumerischer und zum Schluss die mit ‚rein' numerischer Zählung präsentiert werden.

```
ANZEIGE KURZFORMAT                                                    1  Treffer
--------------------------------------------------------------------------------

Verfasser:       Bonsall, Frank F.
Titel:           Numerical ranges of operators on normed spaces and of elements
                 of normed algebras
Zaehlung:        &
Impressum:       Cambridge, Univ. Pr.
Serie:           London Mathematical Society lecture note series. ...
Bandtitel:       ANZEIGE DER EINZELBAENDE GEWUENSCHT? -> '&' EINGEBEN!

  STANDORT -------------------- SIGNATUR --------------------- BUCHUNGSNR.
  Fachbibl. Mathematik ........ 45 mat b.b721 ................ ..........




--------------------------------------------------------------------------------
BITTE EINGABE:
--------------------------------------------------------------------------------

E = ENDE/BEGINN           M = SUCHMENUE
H = HILFE                 W = SUCHWEG              L = LANGFORMAT          B-061
```

Abbildung 24

EINGABE: &

Als Antwort auf die Eingabe ‚&' wird der erste von 2 Bänden im Kurzformat angezeigt (s. Abb. 25). Die Nummer des aktuellen Bandes sowie die Gesamtzahl der ermittelten Einzelbände wird oben rechts mitgeführt. GOLEM-Dokumente zu Einzelbänden eines mehrbändigen Werkes sind bei der Datenumsetzung IBAS → GOLEM mit Informationen aus dem übergeordneten Werk wie ‚Verfasser', ‚Titel' und ‚Impressum' versehen worden. Weitere Bestandteile wie Ausgabebezeichnung, Reprint-Jahr und Sprachbezeichnungen werden unter bestimmten Voraussetzungen ebenfalls berücksichtigt.

EINGABE: n

Mit der Funktion ‚N' = ‚NÄCHSTER BAND' kann die Ausgabe weiterer Bände (s. Abb. 26), mit ‚T' = ‚TITELLISTE' die Rückkehr auf die aktuelle Seite der Titelliste oder mit ‚A' = ‚TITELANZEIGE FORTS' der Abbruch der Bandanzeige und die Fortsetzung der aus der Titelliste ausgewählten Dokumente bewirkt werden. Die Funktionen ‚T' und ‚A' führen bei diesem Beispiel jedoch zu Fehlermeldungen, da bei einem Treffer keine Titelliste aufgebaut worden ist.

```
ANZEIGE KURZFORMAT - BANDANZEIGE                                    1. von   2 Baenden
--------------------------------------------------------------------------------------
Verfasser:       Bonsall, Frank F.
Titel:           Numerical ranges of operators on normed spaces and of elements
                 of normed algebras
Zaehlung:        1
Bandtitel:       1 (1971). - 142 S. - 4 Ex.. - (... , 2)
Impressum:       Cambridge, Univ. Pr.
Serie:           Lecture note series / London Mathematical Society. 2

  STANDORT -------------------- SIGNATUR ---------------------- BUCHUNGSNR.
  Fachbibl. Mathematik ........ 45 mat b.b721 ................. 0021652 01
  Fachbibl. Mathematik ........ 45 mat b.b721 ................. 0021652 02
  Fachbibl. Mathematik ........ 45 mat b.b721 ................. 0021652 03
  Fachbibl. Mathematik ........ 45 mat b.b721 ................. 0021652 04


--------------------------------------------------------------------------------------
BITTE EINGABE:
--------------------------------------------------------------------------------------
                          T = TITELLISTE              A = TITELANZEIGE FORTS
E = ENDE/BEGINN           M = SUCHMENUE               N = NAECHSTER BAND
H = HILFE                 W = SUCHWEG                 L = LANGFORMAT              B-063
```

Abbildung 25

```
ANZEIGE KURZFORMAT - BANDANZEIGE                                    2. von   2 Baenden
--------------------------------------------------------------------------------------
Verfasser:       Bonsall, Frank F.
Titel:           Numerical ranges of operators on normed spaces and of elements
                 of normed algebras
Zaehlung:        2
Bandtitel:       2 (1973). - 179 S. - (... , 10) - 2 Ex.
Impressum:       Cambridge, Univ. Pr.
Serie:           Lecture note series / London Mathematical Society. 10

  STANDORT -------------------- SIGNATUR ---------------------- BUCHUNGSNR.
  Fachbibl. Mathematik ........ 45 mat b.b721 ................. 0021653 01
  Fachbibl. Mathematik ........ 45 mat b.b721 ................. 0021653 02



--------------------------------------------------------------------------------------
BITTE EINGABE:
--------------------------------------------------------------------------------------
                          T = TITELLISTE              A = TITELANZEIGE FORTS
E = ENDE/BEGINN           M = SUCHMENUE               N = NAECHSTER BAND
H = HILFE                 W = SUCHWEG                 L = LANGFORMAT              B-063
```

Abbildung 26

EINGABE: m

Der Sprung zurück zum Suchmenü (s. Abb. 12) bietet die Möglichkeit, mit der Ziffer ‚4' eine Suche über Stichwörter aus körperschaftlichen Verfas-

EINGABE: 4

sern ‚direkt' oder über die vollständigen Körperschaftsnamen ‚indirekt' zu starten (s. Abb. 27).

```
DIREKTE SUCHE
--------------------------------------------------------------------------------

                                    Suchweg
                KOERPERSCHAFT ALS VERFASSER/BETEILIGTE EINER SCHRIFT


                             Sie koennen suchen mit

  einem beliebigen Namenselement        ->  Normenausschuss
  mehreren einzelnen Namenselementen    ->  Fachhochschule Finanzen Nordkirchen
  dem vollstaendigen Namen              ->  Deutsche Angestellten-Gewerkschaft
  der Abkuerzung                        ->  DAG


          Die gesamte Eingabezeile ist mit Suchbegriffen beschreibbar!

--------------------------------------------------------------------------------
BITTE EINGABE:
--------------------------------------------------------------------------------
                          I = INDEX
E = ENDE/BEGINN           M = SUCHMENUE
H = HILFE                                                                 B-013
```

Abbildung 27

EINGABE: i

Der Körperschafts-Index enthält alle Ansetzungs- und Verweisungsformen in vollständiger Form. Auf dem Bildschirm wird der Benutzer aufgefordert, einen Startbegriff einzugeben (s. Abb. 28).

EINGABE: finnische zoologisch

Bei einer Trunkierung des Startbegriffs wird an die alphabetische Stelle des Strings vor dem Dollarzeichen verzweigt und nur die Körperschaftsnamen angezeigt, deren Beginn mit dem String vor dem Dollarzeichen übereinstimmt (s. Abb. 29).

EINGABE: v

Den Versuch, sich das Wörterbuch vor dem gewählten Startbegriff anzeigen zu lassen, wird mit einer Fehlermeldung quittiert (s. Abb. 30).

```
INDEX-SUCHE
--------------------------------------------------------------------------------

                    INDEX DER KOERPERSCHAFTS-NAMEN

Der Index enthaelt die Koerperschafts-Namen in der vollstaendigen Form. -
Den   A n f a n g   der alphabetischen Ausgabe bestimmen Sie durch Ihre Start-
formulierung.

Start:      -> Bundesverband fuer

Index:      --->BUNDESVERBAND FUER DEN GESAMTEN WERKVERKEHR
                BUNDESVERBAND JUNGER UNTERNEHMER
                BUNDLAENDERKOMMISSION FUER BILDUNGSPLANUNG
                BUREAU OF BUSINESS RESEARCH AUSTIN TEX
                BUTZBACHER KATHARINENMARKT

--------------------------------------------------------------------------------
BITTE EINGABE:
--------------------------------------------------------------------------------

E = ENDE/BEGINN           M = SUCHMENUE
H = HILFE                 W = SUCHWEG                                  B-023
```

Abbildung 28

```
INDEX-SUCHE
--------------------------------------------------------------------------------
Nr.     Menge      * Index der Koerperschafts-Namen *
01         1       FINNISCHE ZOOLOGISCHBOTANISCHE GESELLSCHAFT VANAMO
02         1       FINNISCHSOWJETISCHES ETHNOGRAPHISCHES SYMPOSIUM 2 1983 MOSKVA
03         1       FINNISCHUGRISCHE GESELLSCHAFT
04         2       FINNISCHUGRISCHES SEMINAR MUENCHEN
05         3       FINNISH ACADEMY OF SCIENCE AND LETTERS HELSINKI
06         1       FINNISH FOUNDATION FOR ALCOHOL STUDIES ALKOHOLITUTKIMUSSAEAETI
                   OE
07         1       FINNISH MEDICAL ASSOCIATION
08         1       FINNISH PSYCHIATRIC ASSOCIATION
09         1       FINNISH SOCIETY FOR RESEARCH IN SPORT AND PHYSICAL EDUCATION
10         1       FINNISH SOCIETY OF NEPHROLOGY
11         1       FINNISH SOVIET SYMPOSIUM ON PROBABILITY THEORY AND MATHEMATICA
                   L STATISTICS 1 1987 LAHTI
12         1       FINNISH SOVIET SYMPOSIUM ON SERONEGATIVE ARTHRITIS 1983 HEINOL
                   A
--------------------------------------------------------------------------------
BITTE EINGABE:
--------------------------------------------------------------------------------
NUMMER(N) AUSWAEHLEN (Z. B.: 2,11,12,13)
E = ENDE/BEGINN           M = SUCHMENUE             N = NAECHSTE SEITE
H = HILFE                 W = SUCHWEG               V = VORIGE SEITE      B-033
```

Abbildung 29

```
ANFANG DER AUSGABE ERREICHT! 'V' NICHT MEHR MOEGLICH!
------------------------------------------------------------------------------
Nr.      Menge       * Index der Koerperschafts-Namen *
01         1        FINNISCHE ZOOLOGISCHBOTANISCHE GESELLSCHAFT VANAMO
02         1        FINNISCHSOWJETISCHES ETHNOGRAPHISCHES SYMPOSIUM 2 1983 MOSKVA
03         1        FINNISCHUGRISCHE GESELLSCHAFT
04         2        FINNISCHUGRISCHES SEMINAR MUENCHEN
05         3        FINNISH ACADEMY OF SCIENCE AND LETTERS HELSINKI
06         1        FINNISH FOUNDATION FOR ALCOHOL STUDIES ALKOHOLITUTKIMUSSAEAETI
                    OE
07         1        FINNISH MEDICAL ASSOCIATION
08         1        FINNISH PSYCHIATRIC ASSOCIATION
09         1        FINNISH SOCIETY FOR RESEARCH IN SPORT AND PHYSICAL EDUCATION
10         1        FINNISH SOCIETY OF NEPHROLOGY
11         1        FINNISH SOVIET SYMPOSIUM ON PROBABILITY THEORY AND MATHEMATICA
                    L STATISTICS 1 1987 LAHTI
12         1        FINNISH SOVIET SYMPOSIUM ON SERONEGATIVE ARTHRITIS 1983 HEINOL
                    A
------------------------------------------------------------------------------
BITTE EINGABE: v
------------------------------------------------------------------------------
NUMMER(N) AUSWAEHLEN (Z. B.: 2,11,12,13)
E = ENDE/BEGINN           M = SUCHMENUE             N = NAECHSTE SEITE
H = HILFE                 W = SUCHWEG               V = VORIGE SEITE        B-033
```

Abbildung 30

EINGABE: w

Mit der Funktion ‚W' wird erneut der Eingabebildschirm für die direkte Suche über Stichwörter aus den Körperschaftsnamen gesendet (s. Abb. 27),

EINGABE: gesellschaft$ or i%nsti(t)ut or beh‹oer›de

in dessen Eingabezeile drei Suchbegriffe inkorrekt eingegeben und mit dem Operator ‚or' verknüpft werden. Auf dem Trefferschirm erscheinen die eingegebenen Begriffe in manipulierter Form mit ihrer Trefferquote (s. Abb. 31).

```
TREFFERMELDUNG
------------------------------------------------------------------------------

gesellschaft$....................................    1900 TREFFER
institut.........................................    2756 TREFFER
behoerde.........................................       8 TREFFER

   SUCHENDERGEBNIS:    4568 TREFFER

                      TREFFER-MENGE ZU HOCH  -  A N Z E I G E  NICHT MOEGLICH !!!
                      Sie koennen aber REDUZIEREN.  ->  R (= REDUKTION) eingeben!



------------------------------------------------------------------------------
BITTE EINGABE:
------------------------------------------------------------------------------

E = ENDE/BEGINN           M = SUCHMENUE
H = HILFE                 W = SUCHWEG               R = REDUKTION           B-043
```

Abbildung 31

Das Suchendergebnis ist jedoch zu hoch, um für eine Anzeige zulässig zu sein. Die maximale Anzahl von anzeigbaren Treffern ist mit einem Parameter im OPAC-EDITOR z.Zt. auf 140, d.h. ca. 10 Seiten in der Titelliste, begrenzt.

EINGABE: r

Der Benutzer kann diese hohe Treffermenge reduzieren. Dazu bietet unser OPAC-System nach der Eingabe der Funktion ‚R' = ‚REDUKTION' in einem weiteren Menü fünf Möglichkeiten zur Auswahl an, die Reduktion mit einem zusätzlichen Titel- oder Schlagwort, mit dem Erscheinungsjahr, mit den Wissenschaftsfächern, mit der Sprachzugehörigkeit und mit dem Literaturtyp (s. Abb. 32).

```
REDUKTION
--------------------------------------------------------------------------------

                          REDUKTION DER TREFFERMENGE

                    ist moeglich mit den Eingabe-Kategorien


                      1 = (WEITERES) TITELWORT/SCHLAGWORT

          2 = ERSCHEINUNGSJAHR                  3 = WISSENSCHAFTSFACH

          4 = SPRACHZUGEHOERIGKEIT              5 = LITERATURTYP


        Bei Auswahl von 4 oder 5 bitte vorher Hilfe-Text ( -> H ) lesen!
--------------------------------------------------------------------------------
BITTE EINGABE:
--------------------------------------------------------------------------------

E = ENDE/BEGINN             M = SUCHMENUE
H = HILFE                   W = SUCHWEG                                  B-050
```

Abbildung 32

Nicht vorhersehbar waren die hohen Antwortzeiten bei der Reduktion mit einigen Wissenschaftsfächern. In Zusammenarbeit mit der Fa. Siemens sowie dem Softwarehaus wird mit höchster Priorität ein neues Konzept für diesen Reduktionsschritt erstellt. Z.Zt. wird die Eingabe der Ziffer ‚3' mit einer Fehlermeldung beantwortet, da die vereinbarte Zeitschranke erreicht wird. Die Prüfung auf Zeitüberschreitung ist für alle weiteren Bildschirme ebenfalls vorgesehen worden.

EINGABE: 1

In unserem Fall soll die Einschränkung mit einem weiteren Titelwort in trunkierter Form eine Reduzierung der Treffermenge bewirken (s. Abb. 33). Auf allen Reduktionsschirmen kann zur Auswahl einer anderen Reduktionskategorie mit ‚R' = ‚REDUKTIONS-MENÜ' auf das Menü zurückgesprungen werden.

```
REDUKTION
--------------------------------------------------------------------------------

                                  Reduktion
                        (WEITERES) TITELWORT / SCHLAGWORT

Mit der Eingabe eines Titel- oder Schlagworts als    z u s a e t z l i c h e m
Suchbegriff koennen Sie die erzielte Treffermenge verringern.

                             Sie koennen eingeben

e i n  (exakt vorkommendes!) Titelwort    ->  Jahresberichtes
                                              finanzwissenschaftlichen
e i n  Schlagwort                         ->  Finanzwissenschaft
e i n  trunkiertes Titel- o. Schlagwort   ->  Jahresbericht$
                                              finanzwissenschaftl$

--------------------------------------------------------------------------------
BITTE EINGABE:
--------------------------------------------------------------------------------

E = ENDE/BEGINN           M = SUCHMENUE
H = HILFE                 W = SUCHWEG              R = REDUKTIONS-MENUE     B-051
```

Abbildung 33

EINGABE: mitteil$

Das Suchendergebnis beträgt 63 Treffer und könnte somit angezeigt werden (s. Abb. 34). Eine Reduktion kann jedoch sooft vorgenommen werden, bis das Suchendergebnis 0 oder 1 Treffer enthält.

EINGABE: r (s. Abb. 32)

EINGABE: 1 (s. Abb. 33)

EINGABE: finnischen

Die Eingabe eines weiteren Titelwortes bewirkt die optimale Reduktion auf einen Treffer (s. Abb. 35).

Die Anzeige der Treffer-Bildschirme nach einem oder mehreren Reduktionsschritten weicht geringfügig vom Aufbau der Treffer-Bildschirme nach der primären oder Index-Suche ab. Die Auflistung der primären oder über die Index-Suche eingegebenen Suchbegriffe sowie die auf einem oder mehreren Reduktionsschirmen eingegebenen Reduktionskategorien fehlen. Die im GOLEM-System aufgebaute ‚search history' wird bei der Aufbereitung der OPAC-Bildschirme nicht übernommen, da die Umsetzung und jeweilige Aktualisierung des Suchprofils einen unvertretbar hohen Programmieraufwand bedeutet hätte. Mit welcher Reduktionskategorie jedoch das aktuelle Suchendergebnis erzielt worden ist, wird auf der rechten Seite mitgeteilt.

```
TREFFERMELDUNG
--------------------------------------------------------------------------------

   SUCHENDERGEBNIS:       63 TREFFER      -  NACH   R E D U K T I O N
                                             MIT EINEM TITELWORT/SCHLAGWORT





--------------------------------------------------------------------------------
BITTE EINGABE:
--------------------------------------------------------------------------------

E = ENDE/BEGINN          M = SUCHMENUE            A = ANZEIGE
H = HILFE                W = SUCHWEG              R = REDUKTION          B-042
```

Abbildung 34

```
TREFFERMELDUNG
--------------------------------------------------------------------------------

   SUCHENDERGEBNIS:       1 TREFFER       -  NACH   R E D U K T I O N
                                             MIT EINEM TITELWORT/SCHLAGWORT





--------------------------------------------------------------------------------
BITTE EINGABE:
--------------------------------------------------------------------------------

E = ENDE/BEGINN          M = SUCHMENUE            A = ANZEIGE
H = HILFE                W = SUCHWEG                                     B-041
```

Abbildung 35

Bei dem durch zweimalige Reduktion erzielten Treffer handelt es sich um eine Serienaufnahme, zu der sich der Benutzer ebenfalls die untergeordneten Einheiten anzeigen lassen kann (s. Abb. 36).
EINGABE: a

```
ANZEIGE KURZFORMAT                                                  1  Treffer
--------------------------------------------------------------------------------

Verfasser:      Sommerexpedition nach Kuusamo <1937>
Titel:          Mitteilungen der Sommerexpedition der Finnischen Zoologisch-
                Botanischen Gesellschaft Vanamo nach Kuusamo im Jahre 1937
Zaehlung:       *
Impressum:      Helsinki
Bandtitel:      ANZEIGE DER SERIENBAENDE GEWUENSCHT? -> '*' EINGEBEN!






--------------------------------------------------------------------------------
BITTE EINGABE:
--------------------------------------------------------------------------------

E = ENDE/BEGINN          M = SUCHMENUE
H = HILFE                W = SUCHWEG               L = LANGFORMAT          B-061
```

Abbildung 36

EINGABE: *
Die Eingabe der Funktion ‚*' bewirkt die Ausgabe eines Treffer-Bildschirms, in welchem zuerst das Ergebnis der Suche nach den Serienbänden ausgegeben und darunter ein Menü zur Wahl der Bandanzeigefolge angeboten wird (s. Abb. 37).

Die Serienbände können nach ihrer Zählung auf- oder absteigend sortiert angezeigt werden. Als dritte Möglichkeit kann man einen Band mit einer bestimmten Bandzählung auswählen. Gibt es mehrere Bände der gleichen Zählung, können diese mit der Funktion ‚N' = ‚NÄCHSTER BAND' nacheinander abgerufen werden.

Mit der Ziffer ‚2' wird die nach absteigender Zählung sortierte Ausgabe der drei gefundenen Serienbände gewählt (s. Abb. 38).

```
TREFFERMELDUNG SERIENBAENDE
--------------------------------------------------------------------------------

   SUCHENDERGEBNIS:        3 BAENDE

           Wie wollen Sie sich die Baende anzeigen lassen?:

           ALLE BAENDE NACH AUFSTEIGENDER ZAEHLUNG  =  1

           ALLE BAENDE NACH ABSTEIGENDER  ZAEHLUNG  =  2

                EINZELBAND MIT BESTIMMTER ZAEHLUNG  =  *....  z. B.  *51
                ->   Nur dann waehlen, wenn die                      *244,1
                     Art der Zaehlung bekannt ist!                   *A,87


    Bandanzeige  n i c h t  gewuenscht? -> N  (= NAECHSTER TITEL) eingeben!
--------------------------------------------------------------------------------
BITTE EINGABE:
--------------------------------------------------------------------------------
                         T = TITELLISTE               N = NAECHSTER TITEL
E = ENDE/BEGINN          M = SUCHMENUE
H = HILFE                W = SUCHWEG                                      B-044
```

Abbildung 37

EINGABE: 2

```
ANZEIGE KURZFORMAT - BANDANZEIGE                            1. von    3 Baenden
--------------------------------------------------------------------------------

Verfasser:       Sommerexpedition nach Kuusamo <1937>
Titel:           Mitteilungen der Sommerexpedition der Finnischen Zoologisch-
                 Botanischen Gesellschaft Vanamo nach Kuusamo im Jahre 1937
Zaehlung:        4
Bandtitel s.:    Auer, A. V. "Kuusamon maksasammalkasviston aineistoa"

  STANDORT --------------------- SIGNATUR ------------------------ BUCHUNGSNR.
  Fachbibl. Biologie .......... 41 bio z.a420 ................ ..........




--------------------------------------------------------------------------------
BITTE EINGABE:
--------------------------------------------------------------------------------
                         T = TITELLISTE               A = TITELANZEIGE FORTS
E = ENDE/BEGINN          M = SUCHMENUE                N = NAECHSTER BAND
H = HILFE                W = SUCHWEG                  L = LANGFORMAT     B-063
```

Abbildung 38

Angezeigt wird ein Verweisungs-Dokument, welches für jede Verknüpfung zwischen über- und untergeordneten Einheiten des Katalogisierungssystems aufgebaut wird. Die vollständige Information zu diesem Serienband kann in einem neuen Suchschritt unter Verwendung der Angaben hinter dem einleitenden Text ‚Bandtitel s.:' abgerufen werden. Dieser neue Suchschritt wird jedoch in den wenigsten Fällen durchgeführt werden, da dem Benutzer im Verweisungs-Dokument bereits die für ihn relevanten Lokaldaten angezeigt werden.

Mit ‚N' können die weiteren Bände angefordert werden (s. Abb. 39).

EINGABE: n

```
ANZEIGE KURZFORMAT - BANDANZEIGE                              2. von     3 Baenden
----------------------------------------------------------------------------------

Verfasser:       Sommerexpedition nach Kuusamo <1937>
Titel:           Mitteilungen der Sommerexpedition der Finnischen Zoologisch-
                 Botanischen Gesellschaft Vanamo nach Kuusamo im Jahre 1937
Zaehlung:        3
Bandtitel s.:    Tuomikoski, Risto "Materialien zu einer Laubmoosflora des
                 Kuusamo-Gebietes"

  STANDORT -------------------- SIGNATUR ---------------------- BUCHUNGSNR.
  Fachbibl. Biologie .......... 41 bio z.a420 ................ ..........




----------------------------------------------------------------------------------
BITTE EINGABE:
----------------------------------------------------------------------------------
                         T = TITELLISTE            A = TITELANZEIGE FORTS
E = ENDE/BEGINN          M = SUCHMENUE             N = NAECHSTER BAND
H = HILFE                W = SUCHWEG               L = LANGFORMAT           B-063
```

Abbildung 39

EINGABE: m

Zurück zum primären Suchmenü (s. Abb. 12) möchte ich zuletzt die zwei systematischen Sucheinstiege vorstellen, die Suche über eine Notation, welche

EINGABE: 5

die Aufstellungssystematik darstellt, und die Suche über Systematik-Begriffe, die auf eine oder mehrere Systemstellen hinweisen (s. Abb. 40).

Die Wahl des Suchweges ‚Notation' führt auf einen Eingabeschirm, auf welchem die formale Eingabe einer Buchstaben-Zahlen-Kombination erläutert wird (s. Abb. 41).

```
SUCHE
--------------------------------------------------------------------------------

                              SUCHWEG
                            SYSTEMSTELLE

                 Sie koennen mit folgenden Kategorien suchen:

                 1 = NOTATION
                     Buchstaben-Zahlen-Kombination, die einen
                     Standort in der Aufstellungssystematik angibt


                 2 = SYSTEMATIK-BEGRIFF
                     Wort, das auf eine oder mehrere Notationen
                     (systematische Standorte) hinweist

--------------------------------------------------------------------------------
BITTE EINGABE:
--------------------------------------------------------------------------------

E = ENDE/BEGINN           M = SUCHMENUE
H = HILFE                                                                B-015
```

Abbildung 40

EINGABE: 1

```
DIREKTE SUCHE
--------------------------------------------------------------------------------

                         Suchweg Systemstelle
                           N O T A T I O N

Die Suche mit einer bestimmten Notation bewirkt die Auffuehrung aller Titel, die
      mit dieser Buchstaben-Zahlen-Kombination systematisiert worden sind.
          Geben Sie die folgenden Elemente   e i n e r   Notation ein:

                              che x 300
                                |   |  |
                  Wissenschaftsfach |  |
                            Hauptgruppe|
                                Untergruppe

Ueber den Aufbau der einzelnen Fachsystematiken informieren die im gesamten
        Benutzungsbereich ausliegenden blauen Loseblatt-Ordner.
--------------------------------------------------------------------------------
BITTE EINGABE:
--------------------------------------------------------------------------------
                          I = INDEX
E = ENDE/BEGINN           M = SUCHMENUE
H = HILFE                                                                B-016
```

Abbildung 41

Dem entsprechenden Help-Text kann der Benutzer den formalen Aufbau einer weiteren Notation, welche auf den Aufstellungsort eines Autors bzw. einer Person hinweist, entnehmen.

EINGABE: dat g 100

Das Ergebnis der direkten Suche umfaßt 10 Treffer (s. Abb. 42).

```
TREFFERMELDUNG
------------------------------------------------------------------------------

datg100...........................................       10 TREFFER

   SUCHENDERGEBNIS:      10 TREFFER






------------------------------------------------------------------------------
BITTE EINGABE:
------------------------------------------------------------------------------

E = ENDE/BEGINN          M = SUCHMENUE             A = ANZEIGE
H = HILFE                W = SUCHWEG               R = REDUKTION          B-042
```

Abbildung 42

Die Treffermenge soll mit der Kategorie ‚Erscheinungsjahr' reduziert werden.

EINGABE: r (s. Abb. 32)

EINGABE: 2

Im Mittelteil des Bildschirms (s. Abb. 43) werden die Formalia zur Eingabe aufgeführt. Es kann mit einem oder mehreren oder ab einem bestimmten oder bis zu einem bestimmten Erscheinungsjahr eingeschränkt oder ein Zeitraum eingegeben

EINGABE: 1977-1973

werden. Die Eingabe war formal falsch. Die zweite Jahresangabe muß größer oder gleich der ersten Jahresangabe sein (s. Abb. 44).

```
REDUKTION
--------------------------------------------------------------------------------
                                   Reduktion
                               ERSCHEINUNGSJAHR

Mit der Eingabe des Erscheinungsjahres als   z u s a e t z l i c h e m   Such-
begriff koennen Sie die erzielte Treffermenge verringern.

                              Suchbar sind Buecher

e i n e s   Erscheinungsjahres                      ->   1975
v e r s c h i e d e n e r   Erscheinungsjahre       ->   1915,1945,1975
b i s  zu einem bestimmten Jahr erschienen          ->   -1975
a b  einem bestimmten Jahr erschienen               ->   1975-
eines Erscheinungs- Z e i t r a u m s               ->   1945-1975

EINGABEN, IN DENEN DAS BIS-ZEICHEN (-) AUFTRITT, HABEN  L A N G E  ANTWORTZEITEN
--------------------------------------------------------------------------------
BITTE EINGABE:
--------------------------------------------------------------------------------

E = ENDE/BEGINN           M = SUCHMENUE
H = HILFE                 W = SUCHWEG               R = REDUKTIONS-MENUE    B-052
```

Abbildung 43

```
A U F S T E I G E N D E  ORDNUNG DER JAHRESZAHLEN BEACHTEN!
--------------------------------------------------------------------------------
                                   Reduktion
                               ERSCHEINUNGSJAHR

Mit der Eingabe des Erscheinungsjahres als   z u s a e t z l i c h e m   Such-
begriff koennen Sie die erzielte Treffermenge verringern.

                              Suchbar sind Buecher

e i n e s   Erscheinungsjahres                      ->   1975
v e r s c h i e d e n e r   Erscheinungsjahre       ->   1915,1945,1975
b i s  zu einem bestimmten Jahr erschienen          ->   -1975
a b  einem bestimmten Jahr erschienen               ->   1975-
eines Erscheinungs- Z e i t r a u m s               ->   1945-1975

EINGABEN, IN DENEN DAS BIS-ZEICHEN (-) AUFTRITT, HABEN  L A N G E  ANTWORTZEITEN
--------------------------------------------------------------------------------
BITTE EINGABE: 1977-1973
--------------------------------------------------------------------------------

E = ENDE/BEGINN           M = SUCHMENUE
H = HILFE                 W = SUCHWEG               R = REDUKTIONS-MENUE    B-052
```

Abbildung 44

Durch die Korrektur wird die Treffermenge weiter reduziert (s. Abb. 45).
EINGABE: 1973-1977

```
TREFFERMELDUNG
--------------------------------------------------------------------------------

   SUCHENDERGEBNIS:          3 TREFFER       -  NACH   R E D U K T I O N
                                                MIT KATEGORIE 'ERSCHEINUNGSJAHR'









--------------------------------------------------------------------------------
BITTE EINGABE:
--------------------------------------------------------------------------------

E = ENDE/BEGINN           M = SUCHMENUE            A = ANZEIGE
H = HILFE                 W = SUCHWEG              R = REDUKTION            B-042
```

Abbildung 45

Mit der Eingabe der Funktion ‚A' wird diese in einer Titelliste aufgebaut

EINGABE: a

(s. Abb. 46). Oben rechts auf dem Bildschirm wird die Angabe über den aktuell angezeigten Bereich der Titelliste sowie die Gesamttrefferanzahl mitgeführt. Die Überschriftszeile sowie die in der Titelliste anzuzeigenden GOLEM-Aspekte sind ebenfalls über den OPAC-EDITOR frei wählbar. Neben einer maximal 4-stelligen laufenden Nummer werden der persönliche oder körperschaftliche Verfasser, der Hauptsachtitel sowie die Zählung und das Erscheinungsjahr ausgegeben. Mit den Funktionen ‚V' oder ‚N' kann in mehreren Seiten der Titelliste, die absteigend nach dem Erscheinungsjahr sortiert ist, geblättert werden. Mehrbändige Werke und Serien, bei deren untergeordneten Einheiten Zählung und Erscheinungsjahr erfaßt werden, erhalten als Zählung und Erscheinungsjahr ein ‚&' bzw. ‚*' und sortieren am Ende der Titelliste.

Mit einer oder mehreren Nummer(n) oder einem Nummernbereich können aus der Titelliste einzelne Titel zur Anzeige ausgewählt werden (s. Abb. 47).

```
ANZEIGE TITELLISTE                                    1.-   3. von    3 Treffern
--------------------------------------------------------------------------------
Nr.  Verfasser            Sachtitel                                    Band  Jahr
--------------------------------------------------------------------------------
   1 Steinbuch, Karl      Kommunikationstechnik                              1977
   2 Hellermann, Herber   Digital computer system principles                 1973
   3 Schmid, Detlef       Technische Informatik                          1   1973





--------------------------------------------------------------------------------
BITTE EINGABE:
--------------------------------------------------------------------------------
ZUR ANZEIGE GEWUENSCHTE NUMMER(N) AUSWAEHLEN (Z. B.: 2,11,7-13)
E = ENDE/BEGINN           M = SUCHMENUE               N = NAECHSTE SEITE
H = HILFE                 W = SUCHWEG                 V = VORIGE SEITE      B-060
```

Abbildung 46

EINGABE: 1 und 3

```
ANZEIGE KURZFORMAT                                          1. von    3 Treffern
--------------------------------------------------------------------------------

Verfasser:      Steinbuch, Karl
Titel:          Kommunikationstechnik
Impressum:      Berlin, Springer, 1977. - 273 S.
Serie:          Communication and cybernetics. 16

  STANDORT -------------------- SIGNATUR ---------------------- BUCHUNGSNR.
  Zentralbibliothek ........... alg t 608.s819 ................ 0557256 01
  Rechenzentrum ............... 21 dat g 100.s819 ............. 0557256 02




--------------------------------------------------------------------------------
BITTE EINGABE:
--------------------------------------------------------------------------------
                          T = TITELLISTE
E = ENDE/BEGINN           M = SUCHMENUE               N = NAECHSTER TITEL
H = HILFE                 W = SUCHWEG                 L = LANGFORMAT        B-062
```

Abbildung 47

Die Funktion ‚N' = ‚NÄCHSTER TITEL' veranlaßt die Ausgabe der weiteren aus einer Seite der Titelliste ausgewählten Dokumente (s. Abb. 48).

EINGABE: n

```
ANZEIGE KURZFORMAT                                          3. von    3 Treffern
--------------------------------------------------------------------------------

Verfasser:         Schmid, Detlef
Titel:             Technische Informatik
Zaehlung:          1
Bandtitel:         Grundprinzipien des Entwurfs und der Organisation digitaler
                   Rechenanlagen
Impressum:         Muenchen, Oldenbourg, 1973. - 221 S. - zahlr. graph. Darst.

  STANDORT ------------------- SIGNATUR --------------------- BUCHUNGSNR.
  Rechenzentrum .............. 21 dat g 100.s348 ............ 0664188 01
  Rechenzentrum .............. 21 dat g 100.s348 ............ 0664188 02
  Fachbibl. Mathematik ........ 45 mat b.s348 ................ 0019171 01



--------------------------------------------------------------------------------
BITTE EINGABE:
--------------------------------------------------------------------------------
                         T = TITELLISTE
E = ENDE/BEGINN          M = SUCHMENUE              N = NAECHSTER TITEL
H = HILFE                W = SUCHWEG                L = LANGFORMAT           B-062
```

Abbildung 48

An dieser Stelle sei erwähnt, daß der Aufbau einer Titelliste oder die Anzeige eines Treffers die Löschung der Eingabe in der Eingabezeile des gewählten primären Sucheinstiegs bewirkt. Wird die Funktion ‚W' auf einem Startbegriffs-, Index-, Treffer- oder Reduktionsbildschirm eingegeben, bleibt die primäre Suchanfrage in der Eingabezeile erhalten.

EINGABE: w

Mit der Funktion ‚W' wird noch einmal das Menü zum systematischen Sucheinstieg angefordert (s. Abb. 40) und mit der Ziffer ‚2' die Ausgabe eines

EINGABE: 2

Bildschirms zur Eingabe eines Startbegriffs in das alphabetische Wörterbuch der Systematik-Begriffe veranlaßt (s. Abb. 49).

```
DIREKTE SUCHE
--------------------------------------------------------------------------------

                         Suchweg Systemstelle
                          SYSTEMATIK-BEGRIFF

Formulieren Sie den gesuchten Sachverhalt so genau wie moeglich in einem einzel-
nen oder mehrteiligen Begriff. - Fuer die Suche massgeblich ist das   e r s t e
verwendete Wort. Den Namen einer Person - der Nachname ist schon ausreichend -
            in der ueblichen Schreibweise eingeben.

        Suchbeispiele:   ->   Duesseldorf
                         ->   Mantel-Tarifvertrag
                         ->   Vergleichende Literaturwissenschaft
                         ->   Vivaldi

Nach der Eingabe erscheint die alphabetische Liste der Systematik-Begriffe links
      auf dem Schirm; rechts werden die zugehoerigen Notationen angezeigt.
--------------------------------------------------------------------------------
BITTE EINGABE:
--------------------------------------------------------------------------------

E = ENDE/BEGINN          M = SUCHMENUE
H = HILFE
                                                                          B-017
```

Abbildung 49

Dieses Register enthält Personennamen und Sachbegriffe, die auf eine oder mehrere Systemstellen verweisen. Die direkte Suche mit Systematik-Begriffen als systematische Primärsuche ist nicht möglich, weil diese nicht in der Katalogisierungsdatenbank sondern in einer gesonderten Datei geführt und aktualisiert werden. In bestimmten Zeitintervallen wird diese Datei in die GOLEM-Datenbank übernommen und dem Benutzer im Sucheinstieg ‚Systematik-Begriff' zur Verfügung gestellt. Begriffe, die im Index mit einem führenden ‚#'-Zeichen gekennzeichnet sind, können nicht gesucht werden, da sie zu Systemstellen vergeben worden sind, welche auf systematische Großgruppen oder auf Systemstellenbereiche hinweisen. Zur Vollständigkeit dieses alphabetischen Registers müssen diese Einträge sowie Begriffe, die auf Idealstellen verweisen, jedoch unbedingt mitgeführt werden. Bei der Auswahl von Nummern in der Eingabezeile werden in der Datenbank alle GOLEM-Dokumente, welche dieselbe Systemstelle wie die ausgewählten Systematik-Begriffe aufweisen, gesucht.

EINGABE: datenschutz (s. Abb. 50)

```
SUCHE   !! Begriffe mit fuehrendem '#' werden vom System  n i c h t  gesucht. !!
---------------------------------------------------------------------------------
Nr.                  * Index der Begriffe zur Systematik *          * Notation *
01                   DATENSCHUTZ                                    DAT G 180
02                   DATENSCHUTZ                                    MAT B 950    FB
03                   DATENSCHUTZ, BIBLIOTHEK                        BIB M 120
04                   DATENSCHUTZ, DATENBANK                         DAT G 460
05                   DATENSCHUTZ, SOZIOLOGIE                        SOZ R 640    FB
06                   DATENSCHUTZ, SOZIOLOGIE                        SOZ T 815
07                   DATENSCHUTZRECHT                               DAT A 220
          #          DATENSCHUTZRECHT                               JUR Q 281-
08                   DATENSICHERUNG, TECHNISCHE                     DAT G 180
09                   DATENSPEICHER                                  DAT G 350
10                   DATENSTRUKTUR                                  DAT G 450
          #          DATENVERARBEITUNG                              DAT A - G
11                   DATENVERARBEITUNG IN DER SOZIOLOGIE            SOZ D 300
          #          DATENVERARBEITUNG, ANWENDUNG                   DAT G 900-
          #          DATENVERARBEITUNG, BIBLIOTHEK                  BIB Q 601-
---------------------------------------------------------------------------------
BITTE EINGABE:
---------------------------------------------------------------------------------
MIT NUMMER VERSEHENE(N) BEGRIFF(E) AUSWAEHLEN (Z. B.: 3,4,5,10)
E = ENDE/BEGINN           M = SUCHMENUE            N = NAECHSTE SEITE
H = HILFE                 W = SUCHWEG              V = VORIGE SEITE         B-037
```

Abbildung 50

EINGABE: 4

Die Auswahl der Nummer ‚4' ermittelt als Suchendergebnis eine Treffermenge von 336 GOLEM-Dokumenten (s. Abb. 51),

```
TREFFERMELDUNG
---------------------------------------------------------------------------------

DATG460...........................................     336 TREFFER

   SUCHENDERGEBNIS:     336 TREFFER

                              TREFFER-MENGE ZU HOCH  -  A N Z E I G E  NICHT MOEGLICH !!!
                              Sie koennen aber REDUZIEREN.  ->  R (= REDUKTION) eingeben!



---------------------------------------------------------------------------------
BITTE EINGABE:
---------------------------------------------------------------------------------

E = ENDE/BEGINN           M = SUCHMENUE
H = HILFE                 W = SUCHWEG              R = REDUKTION            B-043
```

Abbildung 51

EINGABE: r (s. Abb. 32)
EINGABE: 4 (s. Abb. 52)
die mit der ‚Sprachzugehörigkeit' eingeschränkt werden soll.

```
REDUKTION
--------------------------------------------------------------------------------
                              Reduktion
                          SPRACHZUGEHOERIGKEIT

Die Auswahl einer oder mehrer Sprachen als   z u s a e t z l i c h e m   Such-
argument verringert die erzielte Treffermenge.

              Folgende Sprachbezeichnungen stehen zur Verfuegung:

              deu = deutsch          por = portugiesisch
              eng = englisch         rus = russisch
              fra = franzoesisch     spa = spanisch
              ita = italienisch
              jap = japanisch        yyy = sonstige europaeische Sprachen
              lat = lateinisch       zzz = sonstige Sprachen

                    Eingabeform  ->  eng      -> fra,ita,spa
--------------------------------------------------------------------------------
BITTE EINGABE:
--------------------------------------------------------------------------------

E = ENDE/BEGINN          M = SUCHMENUE
H = HILFE                W = SUCHWEG              R = REDUKTIONS-MENUE     B-053
```

Abbildung 52

Der Benutzer kann eine oder mehrere Sprachbezeichnungen eingeben, wobei auch die nicht korrekte Eingabe ‚deutsch' zur erfolgreichen Reduktion (s. Abb. 53) führt, da über den OPAC-EDITOR zusätzlich zu den 3-stelligen Kurzbezeichnungen mehrere ausführlichere Begriffe vereinbart werden können.
EINGABE: deutsch

```
TREFFERMELDUNG
--------------------------------------------------------------------------------
   SUCHENDERGEBNIS:     115 TREFFER      - NACH   R E D U K T I O N
                                           MIT KATEGORIE 'SPRACHZUGEHOERIGKEIT'




-------------------------------------------------------
BITTE EINGABE:
--------------------------------------------------------------------------------

E = ENDE/BEGINN          M = SUCHMENUE            A = ANZEIGE
H = HILFE                W = SUCHWEG              R = REDUKTION            B-042
```

Abbildung 53

Die Treffermenge wird nochmals reduziert.
EINGABE: r (s. Abb. 32)
EINGABE: 1 (s. Abb. 33)
EINGABE: datenbanksy$ (s. Abb. 54)

```
TREFFERMELDUNG
--------------------------------------------------------------------------------

   SUCHENDERGEBNIS:       12 TREFFER       -  NACH    R E D U K T I O N
                                              MIT EINEM TITELWORT/SCHLAGWORT







--------------------------------------------------------------------------------
BITTE EINGABE:
--------------------------------------------------------------------------------

E = ENDE/BEGINN           M = SUCHMENUE             A = ANZEIGE
H = HILFE                 W = SUCHWEG               R = REDUKTION          B-042
```

Abbildung 54

EINGABE: a (s. Abb. 55)

```
ANZEIGE TITELLISTE                                   1.-  12. von   12 Treffern
--------------------------------------------------------------------------------
Nr.  Verfasser               Sachtitel                                Band  Jahr
--------------------------------------------------------------------------------
   1 Kaehler, Wolf-Mich  DBASE III plus                                     1989
   2                     Relationale Datenbanksysteme fuer Software         1989
   3 Janson, Alexander   dBase II und III und III plus kompakt              1988
   4 Janson, Alexander   Das Datenbanksystem dBase III plus                 1988
   5 Janson, Alexander   dBase II und III kompakt                           1986
   6 Franz, Josef        Datenbank-Training auf Mikrocomputern              1985
   7 Schlageter, Gunter  Datenbanksysteme                                   1983
   8 Reuter, Andreas     Fehlerbehandlung in Datenbanksystemen              1981
   9                     Das Datenbanksystem IBAS in der Universita         1979
  10 Mueller, Guenter    Informationsstrukturierung in Datenbanksys         1978
  11 Schlageter, Gunter  Datenbanksysteme                                   1977
  12 Wedekind, Hartmut   Datenbanksysteme                              &    &


--------------------------------------------------------------------------------
BITTE EINGABE:
--------------------------------------------------------------------------------
ZUR ANZEIGE GEWUENSCHTE NUMMER(N) AUSWAEHLEN (Z. B.: 2,11,7-13)
E = ENDE/BEGINN           M = SUCHMENUE             N = NAECHSTE SEITE
H = HILFE                 W = SUCHWEG               V = VORIGE SEITE      B-060
```

Abbildung 55

Aus der aufgebauten Titelliste wird der 9. Titel ausgewählt.
EINGABE: 9 (s. Abb. 56)

```
ANZEIGE KURZFORMAT                                          9. von   12 Treffern
--------------------------------------------------------------------------------

Titel:          Das Datenbanksystem IBAS in der Universitaetsbibliothek
                Bielefeld : e. Ergebnis aus 10 Jahren Praxis mit automatisierter
                Datenverarb.
Impressum:      Muenchen, Saur, 1979. - 646 S.
Serie:          Bibliotheksstudien. 3

  STANDORT -------------------- SIGNATUR ---------------------- BUCHUNGSNR.
  Zentralbibliothek ........... bib q 717.b587 ................ 0615010 01
  Zentralbibliothek ........... bib q 717.b587 ................ 0615010 02
  Zentralbibl./Sonderstandort   09 bib/b0671 .................. 0615010 03
  Zentralbibl./Sonderstandort   14 bib/b0670 .................. 0615010 04
  Zentralbibl./Sonderstandort   12 bib q 717.b587 ............. 0615010 05
  Rechenzentrum ............... 21 dat g 460.b587 ............. 0615010 06


--------------------------------------------------------------------------------
BITTE EINGABE:
--------------------------------------------------------------------------------
                         T = TITELLISTE
E = ENDE/BEGINN          M = SUCHMENUE                N = NAECHSTER TITEL
H = HILFE                W = SUCHWEG                  L = LANGFORMAT       B-062
```

Abbildung 56

Durch die Anwahl des Langformates zu diesem Titel wird der Benutzer auf 2 weitere Funktionen des OPAC-Systems aufmerksam gemacht (s. Abb. 57).
EINGABE: l

```
ANZEIGE LANGFORMAT                                          9. von   12 Treffern
--------------------------------------------------------------------------------

Verf.(Person):  Bonness, Elke <Hrsg.>; Fellgiebel, Gottfried <Mitarb.>
Titel:          Das Datenbanksystem IBAS in der Universitaetsbibliothek
                Bielefeld : e. Ergebnis aus 10 Jahren Praxis mit automatisierter
                Datenverarb.
Impressum:      Muenchen, Saur, 1979. - 646 S.
Serie:          Bibliotheksstudien. 3
ISBN/ISSN:      3-598-20593-7
Notation:       bibq610; bibq717; datg460; datg970

  STANDORT -------------------- SIGNATUR ---------------------- BUCHUNGSNR.
  Zentralbibliothek ........... bib q 717.b587 ................ 0615010 01
  Zentralbibliothek ........... bib q 717.b587 ................ 0615010 02
  Zentralbibl./Sonderstandort   09 bib/b0671 .................. 0615010 03
  Zentralbibl./Sonderstandort   14 bib/b0670 .................. 0615010 04
                                                              + = FORTSETZUNG
--------------------------------------------------------------------------------
BITTE EINGABE:
--------------------------------------------------------------------------------
                         T = TITELLISTE
E = ENDE/BEGINN          M = SUCHMENUE                N = NAECHSTER TITEL
H = HILFE                W = SUCHWEG                                       B-072
```

Abbildung 57

In den Programmen der Benutzeroberfläche werden die vom GOLEM-System gesendeten Anzeige-Bildschirme dahingehend verändert, daß jeweils nur ein GOLEM-Dokument angezeigt wird. In einigen Fällen reicht der Mittelteil des Bildschirms dafür jedoch nicht aus. Daß noch Informationen zum aktuell angezeigten GOLEM-Dokument folgen, wird dem Benutzer am Ende des GOLEM-Dokumentes rechts unten mit ‚+ = FORTSETZUNG' angezeigt.

Mit der Eingabe der Funktion ‚+' erhält er die zweite und bis auf wenige Ausnahmen auch letzte Seite des Dokumentes, auf welcher wieder mit der Anzeige ‚- = ANFANG' auf den Anfang des Dokumentes hingewiesen wird (s. Abb. 58).

EINGABE: +

```
ANZEIGE LANGFORMAT                                         9. von   12 Treffern
-------------------------------------------------------------------------------

  Zentralbibl./Sonderstandort   12 bib q 717.b587 ............ 0615010 05
  Rechenzentrum ............... 21 dat g 460.b587 ............ 0615010 06









                                                                    - = ANFANG
-------------------------------------------------------------------------------
BITTE EINGABE:
-------------------------------------------------------------------------------
                                T = TITELLISTE
E = ENDE/BEGINN                 M = SUCHMENUE             N = NAECHSTER TITEL
H = HILFE                       W = SUCHWEG                              B-072
```

Abbildung 58

Ich komme nun zum Ende der Vorstellung der Benutzeroberfläche.

Um den Dialog von der Benutzeroberfläche und vom GOLEM-System abzumelden, muß die Funktion ‚E' für den Rücksprung auf den Eröffnungsbildschirm ausgeführt werden (s. Abb. 1).

EINGABE: e

Die Funktion ‚S' bewirkt den Sprung auf den Ende-Bildschirm, auf welchem dem Benutzer offeriert wird, mit ‚OPAC' in die Benutzeroberfläche zurückzukehren, mit ‚START' in das ‚pure' GOLEM-System zu verzweigen oder mit dem voreingestellten ‚KDCOFF' die Verbindung abzubrechen (s. Abb. 59).

EINGABE: s

```
ENDE/BEGINN
---------------------------------------------------------------------------------

   Sie arbeiten mit der GOLEM-Anwendung der Universitaet Duesseldorf.
   Gegenueber "Standard-GOLEM" ist diese Anwendung um eine benutzerfreundliche
   Oberflaeche im Bereich des Katalogsystems (= OPAC) der Universitaetsbiblio-
   thek erweitert worden.

   An dieser Stelle haben Sie die folgenden Eingabemoeglichkeiten:

   - OPAC     ->    zum Starten des Online Public Access Catalogue
                    = Online-Publikumskatalog der Universitaetsbibliothek,

   - START    ->    zum Starten von "Standard-GOLEM",

   - KDCOFF   ->    zum Beenden der Arbeit mit der Anwendung.

---------------------------------------------------------------------------------
BITTE EINGABE: KDCOFF
---------------------------------------------------------------------------------

                                                                            B-99
```

Abbildung 59

EINGABE: KDCOFF

Erfreulicherweise war es nicht nötig, einen von der Softwarefirma konzipierten Programmfehler-Bildschirm vorzustellen. Wir hoffen, daß sich auch im Echtbetrieb unser OPAC-System als fehlerfrei erweist und die Definition dieses Bildschirms eine reine Vorsichtsmaßnahme war.

BARBARA GATTUNG

Datenbank-Aufbau und -Update

Ein Bericht über „Datenbank-Aufbau und -Update“ könnte dazu verführen, die Fülle an Lehrmaterial, die es hierüber gibt, zu Hilfe zu nehmen und die für das Düsseldorfer Umfeld relevanten unterschiedlichen Modelle vorzustellen. Für mich erstaunlich während der Literaturdurchsicht war, daß bereits vor mehr als 10 Jahren über die gleichen Probleme nachgedacht worden ist, die wir heute auch wieder – oder immer noch – haben. Deshalb kann davon ausgegangen werden, daß allgemein mehr über die verschiedenen theoretischen Modelle bekannt ist, als im Rahmen eines Vortrages in aller Kürze vorgetragen werden kann. Wichtiger erscheint jedoch der Aspekt, daß ein solcher Vortrag ein falsches Bild der bisherigen Düsseldorfer Arbeit vermitteln würde: Fachbücher waren für das Konzept der Datenbank keine Hilfe!

Die Grundmauern und die Werkzeuge waren durch das System GOLEM vorgegeben – das gesamte „Haus“ mit allen Ein- und Durchgängen wurde ein Düsseldorfer „Architekten-Modell“. Gebaut haben Bibliothekare mit der ihnen eigenen Genauigkeit, es ist durchaus denkbar, daß ein Informatiker in der Entwicklungsgruppe ein anderes „Haus“ (sprich: Datenbank) konzipiert hätte. *Kein* Aufbau einer Datenbank ist ein routinemäßiger Vorgang – bezogen auf die speziellen Anforderungen ist ein jeweils individueller Zuschnitt notwendig. Die Leitlinie für uns Bibliothekare war *die* innerhalb der Systemgrenzen mögliche optimale Präsentation der Literatur-Information, weniger die verschlüsselte, platzsparend gespeicherte und schnellst-möglich auffindbare Dokument-Einheit.

Zu verschiedenen Zeiten während der Entwicklung des OPAC hatten wir das Gefühl, nun diejenige Entscheidung zu treffen, die sich als ausschlaggebend für die spätere Beurteilung und Akzeptanz des Systems erweisen wird.

In der zeitlichen Abfolge der Themen betraf dies:

- die Konzeption des GOLEM-Dokumentes (damit zugleich die Bestimmung der Zugriffs-Register und der Anzeigemöglichkeiten)
- die Vorgaben für die Umsetzung der Daten aus der Katalogisierungs-Datenbank, insbesondere auch im Hinblick auf die Textinvertierung
- die Entwicklung der Verknüpfungs-Logik
- den Entwurf der Maske für die Menüführung und der während des Dialogs angebotenen Erklärungstexte

– die Festlegung der Plausibilitäten zur Interpretation der Benutzereingabe und
– die Konzeption des Korrekturverfahrens bzw. die Aktualisierung der Daten.

Seit der OPAC im Einsatz ist, hat sich jedoch eine ganz andere Determinante als entscheidend erwiesen:
– die Antwortzeit.

Seitdem orientiert sich das Konzept an der Prämisse, die Performance zu verbessern. Im Zuge aller dazu angestellten Überlegungen beurteilen wir heute unser gesamtes Datenbank-Konzept anders als in der Entwicklungsphase. Wir müssen deshalb die an uns gerichtete Frage akzeptieren, warum während der Planung nicht bereits das Antwortzeitverhalten berücksichtigt worden ist. Die ehrliche Antwort – und dies sollte besonders im Rahmen eines Projektes als Antwort möglich sein – ist, daß wir im voraus nicht in der Lage waren, Response-Zeiten abzuschätzen.

Bis zum Einsatz des OPAC haben wir uns primär mit den bereits genannten Bereichen Dateninhalt und Menügestaltung beschäftigt, – seit wir versuchen, die Antwortzeit zu optimieren, verlagern sich die Überlegungen auf:
– Bestimmung der optimalen Poolgröße
– Verteilung der Pool-Dateien auf die vorhandene Plattenkapazität
– Aufwandsbewertung einer Suchfrage in Abhängigkeit der Registergrößen
– Art der Generierung des Basissystems GOLEM mit allen verfügbaren Parametern
– Anzahl der gleichzeitig aktiven Benutzer im Verhältnis zur Anzahl der „Systemeingänge"
oder
– Einrichtung von system-internen Transaktions-Klassen und Priorisierungen.

Damit sind nur einige der Faktoren benannt, die mindestens gleichwertig im Hinblick auf die Antwortzeit zu bewerten sind als die anfangs genannten daten- und menü-spezifischen Festlegungen.

Um einen Einblick in das Gerüst des OPAC geben zu können, soll hier kurz – um im Bild des Hauses zu bleiben – auf verschiedene Grundmauern eingegangen werden.

Bei der Konzeption der Datenbank sind wir davon ausgegangen, daß alle bisher maschinenlesbar erfaßten Katalogaufnahmen in *einem* Pool verfügbar gemacht werden, d.h. wir haben weder eine inhaltliche noch zeitliche Pool-Aufteilung vorgesehen. Von Systemseite her waren uns hier keine Grenzen gesetzt, da beliebig viele Pools an die GOLEM-Anwendung anzuschließen sind, darüber hinaus Suchfragen und Suchergebnisse bei Poolwechseln übernommen werden können. In der Praxis angewandt hätte dieser Systemkomfort jedoch von Seiten der Führung innerhalb der Benutzeroberfläche, der Programmierung der Dialogführung und des gesamten Bereichs des Update erheblichen Zusatzaufwand erfordert. Heute wissen wir, daß sich der Aufbau des *einen* großen Datenpools negativ auf bestimmte von uns konzipierte Suchschritte auswirkt (z.B. bei der Reduktion über Erscheinungsjahrbereiche). Damit wurde schon früh deutlich, daß das Fassungsvermögen eines GOLEM-Pools, ca. 17 Millionen Datensätze unserer Struktur, lediglich eine theoretische Größe darstellt.

Bei jedem maximalen Größenwert, den man einem Pool bezüglich des noch sinnvoll anzuwendenden Retrievals zuordnet, müssen, wie im Fall von GOLEM, die relativen proportionalen Größen der einzelnen Pool-Dateien berücksichtigt werden.

GOLEM legt pro Pool fünf Dateien an, die folgende Inhalte haben:

- Datei der Zielinformationen (d.i. Dokumente)
- Datei der Zielnummernlisten
- Datei der Wörterbücher (Indexe)
- Organisationsdatei
- Sicherungsdatei

Bei einer Poolgröße von derzeit ca. 780 000 Dokumenten haben diese Dateien bisher folgende Größen angenommen:

(Stand: November 1989)

Datenbankinhalt:	780 000	Dokumente
(d.i.	625 000	IBAS-Titelaufnahmen)

Datei der Zielinformationen	=	200 000 PAM
Datei der Zielnummernlisten	=	1 900 PAM
Datei der Wörterbücher	=	120 000 PAM
Organisationsdatei	=	100 PAM
Sicherungsdatei	=	50 000 PAM

Was das Problem der Antwortzeiten anbetrifft, so muß hier besonders auf einen Wert eingegangen werden: die Größe der Wörterbuchdatei.

Derzeit (und wir vermuten, daß sich auch bei weiterem Poolaufbau daran nichts ändert), beträgt die Größe der Index-Datei ca. 60 % der Dateigröße der Gesamt-Dokumente.

Aspekt-Inhalt	Aspekt-Benennung	Benutzer-Recherche	Intern-Recherche	Anzeige-Aspekt
Lade-Datum	E-DAT		*	
Identnr.	IDN		*	
Verkn.-Identnr.	VID		*	
Verkn.-Schlues.	XXX		*	
Literaturtyp	ABZ	*		
Sprache	SPR	*		
ISBN	ISN	*		
Systemstelle	SYS	*		
Syst.-Begriff	SYR	*		
1. Autor	AUT			*
Pers.-Name	NAM	*		
Koerp.-Stichw.	KOR	*		
Koerp.-Name	KAZ			*
Pers.-Name (Anzeige)	NAZ			*
Koerp.-Name (Anzeige)	KAZ			*
Sachtitel + Zusatz	TIT			*
Bandtitel	ETL			*
Bandzaehlung	EBD	*		
sortierfaeh. Bandzaehl.	MCC		*	
weitere Titel	TIZ			*
Titelbeschr.	ZTB			*
Impressum	IMP			*
Verlag	VLG	*		
Ersch.-Jahr	JAH	*		
Serie	SER			*
Fussnoten	ZFN			*
Basic Index	BAS	*		
Hinweis Serie/MW im Menue	BEM			*
Hinweis Serie/MW f. Experten	EXT			*
Hinweis Stuecktitel	STV			*
Gesamt-Zahl	30	11	5	14

Aspekt = Register !

Abbildung 1

Zwei Rückschlüsse sind daraus zu ziehen:

1. Die Dokumente bestehen größtenteils aus Registereinträgen.
2. Die Registereinträge streuen durch die verschiedenen Register (und durch das Alphabet), d.h. scheinbar existieren eine Fülle von Ein-Treffer-Einträgen.

Der erste Rückschluss ist sofort nachvollziehbar, wenn man bedenkt, daß bibliographische Information lediglich Dokument-Beschreibung ist und keine Dokument-Inhalte vermittelt.

Der zweite Rückschluss ist erläuterungsbedürftig, da er auf den ersten Blick unverständlich ist. Unterschiedliche Register unterstützen das Kategorienkonzept einer Titelaufnahme und ermöglichen direkte und schnelle Zugriffe auf bestimmbare Felder. Damit wären zur Recherche notwendige Register über Namen, Sachbegriffe wie Titel- und Schlagworte, Erscheinungsjahre, Systemstellen etc. legitimiert. Ebenso Register zum internen Befehlsaufbau im Oberflächenprogramm, z.B. für die Durchführung von Verknüpfungen oder Sortierungen. Unzweifelhaft ist auch die Notwendigkeit von Registern, die zur Pool-Verarbeitung benötigt werden: z.B. der Index der Identifikationsnummern.

Damit sind aber erst ca. 50 % der in der Datenbank angelegten Register benannt. Der übrige Teil fällt in den Bereich der Dokumentanzeige (s. Abb. 1).

Geforderte Flexibilität in der Anzeige läßt sich bei GOLEM nur dann erreichen, wenn alle für eine Anzeigemontage notwendigen Elemente von Systemseite her eindeutig adressierbar sind. Dies gilt generell für alle Indexeinträge.

Die Struktur des GOLEM-Dokumentes unterscheidet jedoch zwischen Indexteil (in der GOLEM-Sprache: Deskriptorteil) und Textteil. Im Textteil sind Textpassagen ablegbar, über die kein direktes Retrieval (FIND-Befehl) geführt wird. Dieser Teil würde sich bezogen auf bibliographische Information also anbieten für z.B. Zusätze zur bibliographischen Beschreibung, Kollationsvermerke, Fußnoten, Bestandsangaben, Verweise. Der GOLEM-Textteil läßt sich zwar abschnittsweise untergliedern, für die Anzeige sind aber (bisher) die Einzelabschnitte nicht flexibel positionierbar – lediglich die Gesamtheit des Textteils. Wir haben uns deshalb entschieden, dort die Angaben über Standort, Signatur und Buchungsnummer abzulegen – alle anderen für das Retrieval nicht zu berücksichtigenden Titelbeschreibungselemente mußten – z.T. redundant – im Deskriptorteil verortet werden. Damit können wir frei operieren bezüglich unserer Anzeigeform (d.h. kategorisierte, selektive oder deskriptive Anzeige ist möglich), haben aber die Wörterbuchdatei des Pools in Bezug auf die Antwortzeit stark belastet.

Der gesamte Problemkomplex stellt sich im Beispiel-Dokument (s. Abb. 2) dar:

```
                         MONOGRAPHIE
                         ===========

    DESKRIPTOR-TEIL:
    ----------------

    E-Dat  | 891118
    IDN    | 1
    ABZ    | ko
    SPR    | deu
    SYS    | bibq840
    NAM    | Gattermann,Guenter
*   NAZ      Gattermann, Guenter <Mitarb.>
    KIN    | Deutscher Bibliotheksverband Deutschland Bundesrepublik Sektion 4 |
*   KAZ      Deutscher Bibliotheksverband <Deutschland, Bundesrepublik> /
             Sektion 4
    KOR    | Bibliotheksverband/Bundesrepublik/deutscher/Deutschland/Sektion |
*   TIT      Entwicklung eines Online-Publikumskataloges fuer wissenschaftliche
             Bibliotheken
             (Berichte ueber das Online-Projekt der UB Duesseldorf)
*   ZTB      (d. Berichte wurden auf d. Fruehjahrstagung d. Sekt. 4 d.
             Deutschen Bibliotheksverbandes, 2. - 3. Maerz 1989, in d.
             Universitaetsbibliothek Duesseldorf vorgetragen u. sind als
             Vortrags-Manuskripte vervielfaeltigt) / von Guenter Gattermann ...
*   IMP      Duesseldorf, 1989. - 80 S.
    JAH    | 1989 |
*   SER      Schriften der Universitaetsbibliothek Duesseldorf /
             Universitaetsbibliothek <Duesseldorf>. 6
    BAS    | Berichte/Bibliotheken/Duesseldorf/eines/Entwicklung/fuer/online/
           | onlinePublikumskatalog/onlineProjekt/Projekt/Publikumskataloges/
           | UB/ueber/wissenschaftliche

    TEXT-TEIL:
    ---------
    STANDORT -------------------- SIGNATUR --------------------- BUCHUNGSNR.
    Zentralbibliothek ........... bib q 840 .................... 0456789 01

**************

Register-Eintraege fuer das Retrieval sind eingerahmt.
Register-Eintrage  fuer die Anzeige   sind vor dem Aspekt-Namen mit
                                           '*' markiert.
```

Abbildung 2

Bei einer der nächsten GOLEM-System-Versionen wird von der Fa. Siemens auch die flexible Positionierung einzelner Textabschnitte realisiert sein. Das Düsseldorfer Programm für die Benutzeroberfläche hat dies bereits vorab realisiert, bisher fehlt jedoch noch die Entscheidung dafür, die Daten auch entsprechend aufzubauen. Behindernd würde sich dabei auswirken, daß jedem Benutzer des Standard-GOLEM, dem sog. Experten, die Möglichkeit genommen wird, ohne Kenntnis der Dokumentstruktur und Eigen-Formatierung eine sinnvolle Anzeige eines Literaturdokumentes zu erhalten. So müssen wir bisher, um dem Anspruch Flexibilität in der Anzeige gerecht zu werden, *den* Anteil längerer Antwortzeit in Kauf nehmen, der durch die Verarbeitungszeit innerhalb der Wörterbuchdatei verursacht wird.

```
                          SERIE
                          =====

DESKRIPTOR-TEIL:
---------------

E-Dat   891118
IDN     2
VID     2
ABZ     se
AUT     Universitaetsbibliothek <Duesseldorf>
NAM     Gattermann,Guenter
NAZ     Gattermann, Guenter <Hrsg.>
KIN     Universitaetsbibliothek Duesseldorf
        Universitaet Duesseldorf Universitaetsbibliothek
        Medizinische Akademie Duesseldorf Zentralbibliothek
        Landes und Stadtbibliothek Duesseldorf
KOR     Akademie/Duesseldorf/Landes/Medizinische/Stadtbibliothek/
        Universitaet/Universitaetsbibliothek/Zentralbibliothek
TIT     Schriften der Universitaetsbibliothek Duesseldorf
IMP     Duesseldorf
EBD     *
JAH     */0000/9999
BEM     ANZEIGE DER SERIENBAENDE GEWUENSCHT? -> '*' EINGEBEN!
EXT     ANZEIGE GEWUENSCHT? -> 'EXEC OPAC.BANDHILFE' EINGEBEN!
BAS     Duesseldorf/Schriften/Universitaetsbibliothek



                      BLIND-DOKUMENT
                      ==============

DESKRIPTOR-TEIL:
---------------

E-Dat   891118
IDN     1
XXX     2
AUT     Universitaetsbibliothek <Duesseldorf>
TIT     Schriften der Universitaetsbibliothek Duesseldorf
EBD     6
MCC     16
STV     "Entwicklung eines Online-Publikumskataloges fuer wissenschaftliche
        Bibliotheken"


TEXT-TEIL:
---------
STANDORT --------------------- SIGNATUR --------------------- BUCHUNGSNR.
Zentralbibliothek ............ bib q 840 .................... 0456789 01



--------> IDN des Stuecktitels
```

Abbildung 3

Belastet wird die Index-Datei zusätzlich durch die redundante Speicherung von Datensätzen zur Unterstützung der Verknüpfungslogik. Da das System GOLEM keine Verknüpfung auf Satzebene anbietet, wurde zur sortierten Ausgabe von Stücktiteln ein eigenes Konzept entwickelt.

Unser Datenmodell zur Abbildung bibliographischer Hierarchien sieht „blinde Dokumente" vor, die datenbank-unüblich auf untergeordnete Elemente zeigen (in der Art einer Verweisung innerhalb des Zettelkataloges). Ein blinder Titel ist über seinen Schlüssel an seinen Verursacher (d.h. den Stücktitel) und an seinen „Führer", die übergeordnete Hierarchiestufe, gekettet.

Das Prinzip verdeutlicht Abb. 3.

Alle Verweisungseinträge vergrößern die Pool-Dateien und erhöhen den Grad an Redundanz. Der Anteil an „blinden Dokumenten" in unserer Datenbank beträgt derzeit ca. 20 %.

Denkbar und in einer 2. Version realisierbar wäre der Verzicht auf eine flexible Anzeigemöglichkeit bei allen Blind-Titeln. Diese abweichende Dokumentstruktur erbrächte keine Nachteile, da solche Null-Dokumente

1. innerhalb der Menüführung *nie* in einer Titelliste erscheinen
   und
2. sich im Kurz- oder Langformat durch nichts unterscheiden.

Weiterhin bleibt dabei der jeweilige Führer-Satz der übergeordneten Hierarchieebene mit allen Such-Elementen erhalten, – für seine Nachfolge-Sätze werden jedoch nur Registereinträge für die Schlüsselung und Sortierung verortet.

Die vorgeschlagene Strukturveränderung würde sich bezogen auf das Blind-Dokument-Beispiel (vgl. Abb. 3) wie folgt auswirken (s. Abb. 4):

Mit dieser Variante ließen sich bei unseren derzeit ca. 155 000 blinden Dokumenten ca. 775 000 Registereinträge einsparen.

Ähnliche Verbesserungen sind an verschiedenen Stellen unseres Datenmodells denkbar, jedoch muß bei jeder Überlegung die Datenbank neben ihrer Einbeziehung in die Benutzeroberfläche auch als selbständiges System gesehen werden. Alle vermeintlichen Verbesserungen an der Datenstruktur, die für den Benutzer unsichtbar ‚hinter' dem OPAC-Menü abgefangen und heimlich interpretiert werden, verändern, erschweren möglicherweise den Zugang zum Datenpool für den Experten, der den Pool „pur", d.h. direkt mit der Kommandosprache des Systems GOLEM abfragt. Ihm stehen primär als Handwerkszeug die Register zur Verfügung, in denen er browsen kann, um ohne tiefere Kenntnis der internen Dokumentstruktur seine Suchergebnisse zu ermitteln. Im aufgezeigten Beispiel haben wir ihm z.B. die Möglichkeit genommen, über das Titelregister (TIT) zu erfahren, daß zu dem Eintrag ‚Schriften der Universitätsbibliothek Düsseldorf' mehr als 1 Treffer (nämlich der des Serien-Haupteintra-

```
                         BLIND-DOKUMENT      (alt)
                         ==============

DESKRIPTOR-TEIL:        (insgesamt  8  Registereintraege)
---------------

E-Dat   891118
IDN     1
XXX     2
AUT     Universitaetsbibliothek <Duesseldorf>
TIT     Schriften der Universitaetsbibliothek Duesseldorf
EBD     6
MCC     16
STV     "Entwicklung eines Online-Publikumskataloges fuer wissenschaftliche
        Bibliotheken"

TEXT-TEIL:
---------
STANDORT --------------------- SIGNATUR --------------------- BUCHUNGSNR.
Zentralbibliothek ............ bib q 840 .................... 0456789 01


                         BLIND-DOKUMENT      (neu)
                         ==============

DESKRIPTOR-TEIL:        (insgesamt  4  Registereintraege)
---------------

E-Dat   891118
IDN     1
XXX     2
MCC     16

TEXT-TEIL:
---------
Universitaetsbibliothek <Duesseldorf>
Schriften der Universitaetsbibliothek Duesseldorf
6.  "Entwicklung eines Online-Publikumskataloges fuer wissenschaftliche
    Bibliotheken"

STANDORT --------------------- SIGNATUR --------------------- BUCHUNGSNR.
Zentralbibliothek ............ bib q 840 .................... 0456789 01
```

Abbildung 4

ges) zu erhalten ist. Der Experte, der ja nicht unbedingt Bibliothekar ist, muß nun die gedankliche Verbindung zu dem Register der Serieneinträge (SER) herstellen, in dem er über alle vorhandenen ‚Schriften der Universitätsbibliothek Düsseldorf' Indexeinträge vorfindet. Hier kann er dann jedoch nur bedingt eine nach der Bandzählung sortierte Auflistung erwarten (→ systeminterne Sortierung: 1, 11, 111, 2, 21, 211 etc.).

Das Problem der Registergrößen betrifft jedoch nicht nur das Retrieval und die Dokumentanzeige, sondern primär auch den weiteren Datenbankaufbau, d.h. das Updating des Datenpools.

In einem Handbuch zum Aufbau von Datenbasen findet sich zu diesem Kapitel folgende Passage:

„Das Ändern von Informationseinheiten in einer Informationsbank ist aus vielerlei Gründen nicht zuletzt der Sicherheit und der Kosten wegen unerwünscht. Bestrebungen, in einer bereits bestehenden Informationsbank nachträglich Änderungen durchzuführen, sollten daher nicht unterstützt werden. Dagegen sollte von Anfang an darauf geachtet werden, daß nur fehlerfreie und gesicherte Daten in die Datenbank gelangen."

Bibliotheksdaten unterliegen offensichtlich anderen Gesetzmäßigkeiten. Sie verlangen Korrektur bei Änderungen zu den Erfassungsregeln, bei Um-Signierungen, Um-Systematisierungen, Zusammenführung getrennt aufgestellter Bestände, Einführung neuer zusätzlicher Kategorien (wie z.B. bei uns im Hinblick auf den OPAC-Einsatz: der Sprachbezeichnung) und natürlich bei allen Erfassungsfehlern, die durch das Netz der Plausibilitätsprüfungen gefallen sind, – die das geübte Auge eines Bibliothekars aber sofort erkennt.

Korrekturen geben fast noch mehr als Neuaufnahmen das Gefühl, man hat etwas für den Benutzer getan, man hat Information verbessert und Zugriff erleichtert. Diesem Hochgefühl des Bibliothekars steht das Gefühl von Ohnmacht des EDV-Fachmannes in Hinblick auf die zu verarbeitenden Änderungen gegenüber. Wegen *eines* korrigierten Buchstabens in einer Erfassungskategorie innerhalb des Katalogisierungssystems muß ein gesamtes Dokument mit allen seinen Registereinträgen (im Durchschnitt sind dies ca. 20 Deskriptoren) in der Informationsdatenbank gelöscht werden, um dann in einem weiteren Verarbeitungsschritt wieder in die Datenbank hineingeschrieben und in allen Registern erneut verortet zu werden.

Korrekturen in Datenbanken schaffen immer Probleme. Aus der Katalogisierungsdatenbank erhält man per Sicherungsprotokoll *nicht* herausgefiltert nur die *eine* geänderte Information, und falls doch, so ist die vorab falsche nicht mehr oder nur mit hohem Programmieraufwand zugänglich. Der GOLEM-Änderungsdienst erwartet jedoch, was durchaus verständlich ist, für eine gezielte Änderung eben diese beiden Informationen zur gleichen Zeit.

Nimmt man als Problem noch hinzu, daß eine Informationseinheit in zwei unabhängig voneinander existierenden Systemen zwangsläufig von ihrer Struktur und möglicherweise auch vom Zeichensatz her unterschiedlich aufgebaut ist, erhöht man den notwendigen zusätzlichen Programmieraufwand noch um den Teil, der den beiden Systemen zwischenzuschalten ist.

In den meisten Fällen wird man jedoch ohne besonderen Aufwand aus einer mitgeführten Protokolldatei die Identnummern der Titelaufnahmen, an denen Änderungen vorgenommen worden sind, selektieren können. Dann bleibt der lange, rechen-intensive aber sichere Weg des Update über den Identifikations-Schlüssel, d.h.:

- Löschung der Dokumente in der Retrievaldatenbank
- Abzug der geänderten Datensätze aus der Katalogisierungs-Datenbank
- Umsetzung dieser abgezogenen Daten
- Nachladen der umgesetzten Informationseinheiten in die Retrievaldatenbank.

Bis zur jetzt installierten GOLEM-Version ist ein paralleler Zugriff auf die Datenbank mit Retrieval und Update nicht möglich. Der von Siemens angebotene Weg, das Update auf einer Datenbank-Kopie durchzuführen, um paralleles Retrieval zuzulassen, scheitert bei einer Poolgröße, die wir erreicht haben, am fehlenden Platz. Das bedeutet, daß Lösch-, Lade-, Sicherungs- und evtl. Reorganisationsläufe in Nacht- und Wochenendstunden durchzuführen sind.

Überhaupt war der Faktor Zeit und notwendige Betriebsmittel von uns im voraus nur grob abschätzbar. Für beides spielt neben der Daten-Abhängigkeit auch die lokale Situation in der rechentechnischen Umgebung eine entscheidende Rolle.

Heute können wir aufgrund unserer Erfahrungen von folgenden Kennzahlen ausgehen:

Unsere Datenbank besteht aus z.Zt. 780 000 Dokumenten, denen 625 000 IBAS-Titelaufnahmen zugrunde liegen. Der jetzige Platzbedarf liegt bei 375 000 PAM (1 PAM = 2048 Bytes).

Für den Datenbankaufbau mit der Daten-Umsetzung, aber ohne Sicherungsläufe, haben wir an Zeit benötigt:
Ladezeit für 780 000 Dokumente (cpu) = 51 Stunden,
(real) = 187 Stunden
bezogen auf 1 Dokument entspricht das einer Zeit von:
Ladezeit für 1 Dokument (cpu) = 0,23 sec.
(real) = 0,86 sec.

Beim Update fällt in einem 2-Wochen-Rhythmus eine durchschnittliche Anzahl von ca. 5000 zu verarbeitenden Dokumenten an, wobei Neuaufnahmen und Korrekturen zusammengefaßt sind. Berücksichtigt werden muß, daß der Anteil an Korrekturen derzeit wohl relativ hoch ist, da der Abzug der IBAS-Daten für den Aufbau des GOLEM-Pools gleichzeitig zur Datenkontrolle genutzt wurde.

Was in den vergangenen Jahren sukzessive an Plausibilitätsveränderungen in die IBAS-Programme eingebracht worden ist, konnte beim Abzug der Daten nochmals am gesamten Datenbestand vorbeigeführt werden. Der Aufbau des neuen Retrievalpools hat damit den Vorteil erbracht, im nachherein das Datenmaterial zu verbessern und damit die Integrität der Daten zu erhöhen. Vorerst liegen jedoch eine Fülle von Fehlerlisten vor, die erst noch abzuarbeiten sind. Deshalb ist der Anteil an Korrekturen derzeit noch relativ hoch.

Für das Update im GOLEM-Pool haben wir bisher folgende Werte ermittelt:
Platzbedarf für die Speicherung weiterer 5 000 Titelaufnahmen:
= ca. 3 500 PAM, (1 PAM = 2048 Bytes)
Löschzeit für 1 Dokument (cpu) = 0,20 sec.
(real) = 1,48 sec.

Dieser Löschvorgang umfaßt das Löschen des Gesamt-Dokumentes und der entsprechenden Zielpunktverweise in den Registerdateien, sowie das gezielte Löschen des Deskriptors ‚Identnummer'. Für alle anderen Registereinträge neben der Identnummer meint Löschen das Herausnehmen des Zielpunktverweises und Reduktion der Gesamtanzahl der Zielpunkte um 1. Eine mögliche Anzahl 0 (Null) bleibt jedoch mit dem ehemaligen Deskriptor erhalten. Erst eine weitere gezielte Löschanweisung (wie bei der Identnummer) mit diesem Deskriptor, übergeben einem separaten Dienstprogramm, eliminiert den Eintrag aus dem Index. Primär scheint das ein Problem der korrigierten Schreibfehler zu sein, das über größere Abstände gelöst werden kann.

Alle gewonnenen Erkenntnisse und die Suche nach Verbesserungen und neuen Lösungen begründen den Wunsch, noch einmal am Beginn des Projektes zu sein. Die Analyse des Benutzerverhaltens und der Einblick in das Betriebssystem-Management eröffnen ganz neue Perspektiven. Mit dem Anspruch, Antwortzeitverhalten zu verbessern, müssen heute ganz andere Fragen gestellt werden, und werden ganz andere Antworten gesucht.

Was die technische Seite anbetrifft, so muß man sich verdeutlichen, daß ein Information-Retrieval-System im wesentlichen ein intelligentes und komfortables Plattenzugriffssystem ist. Selbst bei einer komplexen Suchfrage, die erfahrungsgemäß viel Zeit benötigt (z.B. die Reduktion über Erscheinungsjahrbereiche) ist der CPU-Anteil gegenüber der Zeit, die für Plattenzugriffe aufgewendet werden muß, gering. Jedes Laufzeitverhalten wird stark dadurch beeinflußt, wie die Daten in den benötigten Speichern abgelegt werden können. Das heißt, Optimierung der Responsezeit kann schon im Bereich der Systemverwaltung beginnen.

Immer wieder wurde von uns getestet, wie sich Größenbestimmung und

Bereichsaufteilung von Speichern und Puffern auf die Laufzeit auswirken. Wir haben Tasks priorisiert und mit Zeitscheibenwerten jongliert. Wir haben Verarbeitungs-Klassen eingerichtet, deren Verwaltung nicht nur intern der DCAM-Börse überlassen wird, sondern zusätzlich über das Programm der Benutzeroberfläche gesteuert wird. Bestimmte Registerzugriffe wurden durch die Definition einer 2. Indexstufe favorisiert und damit teilweise beschleunigt. Unterschiedliche GOLEM-Befehle, die zum gleichen gewünschten Ergebnis führen, wurden in Abhängigkeit zur Poolgröße in ihrem Laufzeitverhalten untersucht und entsprechend im Oberflächenprogramm eingesetzt.

Dies waren nur Beispiele. Wir mußten erfahren, daß mit Fortschreiten des Projektes die Arbeit daran schwieriger geworden ist. Der Düsseldorfer OPAC ist nur ein Teil eines komplexen Retrievalsystems, das unter der Verwaltung und mit den Betriebsmitteln eines stark belasteten Rechenzentrums abläuft. Bezogen auf die Antwortzeiten bedeutet das, daß alle unsere Anstrengungen nur geringe Verbesserungen bewirken können. Trotzdem geben wir uns mit dem Erreichten noch nicht zufrieden.

Mathematisch läßt sich der Grad an erreichter Zufriedenheit definieren, indem man in den Zähler die Bewertung dessen setzt, was man hat, und den Nenner mit den Erwartungen füllt. Der Psychologe Hofstätter warnt davor, in den Zähler eine negative Beurteilung des Gegebenen und in den Nenner unerreichbare Vorstellungen zu setzen.

Wir haben eine – hoffentlich noch erreichbare – Vorstellung von einem schnelleren OPAC.

GABRIELE DREIS

Formen des sachlichen Suchzugriffs

Probleme des automatischen Indexierens

Daß OPAC-Benutzer vom sachlichen Zugriff intensiver Gebrauch machen als vom formalen, ist ein Theorem der Fachdiskussion, das es zu falsifizieren gilt. Die amerikanischen Erfahrungen berichten, daß bis zu 60 Prozent der Suchanfragen sachlich begründet sind.

Nimmt man solche Tendenzen ernst, d. h. mißt man an den Bedingungen des Katalogverhaltens amerikanischer Benutzer die Situation in deutschen Bibliotheken, ist einerseits intellektueller Aufwand, sind andererseits praktische Versuche zur Sachrecherchen-Optimierung im OPAC voll gerechtfertigt.

Nicht unproblematisch in unserem Hause ist – aus OPAC-Sicht – das Verfahren der Kettenbildung bei den aktuellen Schlagwortansetzungen (nach hausinternen Regeln), diskutiert wird die Übernahme der RSWK, verbessert werden soll die Relation zwischen Systematischem Katalog und Schlagwortkatalog im Aspekt begrifflicher Angleichung.

Diesen Problemfeldern der Sacherschließung ist zur Zeit vorgeordnet das Bemühen, die Erschließungsqualität des Basic Index zu optimieren. Die Überlegungen hierzu wurden bereits angerissen. Ich möchte sie nun vertiefend erörtern und das sie vorantreibende theoretische und praktische Interesse ausweisen.

Als Mittel der Sacherschließung ist der Basic Index zunächst insoweit zu relativieren, als er partiell einen Wort-„Friedhof" darstellt. Der gesamte „Titel"-Bestand (neben den Schlagwortketten) liegt hier nach dem Stichwortprinzip indexiert vor. Jedoch ist das Indexierungs-„Ergebnis" für die sachliche Suche teils kaum bis gar nicht brauchbar, da (bis auf ganz wenige Stopwörter) *alle* Wörter – und das heißt auch: alle Wort-„Klassen" – zur Indexierung herangezogen werden. Bezüglich der „Direkten Suche" ist diese Index-Struktur unerheblich, die „Index-Suche", d. h. den Blättervorgang belastet sie mit Unnützem.

Eine Einschränkung auf sachretrieval-relevante, also: informationstragende Wortformen wie Substantive, Adjektive, Verben wäre wünschenswert. Mit anderen Worten: Von der Invertierung ausgeschlossen werden sollten „Funktionswörter", Wörter, die nur für die „syntaktische" Struktur eines Titels bestimmte Funktionen einnehmen, per se aber nicht bedeutungstragend sein können: Konjunktionen, Pronomina, Präpositionen, Artikel, Hilfsverben.

Zu einer weiteren Unzulänglichkeit des Basic Index:

Im Bereich der Grammatik ist, gemessen am Lemmatisierungsgebot für einen Schlagwort-Katalog oder ein Sachwörterbuch einerseits, gemessen am Formulierungs- und Suchverhalten von Benutzern andererseits, folgendes Wortformen-Vorkommen kritisch:

Sprachliche Repräsentation von Sachverhalten im Basic Index

– Abgekürzte Form	→	COMPUTERPROGR
– Lexikalische Grundform	→	COMPUTERPROGRAMM
– Pluralvariante	→	COMPUTERPROGRAMME
– Übersetzungsvariante	→	COMPUTERPROGRAMMED
– Flektierte Form	→	COMPUTERPROGRAMMES

Abbildung 1

(Kommentar:)
Flexions*armut* des Englischen ↔ Flexions*reichtum* der deutschen Sprache

Durch „Trunkierung" des Suchworts – zwecks Eliminierung der Beeinträchtigung durch Flexionsvielfalt – werden Suchvorgang und -ergebnis im Deutschen (!), wie aus der folgenden Abbildung ersichtlich, womöglich gravierend „verschlimmbessert".

Suche über den Basic Index mit dem Schlagwort BUCH trunkiert
Eingabe: Buch$

*** BUCH***	BUCHE
BUCHANAN	BUCHEBNER
BUCHARCHIV	BUCHEN
BUCHAREST	BUCHENAU
BUCHAUFSTELLUNG	BUCHENBLAETTER
BUCHAUSLEIHE	BUCHENHOLZ
BUCHAUSLEIHEN	BUCHENLANDDEUTSCHE
BUCHAUSSTELLUNG	BUCHENMISCHBESTAENDEN
BUCHBEARBEITUNG	BUCHENSWERT
BUCHBESITZ	BUCHENWALD
BUCHBESPRECHUNG	BUCHENWALDOEKOSYSTEMS
BUCHBESTAND	***BUCHES***
BUCHBINDER	BUCHFINK

BUCHBINDERHANDWERK	BUCHFUEHRUNG
BUCHBINDERKUNST	BUCHHOLZ
BUCHBINDERPHILOSOPHIE	BUCHONIT
BUCHDRUCK	BUCHSBAUM
BUCHDRUCKEREI	BUCHSTABE
usw.	BUCHZENSUR
	usw.
	BUECHER

Abbildung 2

(Kommentar:)

Vier Gründe sind hier für das Mißlingen der Trunkierung namhaft zu machen:

1. Grund: Enormes („unendliches") Anwachsen der Treffermengen durch Komposita-Erzeugung: Einzelwörter von A bis Z können mit „Buch" verbunden werden („Bucharchiv" bis „Buchzensur"). – Die englische Sprache kennt Kompositabildung in diesem Umfang nicht. Dort werden eher „Mehrwort-Phrasen" gebildet.

2. Grund: Die Flexionsform „Buch(e)s" (z. B.) ist wegen der Fülle der mit „Buch" beginnenden Worteintragungen ohne weiteres gar nicht auffindbar im Indexalphabet. – Zusätzliche Schwierigkeit hier: Fugenmorphem „e" (Genitiv: „Buchs" *und* „Buches").

3. Grund: Der Pluralumlaut („Buecher") wird mittels Trunkierung gar nicht erfaßt.

4. Der Rechercheur gerät in völlig abwegige Sinnkontexte: Buch – Buche – Buchsbaum – Bucht etc.

Hinsichtlich der ganz normalen Recherchesituation hat der im Basic Index vorliegende Mangel an Einheitlichkeit und Normiertheit zur Konsequenz, daß sich der Rechercheur der virtuellen „Alternativen" seines Suchbegriffs durchgängig, d. h. bei jeder direkten Eingabe erneut, bewußt sein müßte. Diese Einsicht in die Struktur von Sprache, in die Struktur der „deutschen" Sprache, hat er natürlich in der Regel *nicht*.

Konsultiert er jedoch, ist er ein Routinier, das Register, stellt dies zunächst grundsätzlich einen recherche-verzögernden Faktor dar. Index-Einsichtnahme stiftet zudem womöglich eher Verwirrung denn Klarheit, wenn es darum geht, ein ausuferndes Alphabet identisch beginnender Zeichenfolgen Bildschirm für Bildschirm abzuarbeiten.

Mit einem zusätzlichen, in einer Bibliothek mit breit gestreuten Fächern nicht zu unterschätzenden Problem ist die Suche über den Basic Index auch im Bereich der Semantik behaftet, genauer: im Falle der Suche mit Homonymen oder Polysemen. Gerade an dieser Stelle ist auch zu zeigen, daß „gerichtete", d. h. fachlich orientierte Datenbanksysteme in ihrer Effizienz gegenüber einem „absoluten" System entschieden bevorzugt sind.

So ist in einem Personalinformationssystem die Bedeutung des Wortes „Leiter" ohne jeden Zweifel organisationssoziologisch anzusetzen. In der Datenbank-Version der Physical Abstracts kann von einem „Leiter für elektrischen Strom" oder „für Wärme" ausgegangen werden. Die Ingenieure assoziieren mit „Leiter" fraglos einen Treppenersatz. Suchen wir hingegen „Leiter" im Online-Katalog der UB Düsseldorf über den Basic Index:

TREFFERMELDUNG nach der Recherche mit „Leiter"

```
TREFFERMELDUNG
------------------------------------------------------------------------------
leiter..........................................     41 TREFFER
   SUCHENDERGEBNIS:           41 TREFFER




------------------------------------------------------------------------------
BITTE EINGABE:
------------------------------------------------------------------------------
E = ENDE/BEGINN            M = SUCHMENUE             A = ANZEIGE
H = HILFE                  W = SUCHWEG               R = REDUKTION          B-042
```

Abbildung 3

(Kommentar:)

Die semantische Polyvalenz von „Leiter", die Bedeutungsdimensionen von Suchbegriffen prinzipiell, sind an dieser Stelle für den Normalbenutzer nicht erkennbar.

Die zur Verfügung stehende Reduktionsmöglichkeit über Kategorie „Wissenschaftsfach" wird folglich wohl kaum angemessen aktiviert werden. Geht sie ins Leere?

ANZEIGE TITELLISTE nach der Recherche mit „Leiter"

```
ANZEIGE TITELLISTE                                    1.-  14. von   41 Treffern
---------------------------------------------------------------------------------
Nr.  Verfasser              Sachtitel                                 Band   Jahr
---------------------------------------------------------------------------------
   1 Duczek, Brigitte       Redakteur zwischen den Revolutionen               1988
   2 Fitchen, John          Mit Leiter, Strick und Winde                      1988
   3 Weigel, Harald         Adelbert Keller und Johannes Fallati als L        1988
   4                        Zur paedagogischen Arbeit im Gymnasium            1987
   5 Ettlinger, Erich       Elektrische Transporteigenschaften polymer        1987
   6 Heusinger, H.          Ausgewaehlte arbeitsrechtliche Aufgaben fu        1987
   7 Guhl-Schubert, Ann     Spielgruppe                                       1986
   8 Gleim, Martin          Untersuchungen ueber den Bewegungsraum des        1986
   9                        Struktur des Thesaurus fuer Parlamentsmate        1985
  10 Zesen, Philipp von     Saemtliche Werke                            12    1985
  11 Zimmermann, Peter      Industrieliteratur der DDR                        1984
  12                        Eine Leiter zum Himmel                            1984
  13 Zimmermann, Peter      Industrieliteratur der DDR                        1984
  14 Knobelsdorff-Brenk     Eine Provinz im Frieden erobert                   1984
---------------------------------------------------------------------------------
BITTE EINGABE:
---------------------------------------------------------------------------------
ZUR ANZEIGE GEWUENSCHTE NUMMER(N) AUSWAEHLEN (Z. B.: 2,11,7-13)
E = ENDE/BEGINN              M = SUCHMENUE            N = NAECHSTE SEITE
H = HILFE                    W = SUCHWEG              V = VORIGE SEITE      B-060
```

Abbildung 4

(Kommentar:)

Alle drei *Grund*bedeutungen von „Leiter" treten bereits in den auf dem 1. Schirm angezeigten 14 Titeln von 41 Gesamttreffern auf: die technische Bedeutung z. B. in Titel Nr. 2, die soziologische/pädagogische Bedeutung z. B. in Titel Nr. 3 und 4, die physikalische Bedeutung z. B. in Titel Nr. 5.

Zusätzlich wird die *metaphorische* Verwendung des Begriffs angezeigt; vgl. z. B. Titel Nr. 12. Letztere stellt ein prinzipielles und nicht zu unterschätzendes Problem insbesondere bei geisteswissenschaftlichen Beständen dar.

Aber: Das Vorliegen von Polysemie ist auch hier nicht unmittelbar erkennbar, da die Angabe von „Notationen" (ing, soz, phy, bzw.: alg o. ger o. lit) als Begriffs-Verwendungshinweisen an dieser Stelle unterbleibt. Statt dessen werden die „Erscheinungsjahre" angezeigt.

Frage: Was ist wichtiger auf der Kurztitelliste eines OPAC? Bibliographische Information (→ Erscheinungsjahr) oder Sachinformation (→ Systemstelle)?

Den vorrangigen Zweck eines OPAC, gezielten und komfortablen Zugriff auf jene Bedeutungsgehalte zu garantieren, die – fachspezifisch – in den erfaßten Titeln unmittelbar vorliegen, erfüllt diese Konstruktion des Basic Index wohl nicht in befriedigender Weise. Zeigt er sich doch mit Faktoren belastet, die den „Vorgang" des Suchens durchgängig behindern und das „Ergebnis" des Suchens potentiell mit irrelevanten Titelnachweisen „verfälschen".

Nun wird zwar die Vorstellung des Retrieval-Prozesses als einer auf die Perspektive einer Disziplin zugeschärften Suche in der Literatur vielfach kritisiert. Die Dialogrecherche habe „iterativen Charakter". Sie gehe nicht von einem „Fachgebiet" aus, sondern von einem „Problem", an dem im Prozeß von „trial and error" die Kunst des Fragens ausgespielt und geschult werde. Suchen sei eine andere Form kreativen, explorativen, der Verbesserung fähigen Verhaltens. Gefundene, aber nicht relevante Literaturhinweise seien daher nicht als „Fehler" relativ zum Zweck, vielmehr als „Erfolge" bezogen auf individuelles Lernen zu begreifen.

Hier jedoch ist für OPAC-Designer zu fragen, wo die „Grenze" zwischen lästiger Unvollkommenheit und überflüssiger Perfektion beim Retrieval anzusetzen ist und geduldet werden darf und ob nicht sozusagen „gleitende Übergänge" vom schlechten Ist- zum idealen Soll-Zustand zu schaffen wären. Können es sich OPAC-Entwickler tatsächlich leisten, das „Nicht"-Finden eines Dokuments aufgrund unentrümpelter und unordentlicher Wörterbücher als dem Suchprozeß förderlichen „Irrtum auf dem Weg zur Wahrheit" auszugeben?

Innerhalb des Projekts sind wir gezielt der Aufgabe nachgegangen, eine vernünftige Verbindung zwischen erwünschter Effizienz und leistbarem Aufwand beim Optimieren des Basic Index herauszufinden. Daraus hervorgegangen ist das Experiment PASSAT, das Experiment „Automatisches Indexieren" unter Verwendung „linguistischer" Komponenten.

Bei den folgenden Ausführungen bitte ich darum, den Terminus „Experiment" im Wortsinn des Vorläufigen und Punktuellen ernst zu nehmen. Wir haben PASSAT in Düsseldorf „einer Probe unterzogen", entschieden gründlicher intellektuell als per „Real-World-Einsatz", und uns bedrängen noch weitaus mehr „Fragen", als wir „Antworten" haben. Noch im Anfangsstadium unseres ganz „perspektivischen" brainstorming in Sachen PASSAT wollen wir Ihnen jedoch auch aus dieser Kammer der OPAC-Werkstatt nichts vorenthalten.

Das Akronym PASSAT heißt aufgelöst: Programm zur automatischen Selektion von Stichwörtern aus Texten. PASSAT wurde als Programm-„Paket" von der Siemens AG entwickelt und ist derzeit bei mehr als 50 Anwendern in der Bundesrepublik im Einsatz (u. a. bei: JURIS, Deutsche Presseagentur, Presse- und Informationsamt der Bundesregierung, Westdeutscher Rundfunk). Es ist ablauffähig auf Siemens-Rechnern unter dem Betriebssystem BS2000 und arbeitet sowohl im Stapel- als auch im Dialogbetrieb.

Unter informations-„technischen" Gesichtspunkten ebenso wie im Aspekt des „Handling" möchte und kann ich an dieser Stelle keine Ausführungen zu

PASSAT machen. Unser Erkenntnisinteresse gilt dem System momentan als einem Werkzeug der Informations-„Linguistik“ (wobei anzumerken ist, daß wir alle mehr oder weniger Laien im Feld der Computerverarbeitung von Sprache sind).

Folgendes vermag PASSAT beim Indexieren – oder: „Deskribieren“ – von Titeln, von Sachtiteln wohlgemerkt, zur Verbesserung der Retrievalbedingungen im OPAC zu leisten: – Die im folgenden beschriebenen PASSAT-Funktionen stellen eine „Auswahl“ unter dem Gesichtspunkt bibliotheksseitig relevanter bzw. benutzernaher Effektivität dar. –

1. Funktion von PASSAT:

Aus den Sachtiteln von Büchern können Deskriptoren in Abhängigkeit von einer frei wählbaren „Wortarten“-Codierung ermittelt werden. Die derart geleistete „Wortartenreduktion“ führt – im Idealfall – zur Bildung ausschließlich „informationstragender“ Wörter.

Potentielle Deskriptoren sind damit im Prinzip nur Wörter der Wortklassen Adjektiv, Nomen und Verb als den sogenannten „Bedeutungswortklassen“.

PASSAT: Wortartenreduktion

Hauptsachtitel: ** Was ist los mit den Russen **

Basic Index:	PASSAT-Index:
WAS	—
IST	—
LOS	—
MIT	—
DEN	—
RUSSEN	RUSSE

Hauptsachtitel: ** Dann spielten sie wieder : d. Bayer. Staatsschauspiel nach dem Kriege **

Basic Index:	PASSAT-Index:
DANN	—
SPIELTEN	SPIELEN
SIE	—
WIEDER	—
BAYER	BAYERISCH
STAATSSCHAUSPIEL	STAATSSCHAUSPIEL
—	BAYERISCHES STAATSSCHAUSPIEL
NACH	—
KRIEGE	KRIEG

Abbildung 5

2. Funktion von PASSAT:

Die im Sachtitel auftretenden Flexionsformen werden auf Standardgrundformen zurückgeführt: alle Verben auf die Infinitivform, alle Nomina auf die Singular-Nominativform, alle Adjektive auf die Adverbform.

Aufgrund dieser Operation werden *alle* Wörter nach einheitlichen und grammatisch definierten Regularitäten, d.h. in der Regel in der lexikalischen Ansetzungsform suchbar.

PASSAT: Lemmatisierung

Hauptsachtitel: ** Die einstämmigen männlichen Personennamen des Griechischen, die aus Spitznamen hervorgegangen sind ** (1898)

Basic Index:	PASSAT-Index:
EINSTAEMMIGEN	EINSTAEMMIG
MAENNLICHEN	MAENNLICH
PERSONENNAMEN	PERSONENNAME
—	PERSON
—	NAME
GRIECHISCHEN	GRIECHISCH
AUS	—
SPITZNAMEN	SPITZNAME
HERVORGEGANGEN	HERVORGEHEN
SIND	—

Abbildung 6

3. Funktion von PASSAT:

Komplexe Wortformen, sogenannte Komposita, können auf Simplizia, auf einfache Wortformen zurückgeführt und damit in ihre größtmöglichen „sinntragenden“ Einzelteile zerlegt werden.

Dieses Komposita-Splitting bedeutet für das Retrieval: Gewinnung von „einfachen“ Deskriptoren; Ausschaltung von bestimmten Formen der Präkombination innerhalb des Wortmaterials einer Indexsprache; Erhöhung der Treffsicherheit.

Hinsichtlich der morphologischen Struktur des Deutschen ist die hier behandelte Leistung von PASSAT unerhört wichtig: Komposita machen einen beträchtlichen Anteil des Wortschatzes der deutschen Sprache aus.

PASSAT: Kompositazertrennung

- MÜLLDEPONIE	→	MÜLLDEPONIE
		MÜLL
		DEPONIE
- BIBLIOTHEKSSYSTEM	→	BIBLIOTHEKSSYSTEM
		BIBLIOTHEK
		SYSTEM
- ESELSBRÜCKE	(!) →	ESELSBRÜCKE
- STUDENTENFUTTER	(!) →	STUDENTENFUTTER
- PROZESSHANDLUNGEN	(!) →	PROZESSHANDLUNGEN
		PROZESS
		HANDLUNG
		HAND
		LUNGE

Abbildung 7

4. Funktion von PASSAT:

Wortfolgen, die eine Begriffseinheit bilden (key-phrases, Mehrwortbegriffe) können als Deskriptoren erkannt werden.

Dies ist für die Praxis des Information Retrieval ein großer Vorteil, da Phrasen sich dadurch auszeichnen, in der Regel eindeutig zu sein. – Ich versuchte ja bereits anzudeuten, daß semantische Ambiguität bei aus Sachtiteln gewonnenen Deskriptoren gerade im Falle „nicht"-fachzentrierter Informationssysteme eine Problemzone beim Sachretrieval darstellt. –

PASSAT: Erkennung von Mehrwortbegriffen

DEUTSCHE FORSCHUNGSGEMEINSCHAFT

→ DEUTSCH
FORSCHUNG
FORSCHEN
GEMEINSCHAFT
FORSCHUNGSGEMEINSCHAFT
DEUTSCHE FORSCHUNGSGEMEINSCHAFT

Abbildung 8

5. Funktion von PASSAT:

Im Rahmen der Substitutions-Leistung von PASSAT können zusätzliche Deskriptoren vergeben werden.

Fach-Datenbanken können sich diese Funktion zur Erstellung semantischer Relationen nutzbar machen. Für die Zwecke einer Universitätsbibliothek wäre sie primär dienlich hinsichtlich der Vervollständigung von Begriffen, die nach RAK-WB abgekürzt worden und in dieser Form im Suchwortbestand nur latent vorhanden sind.

Substitution bezogen auf das RAK-Abkürzungsproblem bedeutet also: Herstellung von Retrievalfähigkeit.

PASSAT: Vergabe zusätzlicher Deskriptoren (Substitution)

Hauptsachtitel: ** Necessitas :
e. Element d. mittelalterl. u. neuzeitl. Rechts ; dargest. am Beisp. österr. Rechtsquellen **

Basic Index:	PASSAT-Index:
NECESSITAS	NECESSITAS
ELEMENT	ELEMENT
MITTELALTERL	MITTELALTERLICH
NEUZEITL	NEUZEITLICH
RECHTS	RECHT
DARGEST	DARSTELLEN
BEISP	BEISPIEL
OESTER	OESTERREICHISCH
RECHTSQUELLEN	RECHTSQUELLE
—	RECHT
—	QUELLE

Abbildung 9

Grundlage für die Indexierung mit PASSAT ist ein systeminternes Lexikon, die sogenannte „Vergleichwortliste". An ihren Eintragungen werden bei der automatischen Textanalyse die Vorkommensformen der Sachtitelwörter zunächst „verglichen", um dann auf die jeweiligen „Grundformen" morphologisch reduziert bzw. den weiteren grammatischen Operationen zugeführt zu werden.

Das Indexierungsprogramm vermag also nur insofern zu arbeiten, als es auf eine spezifische Wortsammlung zurückgreifen kann. Über dieses „Wörterbuch" müssen ihm auch solche Informationen, d. h. solche Wörter zur Verfügung stehen, die es den Titeln selbst „nicht" unmittelbar entnehmen kann.

So viel als Erstorientierung zum Erfordernis „Wörterbuch-Aufbau“ und „-Pflege“ beim „lexikalistischen“ Ansatz automatischer Indexierung. Die Anstrengungen im lexikalischen Bereich erweisen sich als das Schlüsselproblem schlechthin für den Computereinsatz in der PASSAT-Linie der Deskribierung von Titeln.

In der Siemens-Standardausführung umfaßt die aktuelle Version der deutschen Vergleichswortliste zur Zeit etwa 45 000 Eintragungen allgemeinsprachlicher Begriffe.

Was nun hat das erste, das „Test“-Ergebnis des Indexierens mit PASSAT erbracht?

Im Sinne des Erkundungs-Charakters unseres Indexierungs-Experiments konnten wir das PASSAT-Programm nur in beschränktem Maße mit Daten testen, die der vorgesehenen Anwendungssituation im OPAC konkret entsprechen.

Inhaltserschließung mit Hilfe automatischer Verfahren an Titel-Massendaten einer Universitätsbibliothek und unter realitätsnahen Bedingungen zu evaluieren, ist ein ausgesprochen aufwendiges und, wie wir jetzt wissen, ein „eigenständiges“ Unternehmen.

Ein niedrig dimensioniertes Projekt vermag weder die Qualität der Inhaltserschließung selbst angemessen zu analysieren, noch die im Echtbetrieb zu bewältigenden gewichtigen organisatorischen und technischen Fragen ergebnisorientiert zu klären.

Für den Aufbau eines Wörterbuchs für das Gebiet Physik beispielsweise, wohlgemerkt: eines „Fach“-Wörterbuchs, werden mindestens 200 000 Dokumente für notwendig erachtet. Tatsächlich sind für die Entwicklung des Indexierungswörterbuchs PHYS/PILOT 400 000 Dokumente zugrunde gelegt worden.

Schon die Beurteilung des PASSAT-„Modell“-Einsatzes ermöglichte uns jedoch eine realistische und entschieden akzentuierte Einschätzung der zu erwartenden Deskribierungsleistung.

Die Standard-Vergleichswortliste erwies sich bereits wegen ihres vorliegenden „Umfangs“ als zur Zeit ganz und gar nicht geeignet, ein Retrieval auf dem aktuellen Niveau der deutschen Gegenwartssprache zu gestatten, nicht der Alltags- und erst recht nicht der Fachsprache. Im Gegenteil: Die hohe Anzahl der durch Abgleichung am originären PASSAT-Lexikon anfallenden „unbekannten“, d. h. im späteren GOLEM-Einsatz überhaupt nicht recherchierbaren Zeichenfolgen entwertete die Brauchbarkeit des existierenden Wörterbuchs – für unsere Belange – radikal.

Aus Sicht der Fa. Siemens ist das Umfangsdefizit der Vergleichswortliste, das

„Defizit“ im Anspruch einer Universalbibliothek, – wenn man so will – geradezu ein Vorteil. Siemens geht davon aus, daß jeder Anwender – fachspezifisch – die Entwicklung eines eigenen, maßgeschneiderten Wörterbuchs kontinuierlich selbst betreibt.

Folgende Wortbeispiele vermögen einen Eindruck vom „Niveau“ der Sachtitelwörter zu vermitteln, die PASSAT wegen fehlender Entsprechung des Vergleichswortlisten-Eintrags nur als Non-Deskriptoren erkennen konnte: Wörter wie „Aberglaube“, „Absolutismus“, „Antike“, „Archipel“, „Außenpolitik“, „Ballade“, „Biedermeier“, „Bürgertum“, „Curriculum“, „Evangelium“, „Freimaurer“, „Gesamthochschule“, „Sozialgeschichte“, „Symbolik“ usw.

Die manuell-intellektuelle Nachbearbeitung der von PASSAT geschriebenen Analysedatei mit den als unbekannt ausgewiesenen Deskribierungsergebnissen zeigte sich damit einerseits unabweisbar notwendig. Der zwangsläufig geforderte Verfahrensschritt, sehr große Dekriptormengen aus unserem Bestand von ca. 650 000 IBAS-Dokumenten für die Vergleichswortliste aufzubereiten, mußte jedoch andererseits als so aufwendig projektiert werden, daß an dieses Geschäft unter den gegebenen Umständen überhaupt nicht zu denken war.

Ohne ein mächtiges Wörterbuch freilich, ein Wörterbuch, das dem Anwendungsfall Universitäts-/Universalbibliothek paradigmatisch gerecht wird – und das heißt auch: potentielle Nachnutzer hinsichtlich der Akkumulation relevanter Suchwörter weitestgehend entlastet – erscheint der beeindruckende PASSAT-Komfort – für unsere Zwecke – erheblich eingeschränkt.

Ich komme zur aktuellen „Bewertung“ von PASSAT im bibliotheksspezifischen Einsatz:

Die grundsätzliche Nützlichkeit und Güte der mit PASSAT zur Verfügung stehenden einzelnen Erschließungsleistungen steht auch weiterhin kaum in Frage. Wir denken aber, daß Erfahrungen „repräsentativ“ und in der „realen“ Retrievalwelt wissenschaftlicher Bibliotheken mit PASSAT gemacht werden müßten; Erfahrungen bezüglich „der“ Problemzonen automatischer Charakterisierung von Buchinhalten, in denen PASSAT sich potentiell gewinnbringend einsetzen ließe.

Erfahrungen zunächst im Bereich der Wiedergewinnung von Information aus Titeln: Stellt das Ergebnis des automatischen Indexierens eine tolerable Alternative zu Schlagworteintragungen – etwa nach RSWK – überhaupt dar?

Dies ist sicher eine der wichtigsten bisher unzureichend geklärten Fragen. Denn für die Bestände von Bibliotheken liegt nicht das vor, was der Informationswissenschaft als conditio sine qua non für automatische Indexierung immer noch gilt: ein Abstract.

Verfügt ein Sachtitel, verfügt der Durchschnitt von „Indexaten“ in wissenschaftlichen Universalbibliotheken aufgrund der vorfindlichen Begrifflichkeit über inhaltskennzeichnende Eigenschaften in ausreichender Zahl?

Im Falle von Titeln wie „Organische Chemie" oder „Motive der Weltliteratur" oder „Diagnostik und Theorie des Gasbrandes und anderer Wundinfektionen mit Gasbildung" erscheint – im Aspekt begriffsorientierter Indexierung – der intellektuelle Prozeß entbehrlich. Die Titelfassungen liefern als solche konzentrierte Information.

Man überlege jedoch, welche sinntragenden Wörter PASSAT aus folgenden Titeln extrahieren würde, um sie als Suchbegriffe einem Sachwörterbuch zu integrieren: „Esprit und arkadische Freiheit: Aufsätze aus der Welt der Romania"; „Reife des Lebens: Gedanken eines Historikers zum längeren Dasein"; „Aufschlag für Walther von der Vogelweide: Tennis seit dem Mittelalter".

Die Erschließung des „thematischen Schwerpunkts" kann hier passatseitig einerseits gar nicht, andererseits nicht zentriert oder „verdichtet" genug erreicht werden. Aber vielleicht stellt ja „Titelpoesie" nur eine quantité négligeable und gar keine prinzipielle Schwachstelle für computergestützte Indexierung dar!?

Ließe sich also intellektuelle Indexierung „in jedem Fall", nur für die Bestände eines bestimmten Zeitraums, nur bei „einfachen" Fällen des Routinebetriebs durch automatische Deskriptorenerstellung ersetzen?

Könnten vielleicht beide Verfahren in ein Verhältnis der „Zuarbeit", der „Ergänzung", der „Korrektur" zueinander gebracht werden?

Sollte die automatische Inhaltsanalyse nur an die deutsche Sprachumgebung angepaßt sein? Oder sollten auch englische und französische Vergleichswortlisten zum Einsatz kommen?

Erfahrungen müßten weiterhin gemacht werden im Bereich der angezielten Retrieval-Optimierung: Bewirkt die Grundformen-Erzeugung tatsächlich eine „Entlastung" des Rechercheurs? In welchem Umfang werden dessen Überlegungen zur möglichen Wortgestalt eines Titels hinfällig? Wird die mit linguistischen Verfahren erstrebte Homogenisierung des Verhältnisses von Titel-„Erschließung" und Titel-„Recherche" wirklich erreicht?

Und schließlich: Erbringt die Wortarten-Reduktion eine effektvolle Verringerung und Komprimierung des Systemvokabulars? Wird das Sichten von Registern durch die Ausfilterung von „Ballast" spürbar erleichtert?

Eine empirische Studie mit etwa diesen Erkenntniszielen würde nicht nur der Computerverarbeitung von Sprache bei der OPAC-Konstruktion selbst zugute kommen. Sie könnte sich auch, im Falle eines „Ja" zur maschinellen Sprachanalyse, im weiteren Kontext des Bereichs retrospektiver Konversion unter Beweis stellen: bei der globalen Erfassung von Altbeständen. Dies insofern, als hier Lösungen angestrebt werden, die beim Aufbau online-verfügbarer EDV-Kataloge auf die Autopsie der Buchvorlage verzichten. Bei Konversion ohne Autopsie entfällt die Erschließungstiefe auf dem Niveau der Sachkatalogisierung in der Regel völlig. Inhaltserschließung würde hier ein Verfahren der linguistischen Datenverarbeitung hinsichtlich in bestimmter Weise verbesserter Deskriptorqualität leisten können.

Zum Aufbau eines im Umfeld wissenschaftlicher Bibliotheken nachnutzungsfähigen Wörterbuchs, eines deutschen (!) Wörterbuchs, haben wir uns bereits Gedanken gemacht.

Die Anforderungen an ein „allgemeines" Indexierungs-Vokabular werden im deutschsprachigen Raum zur Zeit in idealer Weise durch die Schlagwortnormdatei erfüllt. Als offenes System einer verbindlichen normierten Terminologie universeller Art ist sie in der wissenschaftlichen Bibliothekslandschaft jedem aus lokalen Titelmengen gewonnenen Wortinventar überlegen.

Sähe sich daher vom zeitlichen, organisatorischen, personellen, intellektuellen Aufwand her die Universitätsbibliothek Düsseldorf imstande, nur (!) die Sachschlagwörter in die vorhandene Vergleichswortliste zu integrieren – in Auswahl –, wäre ein relativ geeignetes Instrument zur Deskribierung ihres maschinenlesbar erfaßten Titelbestandes geschaffen.

So scheint es. Das eingangs erläuterte Problem der mangelnden semantischen Disambiguierung bei Freitextverarbeitung muß an dieser Stelle noch einmal aufgegriffen werden.

Das System PASSAT kann natürlich nur „Oberflächen"-Strukturen von Sprache in Titeln abarbeiten. PASSAT arbeitet auf der Basis „morphologischer Analyse", d.h. durch Analyse kleinster sprachlicher Einheiten wird ein Wort – als reine Aneinanderreihung von Zeichen – anhand der Vergleichswortliste identifiziert. Eine Differenzierung der „Bedeutung", der Sinndimension von Wörtern, ist auf diesem linguistischen Wege ganz unmöglich. Deshalb würde Inhaltserschließung à la PASSAT für das Suchergebnis durchweg bedeuten: Anhebung des „Recalls" und Reduktion von „Precision".

Anders die Qualität der Treffer beim Sachzugriff auf der Basis der Schlagwortnormdatei. Diese ist auf die Erkennung und Wiedergabe der „natürlichen Mehrdeutigkeit" von Wörtern geradezu angelegt; auf eine „semantische Analyse", die ausschließlich „intellektuell" zuverlässig zu leisten ist. In diesem Sinne differenziert die Schlagwortnormdatei die „Erscheinungsform" eines Worts nach sachlichen Gesichtspunkten „in die Tiefe".

Einsichtig dürfte somit sein, daß sich – beispielsweise – das Vorkommen des Wortes „Ton" in der PASSAT-Vergleichswortliste zwangsläufig auf einen einzigen Eintrag beschränkt. Die Schlagwortnormdatei hingegen eröffnet folgende Bedeutungsvielfalt:

„Ton" in der SCHLAGWORTNORMDATEI

Ton	OB	Schall
Ton / Linguistik	UB	Hochton
Ton / Musik	UB	Kammerton
		Mikroton
		Residualton
		Stimmton
Ton ⟨Geologie⟩	BF	Tone
		Tongestein
	VB	Tonmineral
	OB	Sediment
	UB	Bentonit
		Blähton
		Keuperton
		Lauenburger Ton
		Tonstein
		Wassergesättigter Ton
Ton ⟨Geologie⟩ / Bildnerisches Gestalten	BS	Keramisches Werken
Ton ⟨Singweise⟩	BF	Deutsch / Ton ⟨Singweise⟩

Abbildung 10

Im Bereich der Semantik – und damit auch der semantischen Relationen wie Synonymie, wie Ober- und Unterbegriff, wie Assoziation – wird also so etwas wie „Verstehensadäquatheit", was immer auch das sein mag, bei der Erschließung durch PASSAT nicht auch nur näherungsweise erreicht. Das Problem der Homonymie (Homographie), das Problem der Polysemie ist für den Einzelfall, d.h. für die jeweilige Belegstelle *nicht* gelöst.

In der Literatur heißt es, daß derartige Mehrdeutigkeiten ca. 15 % der Substantive und 20 % der Verben betreffen. Hinsichtlich der Substantive erscheint mir diese Zahl – nach Sichten der Schlagwortnormdatei – hoch fragwürdig.

Man kann semantische Ambivalenz im aktuellen Retrieval durch komplexe Suchanfragen weitgehend eliminieren. Ich bin mir jedoch nicht darüber im klaren, ob das ein Vorteil oder ein Nachteil im OPAC ist, noch weniger weiß ich, ob unser Benutzer „das kann".

Ganz wesentlich bleibt beim Suchwörterbuch-Aufbau zudem zu fragen, ob materiell überhaupt eine Chance besteht, eine Untermengen-Auswahl der natürlichen Sprache, auf die man sich bei der Anlage eines Vokabulars immer beschränken muß, derart zu treffen, daß der Benutzer damit alle seine Probleme lösen kann und dennoch den Eindruck der „Natürlichkeit" hat.

Um auf das zu Beginn dieser Ausführungen erwähnte „Leiter"-Beispiel zurückzukommen: Das Wort „Leiter" tritt, wie gezeigt, in differenten Bedeutungen in Sachtiteln auf. Die Schlagwortnormdatei kennt jedoch *nur* „Leiter" als Kletterinstrument. Alle zusätzlichen Bedeutungsebenen haben (noch) keinen lexikographischen Wert. Vielleicht sind sie aber auch der Aufnahme in einen „Thesaurus" sozusagen nicht „würdig".

Würde also die Schlagwortnormdatei als ein für Verschlagwortungszwecke betriebenes Unternehmen der Wort-Ansammlung unserem Anspruch an eine Vergleichswortliste, mit einer „natürlichen" Sprache den OPAC befragbar zu machen, wirklich gerecht werden?

Wo überhaupt wird die „Natürlichkeit" der Sprache für uns faßbar? Im Wortmaterial von Sachtiteln? In den Sachanfragen unserer Benutzer? In einem allgemeinen Wörterbuch?

Nicht nur um Antworten auf diese Fragen sind wir zur Zeit noch verlegen.

GISELA STEDTNITZ

Suchbarkeit von Namen

Mit der Einführung des Online-Publikumskataloges der Universitätsbibliothek – Oktober 1989 – haben wir die Palette unserer Katalogvielfalt um ein weiteres, aber auch besonderes Exemplar erweitert. Wir bieten die bislang getrennten Katalogtypen Alphabetischer Katalog, Stichwortkatalog (KWOC), Systematischer Katalog und Schlagwortkatalog nunmehr in einem integrierten Katalog an. Der Datenbestand dieses Kataloges umfaßt ca. 600 000 Titeleinheiten, die seit 1971/72 für die Naturwissenschaften und seit 1981 für die gesamten Neuzugänge des Bibliothekssystems durch Einsatz des Online-Systems IBAS II erfaßt wurden. Neben dem Neuzugang ist hierin noch eine beträchtliche Anzahl älterer Bestände – über 110 000 Titel – im Zuge von Rekatalogisierungsprojekten eingeflossen.

Die Erfassungskonventionen für den derzeitigen Titelbestand sind neben den IBAS-spezifischen Erfordernissen:

1. für die Formalkatalogisierung RAK-WB mit dem jeweiligen Regelstand, der zur Zeit der Erfassung vorlag;
2. für die Schlagwortkatalogisierung Hausregeln, wobei in neuerer Zeit in Zweifelsfällen RSWK und ergänzend die Schlagwortnormdatei herangezogen werden.

Ursprünglich gab es also für die traditionell getrennten Kataloge unterschiedliche Regelkonventionen. Die Daten der nach diesen Konventionen erstellten inkohärenten Katalogtypen sind nunmehr in dem integrierten Online-Katalog unkoordiniert zusammengeführt worden. Das kann natürlich nicht ohne Konsequenzen für die Recherche bleiben. Im folgenden soll nun gezeigt werden, welche Probleme dadurch bei der Suche von Namen (Autoren, Körperschaften etc.) aufgeworfen werden und wie durch entsprechende Programmierung der Suchwege der Benutzer möglichst optimale Retrievalergebnisse erzielen kann – soweit die ohnehin nicht für Online-Kataloge konzipierten Katalogisierungsregeln dies überhaupt zulassen.

Grundsätzlich muß man sich darüber im klaren sein, daß die Online-Recherche oft mehr Probleme aufwerfen kann als die Suche im herkömmlichen Listen- oder Zettelkatalog, denn dort führt auch ein nicht regelkonformer Sucheinstieg durch Absuchen des Umfeldes bzw. oberflächliches Durchblättern in der Regel dazu, daß der Blick automatisch auf die korrekte Einordnungsstelle fällt. Bei einem Online-Katalog kann indes dieses unstrittige Manko durch eine entsprechende Programmierung des Retrievals mehr als wett gemacht werden, wenn man sich bemüht, wie dies bei dem Düsseldorfer Online-Katalog der Fall ist, die traditionellen Suchformen zu simulieren, um so eine ähnliche Wirkung wie bei der Suche in Listen- oder Zettelkatalogen zu erreichen. Wie dies für die verschiedenen Sucheinstiege bei der Namensrecherche realisiert wurde und welche Probleme die oben angesprochenen Erfassungskonventionen dabei aufwerfen, soll nunmehr an einigen Beispielen dargestellt werden.

In allen fünf Suchwegen des Suchmenüs kann nach Namen recherchiert werden. Das heißt Namen können über „Suchweg 2 = Person als Verfasser"; „Suchweg 3 = Person und Titel"; „Suchweg 1 = Titelwort / Schlagwort"; „Suchweg 4 = Körperschaft als Verfasser / Beteiligte einer Schrift"; „Suchweg 5 = Systemstelle" gesucht werden. Die Schwierigkeit liegt nun darin, daß derselbe Name, je nachdem ob er in der Funktion des AK-Eintrags oder als Titelstichwort, ob er als Schlagwort oder sogar als Systematikbegriff auftritt, unterschiedlich angesetzt werden kann. Es mußten daher für die einzelnen Suchwege unterschiedliche Lösungswege beschritten werden, um auch bei einer nicht regel- oder vorlagegerechten Eingabe der Namen die damit verknüpften Titel zu finden.

Welche konkreten Hilfen offeriert nun der Online-Katalog dem Benutzer bei der Suche nach den verschiedenen Namensarten? Bei „Suchweg 2 = Person als Verfasser" und „Suchweg 3 = Person und Titel" bietet die Anlage des Namenindexes bzw. die automatische Verzweigung in diesen bei bestimmten Retrievaleingaben eine Recherche-Hilfe. Bei „Suchweg 1 = Titelwort / Schlagwort", der neben sämtlichen Sachtiteln, einschließlich des Einheitssachtitels in den Fußnoten, auch den Zusatz zum Hauptsachtitel sowie die Schlagwortketten auswertet, soll die Aufbereitung des Basic-Index mit Suchbegriffsvarianten den Benutzer zu dem gesuchten Namen führen. Im Basic-Index wird z.B. eine Wortbildung mit Bindestrich oder Apostroph zweifach aufbereitet: zum einen jeweils getrennt durch das Sonderzeichen, in entsprechend viele Einzelwörter zerlegt und zum anderen zusätzlich als zusammengezogener Suchbegriff ohne diese Sonderzeichen. Bei „Suchweg 4 = Körperschaft als Verfasser / Beteiligte einer Schrift" wird das Auffinden erleichtert durch die Möglichkeit der Stichwortsuche mit einzelnen oder mehreren Namenselementen neben dem Sucheinstieg in vollständiger (Ansetzungs- oder Verweisungs-)Form – ohne oder mit Index-Suche.

Über „Suchweg 5 = Systemstelle" können Namen nur dann gesucht werden, wenn sie Bestandteil der Systematikbegriffe sind. Da in diesem Suchweg nach dem ersten auftretenden Spatium automatisch zur entsprechenden Alphabetstelle des Registers verzweigt wird, treten hier keine nennenswerten Probleme bei der Namensrecherche auf, weshalb im folgenden auf weitere Anmerkungen zu diesem Suchweg verzichtet werden kann.

Die Detailprobleme der Namensrecherche seien nun nach der Art der Namen differenziert, wobei die folgenden Ausführungen sich auf Personennamen aus dem europäischen Sprachbereich beschränken. Die Probleme der Transkription aus Sprachen mit griechischer und kyrillischer Schrift können hier nur angedeutet werden. So können z.B. Umschriftvarianten die Namensrecherche im Falle einer Stichwortsuche über „Suchweg 1 = Titelwort / Schlagwort" erschweren, da die Schreibweise von Namen im Sachtitel und Zusatz zum Sachtitel in der jeweiligen Vorlageform erfolgt, die möglicherweise weder der Ansetzungsform noch der Verweisungsform der AK-Einträge oder der Personenschlagwörter entsprechen.

Aufgrund der angewandten Katalogisierungsregeln können Personennamen auftreten in Form von „Persönlichen Namen" gegebenenfalls mit Zusätzen für Beinamen etc., in der Form von „Familiennamen" und auch als Bestandteil von Körperschaftsnamen. Retrievalprobleme bilden hier in in erster Linie die unterschiedlichen Regeln für das *Getrennt-* und *Zusammenschreiben* (mit und ohne Bindestrich), sowohl bei Familiennamen als auch bei Vornamen und – in seltenen Fällen – sogar innerhalb der vorgeschriebenen Ordnungshilfen (z.B. Geoffroy ⟨de LaTour Landry⟩, Gilbert ⟨de LaPorrée⟩).

Moderne Familiennamen sind gemäß RAK-WB § 312-326 entsprechend dem Staatsbürgerprinzip angesetzt, sofern sie als „Verfasser", „sonstige beteiligte Personen" oder „Gefeierte" auftauchen. Dieselbe Ansetzungsform gilt auch für das Personenschlagwort und für die Schreibweise von Personennamen im Sachtitel. Sind solche Personennamen Bestandteil unserer Systematik-Begriffe, so sind sie ebenfalls gemäß RAK-WB angesetzt. Sind sie jedoch Bestandteil des Zusatzes zum Sachtitel, entspricht die Schreibweise der Vorlage, das heißt keineswegs immer der Ansetzungs- bzw. irgendeiner Verweisungsform.

Dieses durch die Erfassungskonventionen der RAK-WB verursachte Problem ist für einen Online-Katalog kaum lösbar, was indes nicht als Nachteil gegenüber einem herkömmlichen Katalog angesehen werden kann, da dieser die Möglichkeit nach im Titel auftretenden Namen zu suchen überhaupt nicht kennt.

Leichter lösbar ist dagegen die Problematik der Praefixe und der zusammengesetzten Namen. Als Praefix gelten bei RAK-WB Artikel und Präpositionen sowie Zusammensetzungen von Präposition und Artikel. Je nach dem Gebrauch des Landes, dessen Staatsbürger die Person ist, erfolgt die Stellung des

Präfixes entweder im Anschluß an den Vornamen oder zu Beginn des Familiennamens, dann aber *ohne Spatien*. Genau in dieser spitzfindigen Regel des Zusammenschreibens ohne Spatien liegt das Retrievalproblem. Da die von RAK-WB vorgeschriebenen Verweisungen nur einen Teil der Auffindungsprobleme lösen, ist im Düsseldorfer Online-Katalog ein Namenindex für die Suchwege „2 = Person als Verfasser" und „3 = Person und Titel" aufgebaut worden, der garantiert, daß auch die Recherche mit RAK zuwider laufenden Spatien zum positiven Ergebnis führt. Im Index werden alle Einzelbestandteile des Familiennamens sowie der Vornamen zu einem Suchbegriff zusammengezogen – unabhängig von der jeweils vorgenommenen Ansetzung bzw. Eingabe (mit oder ohne Spatien). Dadurch präsentiert sich der Index zwar in einer etwas unschönen Form, garantiert aber einen gewissen Benutzerkomfort durch eine höhere Treffsicherheit.

Bei Doppelnamen, die entweder unverbunden oder durch Bindestrich, Präposition, Artikel oder Konjunktion verbunden sein können, treten die erwähnten Schwierigkeiten ebenso auf. Denn auch im Innern eines „Zusammengesetzten Namens" und bei Verweisungen von zweiten und weiteren Hauptbestandteilen sind die Präfixe gemäß dem Staatsbürgerprinzip angesetzt. Da bei „Suchweg 2 = Person als Verfasser" jede Retrievaleingabe, gleichgültig aus wievielen Bestandteilen – mit und ohne Bindestrich oder Spatien – sie besteht, zu einem zusammengezogenen Suchbegriff für den Index aufbereitet wird, müßten indes die meisten Namensrecherchen nach „Modernen Familiennamen" zu einem positiven Suchergebnis führen.

Für die erste OPAC-Version wurde entschieden, die Schlagwörter über „Suchweg 1 = Titelwort / Schlagwort" suchbar zu machen. Durch die gemeinsame Aufbereitung der Schlagwörter mit den Titelwörtern im Basic-Index konnten die Verweisungen des Schlagwortkataloges nicht mit übernommen werden. Die Personenschlagwörter sind somit nur in der Schlagwort-Ansetzungsform suchbar. Da für den Basic-Index jeder durch Spatium, Bindestrich oder Apostroph begrenzte Wortbestandteil zum Suchbegriff wird, darüber hinaus die Wortgruppen, die durch Bindestrich bzw. Apostroph verbunden sind, zusätzlich als zusammengezogener Suchbegriff aufbereitet werden, bieten die Personenschlagwörter nur im Bereich der Praefixe Auffindungsschwierigkeiten, da hier mit dem Spatium an der richtigen Stelle gesucht werden muß. Personennamen mit Präfixen, die als ein Wort erfaßt sind und so nicht gesucht werden, sind über „Suchweg 1 = Titelwort / Schlagwort" nicht aufzuspüren.

Bei der Ansetzung von Vornamen wird, für den AK-Eintrag, gemäß RAK-WB nur der erste Vorname vollständig, der zweite mit dem Anfangsbuchstaben abgekürzt angesetzt. Weitere Vornamen werden nicht berücksichtigt. Mehrere in einem Wort geschriebene Vornamen sowie durch Bindestrich verbundene Vornamen gelten als ein Vorname. Hier ist zum einen die unterschiedliche Schreibweise identischer Vornamen verschiedener Personen problematisch, zum andern die Tatsache, daß unsere Personenschlagwörter, was die Anzahl der Vornamen angeht, selten RSWK gemäß erfaßt werden. Da der über Jahrzehnte gewachsene Schlagwortkatalog zusätzlich weiter als Zettelkatalog nach den bisher gültigen Hausregeln geführt wird, sind schon vergebene Personenschlagwörter weiter in der bisherigen Form, das heißt gegebenenfalls mit zwei oder mehr Vornamen zu führen. Ebenso werden neue Schlagwörter von Personen, die in Nachschlagewerken mit mehreren Vornamen ermittelt werden, mit all diesen Vornamen als Personenschlagwort angesetzt.

Da wir dem Benutzer mithin differierende Personennamenansetzungen für die sachliche und formale Recherche anbieten müssen, erscheint die Anwendung verschiedener Suchwegstrategien sinnvoll. Bei „Suchweg 2 = Person als Verfasser" wird eine automatische Trunkierung vom zweiten und weiteren eingegebenen Vornamen auf die RAK-WB-Ansetzungsform vorgenommen. Das führt gewiß in einigen Fällen zur Verstimmung manch eines Benutzers, da er möglicherweise seinen präzisen Suchauftrag mit einer Vielzahl nicht relevanter Treffer beantwortet bekommt, die er durch seine exakte Eingabeform auszuschließen glaubte, doch garantiert diese Lösung, daß unter den Treffermeldungen auch die gesuchten Titel sind.

Bei „Suchweg 1 = Titelwort / Schlagwort" sind die Vornamen, sowohl als Bestandteil der Personenschlagwörter wie der Personenstichwörter suchbar über den Basic-Index mit den bereits genannten Suchbegriffsvarianten. Somit kollidiert zwar die Ansetzung des Personenschlagwortes nicht mit der teilweise abweichenden Ansetzung für den AK-Eintrag, aber die Differenzen zwischen Personenschlagwort und Personenstichwort führen zuweilen zu verwirrenden Retrievalergebnissen und sind für den Benutzer nicht durchschaubar. So kann eine Eingabeform mit zwei oder mehr ausgeschriebenen Vornamen genau zu dem gewünschten Suchergebnis führen, wenn das Personenschlagwort genauso erfaßt ist bzw. der Personenname exakt mit diesen Namenselementen im Sachtitel oder Zusatz zum Sachtitel vorliegt. Sind die Vornamen bereits RSWK gemäß im Personenschlagwort angesetzt, so führt die Recherche ins Leere bzw. nur durch der Suchform entsprechende Namensformen im Sachtitel oder Zusatz zum Sachtitel zu Treffern.

Zu diesem Fall ist indes noch anzumerken, daß wir glücklicherweise äußerst selten die Personenschlagwörter mit abgekürztem zweiten Vornamen angesetzt haben. Denn bei der Aufbereitung für den Basic-Index wird der Einzelbuchstabe nicht übernommen – wie einstellige Ziffern werden nämlich auch Einzelbuchstaben zu Stop-Wörtern erklärt. Somit sind diese Formen von Personenschlagwörtern nur auffindbar über den Familiennahmen allein bzw. über den Familiennamen und den ersten Vornamen. Wird die Eingabeform RSWK gemäß bzw. mit einem abgekürzten Vornamen vorgenommen, so erscheint bei uns originellerweise die Meldung „EIN Zeichen als Suchwort nicht zulässig" wegen der oben genannten Stop-Wort-Regelung.

Die eben erörterten Probleme und ihre Lösungen sollen nun an einigen Recherchebeispielen mit ausgedruckten Bildschirmseiten veranschaulicht werden.

Beispiel 1: Martin duGard, Roger

Wird die Suche über „Suchweg 2 = Person als Verfasser" nach dem Autor „Martin du Gard, Roger" durchgeführt, wird in der direkten Suche die „falsche" Eingabeform mit Spatium zu einem zusammengezogenen Suchbegriff „MARTINDUGARD,ROGER" aufbereitet und so zur Titelanzeige mit der richtigen Ansetzungsform „Martin DuGard, Roger" ohne Spatium geführt. Bei gleichartiger Suche über den Index wird dasselbe Ergebnis erzielt (Abb. 1 a-f).

```
DIREKTE SUCHE
--------------------------------------------------------------------------------

                                   Suchweg
                  PERSON ALS VERFASSER/BETEILIGTE EINER SCHRIFT


                    Wenn von der gesuchten Person bekannt sind

  Nachname und 1. Vorname                  ->                   Meyer,Hermann
  Nachname und 1. zus.gesetzter Vorname    ->                   Meyer,Hermann-Josef
  Nachname und 2 Vornamen                  -> EINGABEFORM:      Meyer,Hermann S.
  Nachname, der 1. Vorname nur teilweise   ->                   Meyer,H
  Nachname, jedoch kein Vorname            ->                   Meyer,



--------------------------------------------------------------------------------
BITTE EINGABE: Martin du Gard, Roger
--------------------------------------------------------------------------------
                          I = INDEX
E = ENDE/BEGINN           M = SUCHMENUE
H = HILFE                                                                B-012
```

Abbildung 1a

```
TREFFERMELDUNG
--------------------------------------------------------------------------------
MartinduGard,Roger$.............................          20 TREFFER
   SUCHENDERGEBNIS:       20 TREFFER




--------------------------------------------------------------------------------
BITTE EINGABE: a
--------------------------------------------------------------------------------

E = ENDE/BEGINN          M = SUCHMENUE          A = ANZEIGE
H = HILFE                W = SUCHWEG            R = REDUKTION              B-042
```

Abbildung 1b

```
ANZEIGE TITELLISTE                                  1.-  14. von   20 Treffern
--------------------------------------------------------------------------------
Nr. Verfasser            Sachtitel                                   Band  Jahr
--------------------------------------------------------------------------------
  1 Martin DuGard, Rog   Temoins d'un temps trouble                        1987
  2 Martin DuGard, Rog   Jean Barois                                       1963
  3 Martin DuGard, Rog   Jean Barois                                       1962
  4 Martin DuGard, Rog   Sommer 1914  und Epilog                           1961
  5 Martin DuGard, Rog   Vieille France                                    1953
  6 Martin DuGard, Rog   Notes sur Andre Gide                              1951
  7 Martin DuGard, Rog   Notes sur Andre Gide                              1951
  8 Martin DuGard, Rog   La gonfle                                         1950
  9 Martin DuGard, Rog   Jean Barois                                       1950
 10 Martin DuGard, Rog   Confidence africaine                              1949
 11 Martin DuGard, Rog   Un taciturne                                      1948
 12 Martin DuGard, Rog   Le testament du pere Leleu                        1948
 13 Martin DuGard, Rog   Die Thibaults                               &     &
 14 Dabit, Eugene        Correspondance                              &     &
--------------------------------------------------------------------------------
BITTE EINGABE: 1
--------------------------------------------------------------------------------
ZUR ANZEIGE GEWUENSCHTE NUMMER(N) AUSWAEHLEN (Z. B.: 2,11,7-13)
E = ENDE/BEGINN          M = SUCHMENUE          N = NAECHSTE SEITE
H = HILFE                W = SUCHWEG            V = VORIGE SEITE           B-060
```

Abbildung 1c

```
ANZEIGE KURZFORMAT                                        1. von   20 Treffern
-------------------------------------------------------------------------------

Verfasser:      Martin DuGard, Roger
Titel:          Temoins d'un temps trouble : Roger Martin du Gard - Georges
                Duhamel, correspondances 1919 - 1958
Impressum:      Paris, Lettres Modernes, 1987. - 480 S.
Serie:          Bibliotheque de litterature et d'histoire. 17

  STANDORT --------------------- SIGNATUR ---------------------- BUCHUNGSNR.
  Zentralbibliothek ........... rom e 61101.d869 .............. 0773905 01




-------------------------------------------------------------------------------
BITTE EINGABE:
-------------------------------------------------------------------------------
                         T = TITELLISTE
E = ENDE/BEGINN          M = SUCHMENUE              N = NAECHSTER TITEL
H = HILFE                W = SUCHWEG                L = LANGFORMAT          B-062
```

Abbildung 1d

```
INDEX-SUCHE
-------------------------------------------------------------------------------

                           INDEX DER PERSONEN-NAMEN

Person    =  Verfasser, Mitarbeiter, Herausgeber, Gefeierter usw. einer Schrift

Der Index enthaelt die Personen-Namen in der Reihenfolge des Alphabets. -
Den   A n f a n g   der alphabetischen Ausgabe bestimmen Sie durch Ihre Start-
formulierung.

             Start:      -> Mueller,M

             Index:     --->MUELLER,MAX
                            MUELLER,MAXIMILIAN
                            MUELLER,MORITZ

-------------------------------------------------------------------------------
BITTE EINGABE: martin du gard, roger
-------------------------------------------------------------------------------

E = ENDE/BEGINN          M = SUCHMENUE
H = HILFE                W = SUCHWEG                                     B-022
```

Abbildung 1e

```
INDEX-SUCHE
--------------------------------------------------------------------------------
Nr.      Menge       * Index der Personen-Namen *
01        20        MARTINDUGARD,ROGER
02         1        MARTINE,JAMESJ
03         1        MARTINEAU,ANDRE
04         1        MARTINEAU,CHRISTINE
05         1        MARTINEAU,GILBERT
06        19        MARTINEAU,HENRI
07         1        MARTINEAU,JAMES
08         1        MARTINEC,JAROSLAV
09         1        MARTINEK,ALICE
10         1        MARTINEK,MICHAEL
11         1        MARTINEK,OSWIN
12         1        MARTINELIZONDO,JOSE
13         2        MARTINELLGIFRE,EMMA
14         1        MARTINELLI,ALESSANDRO
15         2        MARTINELLI,ENZO
--------------------------------------------------------------------------------
BITTE EINGABE: 1
--------------------------------------------------------------------------------
NUMMER(N) AUSWAEHLEN (Z. B.: 2,11,12,13)
E = ENDE/BEGINN           M = SUCHMENUE           N = NAECHSTE SEITE
H = HILFE                 W = SUCHWEG             V = VORIGE SEITE        B-032
```

Abbildung 1f

Wird die Suche über „Suchweg 1 = Titelwort / Schlagwort" in der Form „Martin du Gard, Roger" durchgeführt, so werden vier Suchwörter erkannt

```
DIRKEKTE SUCHE
--------------------------------------------------------------------------------

                              Suchweg
                       TITELWORT  /  SCHLAGWORT


Die Suche ist moeglich mit - bis zu drei - Woertern, die im Sachtitel eines
Buchs   e x a k t   enthalten sind oder das Thema eines Buchs beschreiben. - Sie
koennen also eingeben

den Anfang eines Titels              ->  Was ist los
einzelne sinntragende Titelwoerter   ->  Farbsehvermoegen Patienten Diabetes
ein Schlagwort / Schlagwoerter       ->  Politische Oekonomie



--------------------------------------------------------------------------------
BITTE EINGABE: Martin du Gard, Roger
--------------------------------------------------------------------------------
                          I = INDEX
E = ENDE/BEGINN           M = SUCHMENUE
H = HILFE                                                                B-011
```

Abbildung 2a

und über den Basic-Index geführt. In der Anzeige der Titelliste werden nur Titel mit diesen Stichwörtern aus dem Zusatz zum Sachtitel aufgelistet (bzw. Bandtitel) (Abb. 2 a-d).

```
TREFFERMELDUNG
--------------------------------------------------------------------------------
Martin..........................................       763 TREFFER
du..............................................      5788 TREFFER
Gard............................................         9 TREFFER
Roger...........................................        64 TREFFER

   SUCHENDERGEBNIS:        3 TREFFER






--------------------------------------------------------------------------------
BITTE EINGABE: a
--------------------------------------------------------------------------------
E = ENDE/BEGINN            M = SUCHMENUE            A = ANZEIGE
H = HILFE                  W = SUCHWEG              R = REDUKTION             B-042
```

Abbildung 2b

```
ANZEIGE TITELLISTE                                        1.-   3. von    3 Treffern
------------------------------------------------------------------------------------
Nr.  Verfasser                Sachtitel                                  Band   Jahr
------------------------------------------------------------------------------------
   1 Martin DuGard, Rog  Temoins d'un temps trouble                             1987
   2 Jouejati, Rafic     The quest for total peace                              1977
   3 Moeller, Charles    Literatura del siglo XX y cristianismo            2    1961






------------------------------------------------------------------------------------
BITTE EINGABE: 1
------------------------------------------------------------------------------------
ZUR ANZEIGE GEWUENSCHTE NUMMER(N) AUSWAEHLEN (Z. B.: 2,11,7-13)
E = ENDE/BEGINN            M = SUCHMENUE            N = NAECHSTE SEITE
H = HILFE                  W = SUCHWEG              V = VORIGE SEITE          B-060
```

Abbildung 2c

```
ANZEIGE KURZFORMAT                                        1. von    3 Treffern
-------------------------------------------------------------------------------

Verfasser:      Martin DuGard, Roger
Titel:          Temoins d'un temps trouble : Roger Martin du Gard - Georges
                Duhamel, correspondances 1919 - 1958
Impressum:      Paris, Lettres Modernes, 1987. - 480 S.
Serie:          Bibliotheque de litterature et d'histoire. 17

  STANDORT -------------------- SIGNATUR ---------------------- BUCHUNGSNR.
  Zentralbibliothek .......... rom e 61101.d869 ............. 0773905 01





-------------------------------------------------------------------------------
BITTE EINGABE:
-------------------------------------------------------------------------------
                        T = TITELLISTE
E = ENDE/BEGINN         M = SUCHMENUE            N = NAECHSTER TITEL
H = HILFE               W = SUCHWEG              L = LANGFORMAT          B-062
```

Abbildung 2d

Wird die Suche über „Suchweg 1 = Titelwort / Schlagwort“ jedoch in der Form „Martin DuGard, Roger“ durchgeführt, so werden drei Suchwörter erkannt und über den Basic-Index geführt. In der Titelliste sind nun diejenigen Titel angezeigt, für die entweder das Personenschlagwort „Martin

```
DIREKTE SUCHE
-------------------------------------------------------------------------------

                                   Suchweg
                           TITELWORT  /  SCHLAGWORT


Die Suche ist moeglich mit - bis zu drei - Woertern, die im Sachtitel eines
Buchs   e x a k t   enthalten sind oder das Thema eines Buchs beschreiben. - Sie
koennen also eingeben

den Anfang eines Titels               ->  Was ist los
einzelne sinntragende Titelwoerter    ->  Farbsehvermoegen Patienten Diabetes
ein Schlagwort / Schlagwoerter        ->  Politische Oekonomie



-------------------------------------------------------------------------------
BITTE EINGABE: Martin DuGard, Roger
-------------------------------------------------------------------------------
                        I = INDEX
E = ENDE/BEGINN         M = SUCHMENUE
H = HILFE                                                                B-011
```

Abbildung 3a

DuGard, Roger“ vergeben wurde oder in denen die drei Stichwörter im Sachtitel auftauchen. Die Anzeige der Titelliste führt z.B. als Titel drei ein Werk auf, bei dem das Personenschlagwort „Martin DuGard, Roger“ vergeben worden ist (Abb. 3 a-d).

```
TREFFERMELDUNG
--------------------------------------------------------------------------------

Martin.............................................    763 TREFFER
DuGard.............................................     24 TREFFER
Roger..............................................     64 TREFFER

   SUCHENDERGEBNIS:       20 TREFFER







--------------------------------------------------------------------------------
BITTE EINGABE: a
--------------------------------------------------------------------------------

E = ENDE/BEGINN           M = SUCHMENUE             A = ANZEIGE
H = HILFE                 W = SUCHWEG               R = REDUKTION          B-042
```

Abbildung 3b

```
ANZEIGE TITELLISTE                                    1.-  14. von   20 Treffern
--------------------------------------------------------------------------------
Nr.  Verfasser               Sachtitel                                 Band  Jahr
--------------------------------------------------------------------------------
   1                         Roger Martin DuGard                             1984
   2 Emeis, Harald           L' ame prisonniere                              1983
   3 Neumes, Gerd            Religiositaet, Agnostizismus, Objektivitae      1981
   4                         Roger Martin DuGard                             1981
   5 Sicard, Claude          Roger Martin DuGard                             1976
   6 Garguilo, Rene          La genese des Thibault de Roger Martin duG      1974
   7 Gallant, Melvin         Le theme de la mort chez Roger Martin DuGa      1971
   8 Roza, Robert            Roger Martin DuGard et la banalite retrouv      1970
   9 Munz, Hans              Die Darstellung der Krankheit bei Giovanni      1969
  10 Lalou, Rene             Roger Martin DuGard                             1968
  11 Jacobsson, Harry        L' expression imagee dans Les Thibault de       1968
  12 Schalk, David L.        Roger Martin DuGard                             1967
  13 Schmoekel, Hildega      Roger Martin DuGard                             1966
  14 Schlobach, Jochen       Geschichte und Fiktion in "L'ete 1914" von      1965
--------------------------------------------------------------------------------
BITTE EINGABE: 3
--------------------------------------------------------------------------------
ZUR ANZEIGE GEWUENSCHTE NUMMER(N) AUSWAEHLEN (Z. B.: 2,11,7-13)
E = ENDE/BEGINN           M = SUCHMENUE             N = NAECHSTE SEITE
H = HILFE                 W = SUCHWEG               V = VORIGE SEITE       B-060
```

Abbildung 3c

```
ANZEIGE KURZFORMAT                                        3. von   20 Treffern
------------------------------------------------------------------------------

Verfasser:      Neumes, Gerd
Titel:          Religiositaet, Agnostizismus, Objektivitaet : Studien zu Werk u.
                Aesthetik Roger Martin du Gards
Impressum:      Frankfurt a. M., Lang, 1981. - 323 S.
Serie:          Trierer Studien zur Literatur. 4

  STANDORT -------------------- SIGNATUR --------------------- BUCHUNGSNR.
  Zentralbibliothek .......... rom e 61104.n493 ............. 0647797 01






------------------------------------------------------------------------------
BITTE EINGABE:
------------------------------------------------------------------------------
                           T = TITELLISTE
E = ENDE/BEGINN            M = SUCHMENUE            N = NAECHSTER TITEL
H = HILFE                  W = SUCHWEG              L = LANGFORMAT       B-062
```

Abbildung 3d

Beispiel 2: Lichtenberg, Georg C.

Bei der Recherche über „Suchweg 2 = Person als Verfasser" nach dem Autor „Lichtenberg, Georg Christoph" – also mit zwei Vornamen – wird in der direkten Suche die Eingabe-Form automatisch nach dem ersten Buchstaben des zweiten

```
DIRECTE SUCHE
------------------------------------------------------------------------------

                                   Suchweg
                 PERSON ALS VERFASSER/BETEILIGTE EINER SCHRIFT


                  Wenn von der gesuchten Person bekannt sind

  Nachname und 1. Vorname                ->                 Meyer,Hermann
  Nachname und 1. zus.gesetzter Vorname  ->                 Meyer,Hermann-Josef
  Nachname und 2 Vornamen                -> EINGABEFORM:    Meyer,Hermann S.
  Nachname, der 1. Vorname nur teilweise ->                 Meyer,H
  Nachname, jedoch kein Vorname          ->                 Meyer,



------------------------------------------------------------------------------
BITTE EINGABE: Lichtenberg, Georg Christoph
------------------------------------------------------------------------------
                           I = INDEX
E = ENDE/BEGINN            M = SUCHMENUE
H = HILFE                                                                B-012
```

Abbildung 4a

Vornamen trunkiert, und so als Suchbegriff die Form „LICHTENBERG, GEORGC“, das heißt die RAK-WB-Ansetzungsform, aufbereitet (Abb. 4 a-d).

(Geht man über den Index mit der Eingabeform „Lichtenberg, Georg Christoph“ müßte ebenfalls automatisch trunkiert werden. Derzeit wird jedoch die Index-Stelle mit dem Personennamen LICHTENBERG,GEORGCHRISTOPH angezeigt mit der Ansetzungsform „Lichtenberg, Georg-Christoph“).

```
TREFFERMELDUNG
--------------------------------------------------------------------------------
Lichtenberg,GeorgC$..............................      10 TREFFER

   SUCHENDERGEBNIS:        10 TREFFER





--------------------------------------------------------------------------------
BITTE EINGABE: a
--------------------------------------------------------------------------------
E = ENDE/BEGINN            M = SUCHMENUE             A = ANZEIGE
H = HILFE                  W = SUCHWEG               R = REDUKTION        B-042
```

Abbildung 4b

```
ANZEIGE TITELLISTE                                     1.-  10. von   10 Treffern
--------------------------------------------------------------------------------
Nr.  Verfasser            Sachtitel                                   Band   Jahr
--------------------------------------------------------------------------------
   1 Janssen, Horst       Mit Georg Christoph Lichtenberg                    1988
   2 Lichtenberg, Georg   Aphoristisches zwischen Physik und Dichtun         1983
   3 Lichtenberg, Georg   Das Erfordernis der Gegenseitigkeit bei de         1981
   4 Lichtenberg, Georg   Aphorismen, Briefe, Schriften                      1953
   5 Lichtenberg, Georg   (Werke)                                            1947
   6 Lichtenberg, Georg   Schriften und Briefe                         &     &
   7 Lichtenberg, Georg   (Ausfuehrliche Erklaerung der Hogarthische   &     &
   8 Lichtenberg, Georg   Briefwechsel                                 &     &
   9 Lichtenberg, Georg   Schriften und Briefe                         &     &
  10 Lichtenberg, Georg   Schriften und Briefe                         &     &



--------------------------------------------------------------------------------
BITTE EINGABE: 2
--------------------------------------------------------------------------------
ZUR ANZEIGE GEWUENSCHTE NUMMER(N) AUSWAEHLEN (Z. B.: 2,11,7-13)
E = ENDE/BEGINN            M = SUCHMENUE             N = NAECHSTE SEITE
H = HILFE                  W = SUCHWEG               V = VORIGE SEITE     B-060
```

Abbildung 4c

```
ANZEIGE KURZFORMAT                                          2. von  10 Treffern
--------------------------------------------------------------------------------

Verfasser:        Lichtenberg, Georg C.
Titel:            Aphoristisches zwischen Physik und Dichtung
Impressum:        Braunschweig, Vieweg, 1983. - 198 S.
Serie:            Facetten der Physik. 13

  STANDORT -------------------- SIGNATUR ---------------------- BUCHUNGSNR.
  Zentralbibliothek ........... phy a 600.1699 ................ 0695842 01



--------------------------------------------------------------------------------
BITTE EINGABE:
--------------------------------------------------------------------------------
                         T = TITELLISTE
E = ENDE/BEGINN          M = SUCHMENUE                N = NAECHSTER TITEL
H = HILFE                W = SUCHWEG                  L = LANGFORMAT          B-062
```

Abbildung 4d

Läuft die Suche über „Suchweg 1 = Titelwort / Schlagwort" mit der Eingabe-Form „Lichtenberg, Georg Christoph", wird im Basic-Index nach den drei Wörtern gesucht. In der Titelliste sind die Titel angezeigt, für die entweder das Personenschlagwort „Lichtenberg, Georg Christoph" erfaßt worden ist oder in denen die drei Stichwörter auftauchen. Bei Titel eins muß es sich um das Personenschlagwort handeln (Abb. 5 a-d) bei Titel zwei kann es das Personenschlagwort oder Titelstichwort sein (Abb. 5e).

```
DIREKTE SUCHE
--------------------------------------------------------------------------------

                                    Suchweg
                              TITELWORT  /  SCHLAGWORT


Die Suche ist moeglich mit - bis zu drei - Woertern, die im Sachtitel eines
Buchs   e x a k t   enthalten sind oder das Thema eines Buchs beschreiben. - Sie
koennen also eingeben

den Anfang eines Titels              ->  Was ist los
einzelne sinntragende Titelwoerter   ->  Farbsehvermoegen Patienten Diabetes
ein Schlagwort / Schlagwoerter       ->  Politische Oekonomie



--------------------------------------------------------------------------------
BITTE EINGABE: Lichtenberg, Georg Christoph
--------------------------------------------------------------------------------
                          I = INDEX
E = ENDE/BEGINN           M = SUCHMENUE
H = HILFE                                                                B-011
```

Abbildung 5a

```
TREFFERMELDUNG
--------------------------------------------------------------------------------

Lichtenberg......................................        20 TREFFER
Georg............................................       810 TREFFER
Christoph........................................       112 TREFFER

   SUCHENDERGEBNIS:        13 TREFFER







--------------------------------------------------------------------------------
BITTE EINGABE: a
--------------------------------------------------------------------------------

E = ENDE/BEGINN            M = SUCHMENUE            A = ANZEIGE
H = HILFE                  W = SUCHWEG              R = REDUKTION          B-042
```

Abbildung 5b

```
ANZEIGE TITELLISTE                                    1.-  13. von   13 Treffern
--------------------------------------------------------------------------------
Nr.  Verfasser             Sachtitel                                   Band  Jahr
--------------------------------------------------------------------------------
   1                       Lichtenberg                                       1988
   2 Janssen, Horst        Mit Georg Christoph Lichtenberg                   1988
   3 Verrecchia, Anacle    Georg Christoph Lichtenberg                       1988
   4                       William Hogarth                                   1987
   5 Promies, Wolfgang     Georg Christoph Lichtenberg mit Selbstzeug        1987
   6 Heissenbuettel, He    Als ich meine Gedanken- und Phantasie-Kur         1985
   7 Dieterich, Johann     Der Briefwechsel zwischen Johann Christian        1984
   8 Fischer, Gertrud      Lichtenbergische Denkfiguren                      1982
   9 Gumbert, Hans L.      Bibliotheca Lichtenbergiana                       1982
  10 Schoene, Albrecht     Aufklaerung aus dem Geist der Experimental        1982
  11 Goetz, Dorothea       Georg Christoph Lichtenberg                       1980
  12 Riha, Karl            Cross-reading und cross-talking                   1971
  13 Promies, Wolfgang     Georg Christoph Lichtenberg in Selbstzeugn        1964
--------------------------------------------------------------------------------
BITTE EINGABE: 1,2
--------------------------------------------------------------------------------
ZUR ANZEIGE GEWUENSCHTE NUMMER(N) AUSWAEHLEN (Z. B.: 2,11,7-13)
E = ENDE/BEGINN            M = SUCHMENUE            N = NAECHSTE SEITE
H = HILFE                  W = SUCHWEG              V = VORIGE SEITE       B-060
```

Abbildung 5c

```
ANZEIGE LANGFORMAT                                        1. von   13 Treffern
-------------------------------------------------------------------------------

Verf.(Person):   Zimmermann, Joerg <Hrsg.>
Titel:           Lichtenberg : Streifzuege der Phantasie
Impressum:       Hamburg, Doelling & Galitz, 1988. - 284 S.
ISBN/ISSN:       3-926174-02-1
Notation:        gerw62204

  STANDORT -------------------- SIGNATUR ---------------------- BUCHUNGSNR.
  Zentralbibliothek ........... ger w 62204.z74 ............... 0797680 01
  Fachbibl. Germ./Sprachwiss.   30 ger w 62204.z74 ............ 5412284 01




-------------------------------------------------------------------------------
BITTE EINGABE: n
-------------------------------------------------------------------------------
                         T = TITELLISTE
E = ENDE/BEGINN          M = SUCHMENUE           N = NAECHSTER TITEL
H = HILFE                W = SUCHWEG                                     B-072
```

Abbildung 5d

```
ANZEIGE LANGFORMAT                                        2. von   13 Treffern
-------------------------------------------------------------------------------

Verfasser:       Janssen, Horst
Verf.(Person):   Lichtenberg, Georg C. <Mitarb.>
Titel:           Mit Georg Christoph Lichtenberg
                 (Horst Janssen)
Impressum:       Goettingen, Steidl, 1988. - 233 S. - zahlr. Ill.
ISBN/ISSN:       3-88243-083-4
Notation:        kunb51400

  STANDORT -------------------- SIGNATUR ---------------------- BUCHUNGSNR.
  Zentralbibliothek ........... kun b 51400.m679 .............. 0797670 01




-------------------------------------------------------------------------------
BITTE EINGABE:
-------------------------------------------------------------------------------
                         T = TITELLISTE
E = ENDE/BEGINN          M = SUCHMENUE           N = NAECHSTER TITEL
H = HILFE                W = SUCHWEG                                     B-072
```

Abbildung 5e

Läuft die Suche jedoch über Suchweg 1 mit der Eingabe-Form „Lichtenberg, Georg C.", erscheint auf dem Bildschirm die Fehlermeldung "EIN Zeichen als Suchwort nicht zulässig" (Abb. 6a).

```
E I N  ZEICHEN ALS SUCHWORT NICHT ZULAESSIG! BITTE NEUE EINGABE!
--------------------------------------------------------------------------------

                                   Suchweg
                         TITELWORT  /  SCHLAGWORT


Die Suche ist moeglich mit - bis zu drei - Woertern, die im Sachtitel eines
Buchs    e x a k t   enthalten sind oder das Thema eines Buchs beschreiben. - Sie
koennen also eingeben

den Anfang eines Titels              ->  Was ist los
einzelne sinntragende Titelwoerter   ->  Farbsehvermoegen Patienten Diabetes
ein Schlagwort / Schlagwoerter       ->  Politische Oekonomie



--------------------------------------------------------------------------------
BITTE EINGABE: Lichtenberg Georg C
--------------------------------------------------------------------------------
                         I = INDEX
E = ENDE/BEGINN          M = SUCHMENUE
H = HILFE                                                                  B-011
```

Abbildung 6a

Biblische Personen, Personen des Altertums und des Mittelalters sowie Fürsten und geistliche Würdenträger werden unter ihrem persönlichen Namen gegebenenfalls mit Beinamen oder sonstigen Zusätzen in einer sogenannten Ordnungshilfe – gemäß RAK-WB § 327-342 und RSWK § 108 – angesetzt. Hier führen sowohl unsere hauseigenen Schlagwortregeln als auch die RSWK zu einer von RAK-WB differierenden Ansetzung durch die Regelung, daß diese Personennamen im allgemeinen unter der im Deutschen gebräuchlichen Form angesetzt werden: RSWK: Franz ⟨von Assisi⟩ RAK: Franciscus ⟨Assisias⟩; RSWK: Katharina ⟨die Große⟩ RAK: Ekatarina ⟨Rossija, Carica, II.⟩. Diese Ansetzungsvarianten sind durch Verweisungen im Schlagwort-Katalog abgedeckt, die bei uns aus den oben genannten Gründen im Basic-Index nicht geladen sind.

Wenig benutzerfreundlich für die Recherche nach persönlichen Namen dürfte zudem der formale Aufbau der Ordnungshilfe – zum einen durch die Spitzklammer selbst und zum andern durch den Inhalt der Ordnungshilfe (z.B. bei Päpsten und Fürsten) – sein. Als Retrievalhilfe hierzu haben wir bei „Suchweg 2 = Person als Verfasser" zusätzlich zu den Erklärungen des Hilfe-Textes, der den RAK- und RSWK-Ungebildeten dezent auf die regelgerechte

Eingabe-Form von persönlichen Namen hinweist, die automatische Verzweigung in den Personennamen-Index eingebaut, sowie kein Komma in der Retrieval-Eingabe auftaucht. Je nach gewähltem Sucheinstieg offeriert der Index im günstigen Fall die Ansetzungs- oder eine der Verweisungsformen des gesuchten Namens im entsprechenden Alphabetteil. Auch hier ist das Zusammenziehen der einzelnen Namensbestandteile zu *einem* Suchbegriff ratsam, um auch innerhalb der Ordnungshilfe der Spatium- und Bindestrichproblematik zu begegnen (Index: PIUS⟨PAPA,12⟩, FRIEDRICH⟨ROEMISCH DEUTSCHESREICH,KAISER,2⟩).

Im ungünstigen Fall, nämlich wenn der persönliche Name zwar mit allen Zusätzen korrekt eingegeben wird, jedoch die Spitzklammer in der Eingabe fehlt, wird nicht an die alphabetische Stelle des Registers verzweigt, wo der Name mit Spitzklammer aufgelistet ist. Um auch diese Eingabevariante zur richtigen Registeranzeige zu führen, ist hier besser entsprechend „Suchweg 5" zu verfahren, wo nach dem ersten auftretendem Spatium automatisch zur entsprechenden – richtigen – Alphabetstelle verzweigt wird. Bei „Suchweg 1 = Titelwort / Schlagwort" werden persönliche Namen als Personenschlagwort unter Eliminierung der Spitzklammer und sonstiger Sonderzeichen in die einzelnen Namensbestandteile, die durch Spatium oder andere Zeichen getrennt sind, zerlegt. Somit müßten sie weitgehend identisch mit den Stichwörtern aus Sachtitel und Zusatz sein, sofern diese auch in der deutschen Sprachfassung vorliegen. Probleme können hier jedoch die Territorien und Zählungen bieten. Die Zählungen deshalb, weil sowohl ein Einzelbuchstabe wie eine einstellige Ziffer als Stop-Wörter interpretiert werden und folglich nicht retrievalfähig sind.

Der Komplex der Geographischen Namen und Körperschaften stellt den RAK und RSWK unkundigen Benutzer im Online-Katalog teilweise vor ähnliche Probleme wie die Suche nach Personennamen. Noch delikater wird das Retrievalproblem bei den Körperschaftsnamen durch die Ansetzungsunterschiede zwischen der formalen und der Sacherschließung, was beim Retrieval im integrierten Online-Katalog, trotz der nun nicht mehr gegebenen Trennung der Kataloge doch unterschiedliche Suchweglösungen erfordert. Dieses ist jedoch keine spezielle Düsseldorfer Problematik, sondern das gleiche Problem stellt sich auch bei konsequenter Anwendung der RSWK. Man denke hier z.B. an die RSWK-Paragraphen, die grundsätzlich die *deutschsprachige Namensform* für die Ansetzung von Geographischen Namen und Körperschaften verlangen – im Gegensatz zu RAK-WB, das in der Regel die *Originalsprachige* Ansetzung fordert.

Diese durch die heterogenen deutschen Katalogisierungsregeln erzwungene

Kollision von AK- und Schlagwortansetzung wurde in Düsseldorf dadurch umgangen, daß man die Schlagwörter nicht über den „Suchweg 4 = Körperschaft als Verfasser / Beteiligte einer Schrift“ anbietet, sondern nur über „Suchweg 1 = Titelwort / Schlagwort“. Die gemeinsame Aufbereitung mit den Titelstichwörtern, die in diesem Fall in der Vorlageform erscheinen, kann jedoch ebenfalls verwirrende Ergebnisse produzieren. So führt z.B. die Suche nach der Stadt „Milano“ nur zu den Titeln mit dem entsprechenden Stichwort ohne den aufklärenden Hinweis, daß die Schlagwortsuche mit der Eingabe „Mailand“ erfolgen muß. Aber vielleicht käme ohnehin nur ein völlig RAK-Verbildeter auf die abwegig anmutende Idee als Eingabeform in diesem Fall „Milano“ zu wählen.

Abschließend kann jedoch festgehalten werden, daß trotz dieser verwirrenden Vielfalt von unterschiedlichen Regelungen für die Ansetzung und das Wiederauffinden von Namen innerhalb der einzelnen Suchwege es auch einem Nichtbibliothekar erstaunlich oft gelingt, mit diesem Online-Katalog nicht nur spielerisch sondern auch erfolgreich, das heißt mit erstaunlich hoher Treffsicherheit umzugehen. Dies liegt sicherlich daran, daß wir angestrebt haben, auch „törichte“ Eingaben durch mehr oder minder geschickte Manipulation zu etwas Verwertbarem umzugestalten; ebenso dürfte es aber auch darin begründet sein, daß in der Regel die meisten Namenrecherchen weit weniger problematisch sind, als es die hier dargestellten Beispiele suggerieren.

BARBARA GATTUNG

Zur Analyse des Benutzerverhaltens Teil 1

Ein OPAC erfüllt keinen Selbstzweck, sondern macht erst Sinn, wenn Benutzer mit ihm arbeiten und ihm gegenüber, in welcher Art auch immer, „Gefühle" entwickeln. Erst durch die Beobachtung von Aktion und Re-Aktion vor dem Bildschirm haben wir die Möglichkeit zu erfahren, ob wir bei der Weiter-Entwicklung unseres Systems auf dem richtigen oder falschen Weg sind.

Die Mensch-Maschine-Kommunikation kann auf verschiedene Weise beobachtet werden, – Verbesserungen am System sollten jedoch auf systematischen, empirischen Untersuchungen basieren. Die Wissenschaft unterscheidet zwischen harter und weicher Evaluationsmethode, jede für sich bereits aussagekräftig, aber keine allein richtungsweisend. Für die Systembewertung bedeutet die Verwendung harter Methoden die Erhebung quantitativer, statistisch abgesicherter Daten unter genau kontrollierbaren Bedingungen, d.h. Werteermittlung über den Rechner. Weich bedeutet z.B. Benutzerbeobachtung und -befragung mit Hilfe von Interviews, Fragebögen etc.

Die Grundlagen für die Analyse des Benutzerverhaltens bei der Recherche im Düsseldorfer OPAC sollen beide Verfahren erbringen – derzeit befinden wir uns aber erst am Anfang der Aufzeichnungen.

Für die harte Methode wurde der OPAC mit zwei Werkzeugen ausgestattet, die Dialogsituationen festhalten sollen:

– dem Dialogmitschnitt mittels „logfile"

und

– der Mailbox.

Jeder OPAC-Benutzer hat am Anfang oder am Ende seiner Recherche die Möglichkeit, über den Bildschirm Kommentare oder Fragen an die Bibliothek zu senden. Die Mailbox stellt jedoch lediglich ein Empfangs-, kein Ausgabe-Instrument dar. Rückmeldungen in Form von Antworten über den Bildschirm sind von uns nicht konzipiert, da sie ein über Benutzerkennungen und evtl. Passwörter gesteuertes System voraussetzen. Diese Schranke sollte bewußt in den OPAC nicht eingebaut werden.

Trotz fehlender Antwort erhoffen wir uns über den Briefkasten viele Einträge, die etwas über Benutzer-Wünsche und „-Gefühle“ aussagen. Die Option „Briefkasten“ wurde deshalb auf der obersten Dialog-Ebene (d.h. dem Start-Bildschirm) verortet, von dem aus – nach unserer Vorstellung – eine Recherche begonnen wird, mit dem aber auch, so hoffen wir, jede Recherche beendet wird. An dieser Stelle hat dann der Benutzer Gelegenheit, „sich Luft zu machen“ – und uns damit Grundlagen für die Verbesserung des Systems zu liefern.

Direkte *Mess*-Ergebnisse hoffen wir über das Instrument „Dialog-Mitschnitt“ zu erhalten. Über Logfile-Registrierungen kann festgestellt werden, in welcher Weise ein System genutzt wird. Auf den OPAC angewandt heißt das, wir werden z.B. wissen, welche Suchwege beschritten werden, an welchen Stellen die Hilfsfunktion gewählt wird, welche Fehler gemacht werden. Alles das kann über den Mitschnittsatz jedoch nur quantitativ gemessen werden und somit nur erster Hinweis für die Systemnutzung sein – die Gründe für die jeweils getroffenen Entscheidungen müssen auf anderer Ebene erforscht werden. Um nur ein Beispiel herauszugreifen:

Die Statistik zählt *einen* Hilferuf bei der Anzeige des Bildes „Titelwort-Suche“. Interpretiert werden kann dies auf verschiedene Weise, z.B.:
- es liegt ein Tippfehler vor
- der Inhalt der Bildschirmmaske ist unverständlich
- der Benutzer möchte noch weitere Informationen zu diesem Sucheinstieg
- der Benutzer möchte etwas über das Grundkonzept des Systems wissen.

Der grobe Zählmechanismus, mit dem der Mitschnitt ausgewertet wird, kann zwar hierzu keine Interpretationshilfe anbieten, ist aber vielleicht in der Lage, *die* Stellen innerhalb der Benutzeroberfläche zu markieren, die es wert wären, näher untersucht zu werden. Bei Anwendung einer reinen Positiv-Negativ-Analyse kann zum Beispiel ermittelt werden, daß 90 % der OPAC-Benutzer den Sucheinstieg „Titelwort/Schlagwort“ wählen, daß aber nur 2 % die Suche über eine Körperschaft versuchen.

Das System GOLEM bietet als Systemkomponente einen statistischen Mitschnitt an, der von uns ohne weiteren Programmieraufwand hätte genutzt werden können. Über diesen Mitschnitt wird die Verwendung der GOLEM-Kommandos und der Zugriff auf bestimmbare Register gezählt. Für den OPAC-Anschluß waren jedoch viel differenziertere Ergebnisse notwendig. Hier liegt das Schwergewicht nicht auf der Verwendung der verschiedenen GOLEM-Befehle – die Benutzeroberfläche nutzt auch nur einen geringen Teil des Befehlsvorrates –, sondern auf dem Einsatz der angebotenen Menüschritte in Bezug auf den jeweiligen Suchweg.

Ein anderer GOLEM-Systemkomfort war für uns aber überaus nützlich: die benutzer-spezifische Protokollierung. GOLEM arbeitet seit Einsatz seiner Version 6 auf der Grundlage von UTM, der eine Auftragsabwicklung im Teilhaberbetrieb möglich macht. Jedes an die UTM-Anwendung angeschlossene Terminal kann durch einen logischen Namen identifiziert und z.B. mit bestimmten Befugnissen ausgestattet werden. Unsere OPAC-Anwender können so über ihr Terminal genau lokalisiert werden. Da wir jedoch auf die Eingabe von Benutzerkennungen und Paßwörtern verzichten, bleibt dennoch jeder anonym.

Dem Programm der Benutzeroberfläche haben wir neben der normalen Dialogsteuerung den Auftrag erteilt, jeden Dialogschritt über einen Mitschnitt-Satz zu protokollieren. Dieser ist so angelegt, daß er bis in die tiefste Dialogstufe hinein ein Abbild der Suchstrategie vermittelt, daneben aber auch über Datum, Uhrzeit und Standort einer bestimmten Abfragesituation zugeordnet werden kann.

Der Protokollsatz ist ein Datensatz in fester Länge (95 Zeichen), in dessen einzelnen Feldern folgende Informationen hinterlegt werden:

Pos.	1	Codierung des Suchweges	(T,P,K,X,N,S,Blank)
Pos.	2	Codierung der Reduktion	(T,J,S,L,F,Blank)
Pos.	3-5	aktuelle Bild-Nummer	
Pos.	6	Schlüsselung der Benutzereingabe (: ; ? # =)	
Pos.	7-70	Benutzereingabe/System-Reaktion/Trefferanzahl	
Pos.	71	Trunkierungs-Kennzeichen	($,Blank)
Pos.	72	Verknüpfungs-Kennzeichen	(*)
Pos.	73	Verknüpfungs-Art	(A,O,N,Blank)
Pos.	74-75	(noch nicht belegt)	
Pos.	76-80	aktuelle Uhrzeit	(HH:MM)
Pos.	81	(noch nicht belegt)	
Pos.	82-89	Terminalkennung	
Pos.	90	(noch nicht belegt)	
Pos.	91-95	aktuelles Datum	(YYDDD)

In der Praxis erhält der Protokollsatz dann folgendes Aussehen, Bsp.:

a)	TJ 052:1960-1965	...		LUB37	89327
b)	P 042;060(79)	...		LUB120	89327
c)	S 015?	...		LUB5	89327
d)	KT051:Experiment$	...	$	LUB40	89327
e)	001;003	...		LUB37	89327
f)	T 060#060/03	...		LUB98	89327
g)	X 062;001	...	14:11	LUB40	89327

und läßt sich wie folgt interpretieren:

a) Suchweg über T=Titelwort (> 1 Treffer) mit Reduktion über Bild 052, d.i. J=Erscheinungsjahr mit den Suchbegriffen „1960-1965“
b) Suchweg über P=Person mit 79 Treffern; Sprung von Treffermeldung auf Bild 042 zur Anzeige der Kurztitelliste auf Bild 060
c) Suchweg über S=Systemstelle; Anwahl der Hilfe bei Bild 015
d) Suchweg über K=Körperschaft (> 1 Treffer) mit Reduktion über Bild 051, d.i. T=Titelwort mit dem Suchbegriff „Experiment$“; Verwendung des Trunkierungszeichens
e) Recherchebeginn vom Start-Bildschirm (Bild 001) *vor* Wahl eines Suchweges; Anwahl des Briefkastens auf Bild 003
f) Suchweg über T=Titelwort (> 1 Treffer); fehlerhafte Eingabe auf der Kurztitelliste (d.i. Bild 060) mit Anzeige der Fehlermeldung 060/03
g) Suchweg über X=Kombination Person/Titelwort (> 1 Treffer); Beenden der Recherche (Sprung auf Bild 001) von Einzeltitelanzeige auf Bild 062

Für die Auswertung der Logfile-Registrierungen wurden eine Reihe von Statistik-Matrizen entwickelt, die z.T. in Form eines Datenteppichs Schwerpunkte und ungenutzte Stellen im OPAC-Menü kennzeichnen sollen. Wir erhalten damit statistische Werte (jeweils Gesamtanzahl und prozentualer Anteil) über:

- Dauer der Recherchen
- Anzahl der Anfragen pro Recherche
- Nutzung der Suchwege
- Verwendung des Reduktionsangebotes
- Nutzung der Anzeige-Formate
- Fehleranzeige über das System (nach Häufigkeit sortiert)
- Anwahl der Hilfefunktion (ebenfalls nach Häufigkeit sortiert).

Abb. 1-8 geben die ermittelten Werte für einen 2-Wochen-Zeitraum wieder.

Besser als beim Blick auf diese Statistikblätter kann nicht verdeutlicht werden, daß es sich hier um eine *harte* Evaluationsmethode handelt. Es sind lediglich nackte, harte Zahlen, die uns keine Begründungen und keine „Gefühle“ liefern. – Wir haben aber ein gleich starkes Interesse daran zu erfahren, ob sich bei unseren Benutzern das Gefühl des „happy onlining“ einstellen kann. Wir hoffen, darüber in Zukunft mit Hilfe *weicher* Verfahren etwas wissen zu können.

OPAC-Statistik 1 vom: 25.11.1989

Untersuchter Zeitraum: 13.11.89 BIS 24.11.89

Ermittelte Recherchen: 3189 = 100 %

Zeitliche Dauer einer Recherche — Durchschnittliche Dauer = 12 Minuten

Dauer in Minuten	3 oder weniger	4 - 6	7 - 9	10 - 12	13 - 15	16 - 30	31 und mehr
Anzahl der Recherchen	1466 = 46%	612 = 19%	293 = 9%	174 = 5%	107 = 3%	261 = 8%	276 = 9%

Anfragen pro Recherche — Durchschnittliche Anzahl = 3 Anfragen

Anzahl der Anfragen	0	1	2	3	4	5 - 10	11 - 20	mehr als 20
Anzahl der Recherchen	175 = 5%	1581 = 50%	530 = 17%	268 = 8%	160 = 5%	335 = 11%	100 = 3%	40 = 1%

Anfrage = Suchschritt zwischen Absetzen eines Suchbegriffs bis Wieder-Absetzen eines Suchbegriffs oder Eingabe von 'M' (=SUCHMENUE) oder 'E' (=ENDE/START)

Recherche = alle Operationen ab 1. Eingabe von 'M' (= SUCHMENUE) bis Eingabe von 'E' (=ENDE/START)

Abbildung 1

OPAC-Statistik 2 vom: 04.04.1990

Untersuchter Zeitraum: 13.11.89 BIS 24.11.89

Ermittelte Anfragen: 9356 = 100 %

Nutzung der Suchwege

Anfragen ueber Suchweg	Suchart: direkte Suche	Suchart: Index-Suche	Anwahl der Hilfe: direkte Suche	Anwahl der Hilfe: Index-Suche	1. Anwahl des Reduktions-Menues: < max. Treffer	1. Anwahl des Reduktions-Menues: > max. Treffer	1. Anwahl der Reduktions-Kategorien	Trunkierung durch den benutzer
Titelwort/ Schlagwort	4309 = 46 %	128 = 1 %	17 *)	1 *)	115 = 1 %	425 = 5 %	493 = 5 %	123 = 1 %
Person	3828 = 41 %	31 = 0 %	6 *)	0 *)	55 = 1 %	41 = 0 %	90 = 1 %	0 = 0 %
Person: Titelwort	876 = 9 %	---	2 *)	---	6 = 0 %	0 = 0 %	5 = 0 %	11 = 0 %
Koerperschaft	146 = 2 %	6 = 0 %	0 *)	1 *)	7 = 0 %	5 = 0 %	12 = 0 %	1 = 0 %
Notation	33 = 0 %	6 = 0 %	2 *)	0 *)	3 = 0 %	3 = 0 %	7 = 0 %	---
Systematik-Begriff	27 = 0 %	---	0 *)	---	3 = 0 %	4 = 0 %	6 = 0 %	0 = 0 %

*) Anwahl der Hilfe ist u n a b h a e n g i g vom Start einer Anfrage moeglich.

Abbildung 2

OPAC-Statistik 3 vom: 25.11.1989

Untersuchter Zeitraum: 13.11.89 BIS 24.11.89

Ermittelte Recherchen: 3189 = 100 %

Suchwege-Kombination pro Recherche

1 Suchweg	Anzahl der Recherchen	2 Suchwege	Anzahl der Recherchen	3 Suchwege	Anzahl der Recherchen	4 Suchwege	Anzahl der Recherchen	5 Suchwege	Anzahl der Recherchen
T	1202 = 38 %	T P	364 = 11 %	T P X	95 = 3 %	T P X K	19 = 1 %	T P X K Y	2 = 0 %
P	870 = 27 %	T X	56 = 2 %	T P K	20 = 1 %	T P X Y	1 = 0 %		
X	265 = 8 %	T K	17 = 1 %	T P Y	8 = 0 %	T X K Y	0 = 0 %		
K	22 = 1 %	T Y	12 = 0 %	T X K	4 = 0 %	T K Y P	2 = 0 %		
Y	21 = 1 %	P X	90 = 3 %	T X Y	0 = 0 %	P X K Y	0 = 0 %		
		P K	6 = 0 %	T K Y	2 = 0 %				
		P Y	0 = 0 %	P X K	4 = 0 %				
		X K	2 = 0 %	P K Y	0 = 0 %				
		X Y	0 = 0 %	P X Y	0 = 0 %				
		K Y	2 = 0 %	X K Y	0 = 0 %				
	2380 = 75 %		549 = 17 %		133 = 4 %		22 = 1 %		2 = 0 %

Suchweg: T = Titelwort/Schlagwort; P = Person; X = Person: Titelwort; K = Koerperschaft; Y = Notation oder Systematik-Begriff

Abbildung 3

OPAC-Statistik 4 vom: 25.11.1989

Untersuchter Zeitraum: 13.11.89 BIS 24.11.89

Ermittelte Anzeigen einer Trefferzahl: 9356 = 100 %

Trefferzahl-Anzeigen – v o r Nutzung der Reduktions-Ebene
n a c h 1. Verwendung einer Reduktions-Kategorie

Anfrage ueber Suchweg:		Erzielte Trefferzahl 0	1	2 - 10	11 - 50	51 - 100	101 - 500	501 - 1000	> 1000
T	v o r	1906	479	964	716	255	416	51	211
	Reduktion	= 20 %	= 5 %	= 10 %	= 8 %	= 3 %	= 4 %	= 1 %	= 2 %
	n a c h	97	27	95	105	39	37	2	4
	1. Reduktion	= 1 %	= 0 %	= 1 %	= 1 %	= 0 %	= 0 %	= 0 %	= 0 %
P	v o r	1163	490	1249	634	100	77	4	43
	Reduktion	= 12 %	= 5 %	= 13 %	= 7 %	= 1 %	= 1 %	= 0 %	= 0 %
	n a c h	31	8	25	17	2	1	0	0
	1. Reduktion	= 0 %	= 0 %	= 0 %	= 0 %	= 0 %	= 0 %	= 0 %	= 0 %
X	v o r	607	214	191	7	0	0	0	12
	Reduktion	= 6 %	= 2 %	= 2 %	= 0 %	= 0 %	= 0 %	= 0 %	= 0 %
	n a c h	0	1	4	0	0	0	0	0
	1. Reduktion	= 0 %	= 0 %	= 0 %	= 0 %	= 0 %	= 0 %	= 0 %	= 0 %
K	v o r	80	10	29	27	4	12	0	1
	Reduktion	= 1 %	= 0 %	= 0 %	= 0 %	= 0 %	= 0 %	= 0 %	= 0 %
	n a c h	4	2	3	3	0	0	0	0
	1. Reduktion	= 0 %	= 0 %	= 0 %	= 0 %	= 0 %	= 0 %	= 0 %	= 0 %
N	v o r	5	1	5	19	3	2	2	0
	Reduktion	= 0 %	= 0 %	= 0 %	= 0 %	= 0 %	= 0 %	= 0 %	= 0 %
	n a c h	0	0	1	3	2	0	0	0
	1. Reduktion	= 0 %	= 0 %	= 0 %	= 0 %	= 0 %	= 0 %	= 0 %	= 0 %
S	v o r	0	0	2	1	5	4	0	2
	Reduktion	= 0 %	= 0 %	= 0 %	= 0 %	= 0 %	= 0 %	= 0 %	= 0 %
	n a c h	1	0	3	2	0	0	0	0
	1. Reduktion	= 0 %	= 0 %	= 0 %	= 0 %	= 0 %	= 0 %	= 0 %	= 0 %

Suchweg: T = Titelwort/Schlagwort; P = Person; X = Person: Titelwort; K = Koerperschaft; N = Notation; S = Systematik-Begriff

Abbildung 4

OPAC-Statistik 5 vom: 25.11.1989

Untersuchter Zeitraum: 13.11.89 BIS 24.11.89

Ermittelte Verwendungen
der Reduktions-Kategorien: 546 = 100 %

(1 Anfrage = mindestens 1 Verwendung)

Reduktions-Verwendungen im einzelnen:

Titelwort/Schlagwort:		206 = 38 %
Erscheinungsjahr:	Jahr	122 = 22 %
	Jahr, Jahr, ...	25 = 5 %
	- Jahr	0 = 0 %
	Jahr -	2 = 0 %
	Jahr - Jahr	17 = 3 %
Sprachzugehoerigkeit:	deu	107 = 20 %
	eng	17 = 3 %
	fra	5 = 1 %
	ita	0 = 0 %
	jap	2 = 0 %
	lat	0 = 0 %
	por	0 = 0 %
	rus	1 = 0 %
	spa	2 = 0 %
	yyy	0 = 0 %
	zzz	2 = 0 %
Literaturtyp:	au	7 = 1 %
	bi	10 = 2 %
	hs	13 = 2 %
	ko	3 = 1 %
	wb	5 = 1 %

Abbildung 5

OPAC-Statistik 6 vom: 25.11.1989

Untersuchter Zeitraum: 13.11.89 BIS 24.11.89

Nutzung der Anzeige - F o r m a t e:

ermittelte Anzeigen im Kurzformat:	5583 = 100 %
davon Anzeigen im Langformat ausgewaehlt:	589 = 10 %

Nutzung der auf Bild 044 (Treffermeldung Serienbaende) angebotenen Anzeigearten:

- nach aufsteigender Zaehlung:	47 = 78 %
- nach absteigender Zaehlung:	11 = 18 %
- ab spezifischer Zaehlung:	2 = 3 %
Anzeigefolge Serienbaende gewaehlt:	60 = 100 %

Abbildung 6

OPAC-Statistik 7 vom: 25.11.1989

Untersuchter Zeitraum: 13.11.89 BIS 24.11.89

Ermittelte Fehleranzeigen: 6370 = 100 %

Bildschirmabhaengige Anzeige von Fehlermeldungen (nach Haeufigkeit):

Fehlermeldung:	Haeufigkeit:
F 000/02	3223 = 50 %
F 000/01	1080 = 16 %
F 062/01	455 = 7 %
F 000/03	239 = 3 %
F 060/03	228 = 3 %
F 050/97	164 = 2 %
F 014/01	133 = 2 %
F 060/01	119 = 1 %
F 099/02	117 = 1 %
F 099/01	96 = 1 %
F 063/04	75 = 1 %
F 011/03	61 = 0 %
F 032/02	50 = 0 %
F 097/01	49 = 0 %
F 060/02	44 = 0 %
F 063/02	34 = 0 %
F 072/01	32 = 0 %
F 014/08	16 = 0 %
F 098/01	15 = 0 %
F 012/01	10 = 0 %
F 012/02	10 = 0 %
F 032/04	10 = 0 %
F 097/02	9 = 0 %
F 032/05	7 = 0 %
F 098/03	7 = 0 %
F 032/03	6 = 0 %
F 011/05	5 = 0 %
F 016/02	5 = 0 %

Seite 1

Abbildung 7

OPAC-Statistik 8 vom: 25.11.1989

Untersuchter Zeitraum: 13.11.89 BIS 24.11.89

Ermittelte Aufrufe der Hilfe-Texte: 810 = 100 %

Bildschirmabhaengige Nutzung der Hilfe-Funktion (nach Haeufigkeit):

Hilfe-Text zu:	Haeufigkeit:
Bild 040	428 = 52 %
Bild 001	105 = 12 %
Bild 050	59 = 7 %
Bild 010	37 = 4 %
Bild 042	36 = 4 %
Bild 060	23 = 2 %
Bild 003	22 = 2 %
Bild 011	17 = 2 %
Bild 002	15 = 1 %
Bild 062	15 = 1 %
Bild 015	12 = 1 %
Bild 061	8 = 0 %
Bild 012	6 = 0 %
Bild 041	5 = 0 %
Bild 072	4 = 0 %
Bild 032	3 = 0 %
Bild 004	2 = 0 %
Bild 014	2 = 0 %
Bild 016	2 = 0 %
Bild 031	2 = 0 %
Bild 043	2 = 0 %
Bild 071	2 = 0 %
Bild 021	1 = 0 %
Bild 023	1 = 0 %
Bild 053	1 = 0 %

Seite 1

Abbildung 8

GABRIELE DREIS

Zur Analyse des Benutzerverhaltens Teil 2

Im Falle eines Systemzusammenbruchs ist auf unseren Bildschirmen zu lesen: „Partner not available".

Das Bild vom Computer als einem freundlichen Kompagnon, als einem Gesinnungsbruder, der meine Sprache spricht, ist sicherlich eher eines von System-„Entwicklern", kaum das von System-„Endbenutzern". Informations-Experten sollten sich immer wieder vor Augen halten, daß „ihr" Verhältnis zum Computer nicht mehr repräsentativ ist, daß wachsende Routine zunehmend jene Schwierigkeiten überdeckt, die ausnahmslos „alle" Anfänger haben.

Deshalb müssen wir davon ausgehen, daß für viele Bibliotheksbenutzer der Computer nicht Partner, sondern „eigenwilliger Gegenspieler" ist, der Mensch-Maschine-Kontakt nicht „Dialog" bedeutet, sondern „diskursive Verarmung", auf die man sich am besten gar nicht erst einläßt. Und deshalb auch dürfen OPAC-Entwickler nicht sich damit begnügen, per „systeminterne" Registrierungen die Bestätigung zu erhalten: Der OPAC ist gut.

Das Logfilerecording ist um Methoden zu ergänzen, die zu den „benutzerinternen" Vorstellungen vom OPAC einen Zugang ermöglichen. Personen-orientierte, explorative Vorgehensweisen mit ihrer Frage: „Was ist schlecht am OPAC und warum?" müssen zum Einsatz kommen.

„Weiche" Methoden sind also unverzichtbar für das Entdecken und Lokalisieren von OPAC-Mängeln und -Schwächen und von besonderem Wert für die „Verallgemeinerbarkeit" der Evaluations-Ergebnisse. Mit einem weitaus geringeren Aufwand können sie zu wesentlichen Aussagen für die System-„Bewertung" führen.

In einem weiteren Aspekt noch sind die weichen Methoden bedeutsam: Sie holen nach, was grundsätzlich versäumt wird.

Denn im Grunde hat im OPAC-Designprozeß der Benutzer als „eigentlicher Experte" zu gelten. Stellt er doch den wichtigsten Orientierungsfaktor in der Analyse- und Konzeptionsphase und schließlich die entscheidende Prüfinstanz für das Endprodukt dar.

Von einem ausgewiesenen Stadium der Benutzer-„Beteiligung" bei der Softwareentwicklung – etwa in der mehrjährigen, gut dokumentierten Tradition des Prototyping – ist aber heute bei der OPAC-Realisierung unseres Wissens noch nirgendwo die Rede.

Von der Notwendigkeit und Effektivität solcher Beteiligung haben wir uns in Düsseldorf – mittelbar, d. h. über die Beurteilungs- und Kritikbereitschaft unserer Kollegen – zunehmend überzeugen lassen. In dominanter und vielfältiger Form haben wir die Erfahrung gemacht, daß es für OPAC-Konstrukteure, daß es für uns als Mitglieder der OPAC-Gruppe wichtig ist, soziale Qualifikationen zu entwickeln.

Zu den weichen Methoden im einzelnen:

In der Verhaltensforschung ist eine Reihe von Methoden bekannt, die mit dem Ziel entwickelt wurden, einerseits Einstellungen, andererseits bewußte Kognitionen zu erfassen. Zu den bekanntesten zählen: der einheitliche Fragebogen, das sog. „laute Denken", das Einzelgespräch als Intensivinterview und die „zentrierte Gruppendiskussion", die sich in Amerika als Methode der unmittelbaren Kontaktierung von Benutzern sehr bewährt hat.

Die renommierte Studie des amerikanischen Council on Library Resources ermittelte 1982 in *Fragebögen* jeweils für OPAC-Benutzer und OPAC-Nichtbenutzer

- die Häufigkeit der Bibliotheksbenutzung,
- die Häufigkeit des Gebrauchs herkömmlicher Kataloge,
- die Benutzungshäufigkeit der Online-Kataloge,
- die Erfahrungen mit Computern überhaupt,
- das Geschlecht der OPAC-Benutzer und -Nichtbenutzer,
- die Altersstruktur,
- das Bildungsniveau,
- das Spektrum der Einstellungen und Werturteile gegenüber dem OPAC.

Die Vorbildlichkeit dieses Instruments hat den ersten Entwurf eines zum Einsatz kommenden Fragebogens der Universitätsbibliothek Düsseldorf inspiriert. Die für die OPAC-Benutzer an 29 amerikanischen Bibliotheken bestimmte Version aus 4 Teilen mit insgesamt 59 Fragen haben wir auf drei Teile – bestehend aus zur Zeit 20 geschlossenen Fragen – minimiert.

Die Bereitschaft unserer Benutzer, diesen Fragenkatalog zu beantworten, müssen wir zunächst einfach voraussetzen.

UNIVERSITÄTSBIBLIOTHEK DÜSSELDORF

** OPAC ** ONLINE-PUBLIKUMSKATALOG ** OPAC **

Sehr geehrte(r) Bibliotheksbenutzer(in),
zur Verbesserung des Computer-Katalogs möchte die Universitätsbibliothek weiteren Aufschluß über I h r e Erfahrungen und Ansprüche gewinnen.
Wir bitten Sie deshalb, im Anschluß an eine Recherche ein wenig Zeit noch zur Ausfüllung dieses Fragebogens zu erübrigen. - Ihre Angaben bleiben selbstverständlich anonym.
Bitte kreuzen Sie zu jeder Frage nur e i n e der Antwortvorgaben an.

F R A G E B O G E N

ZU IHREN ERFAHRUNGEN MIT DEM COMPUTER-KATALOG

1. Welchen Katalog benutzen Sie lieber?

a. den Zettelkatalog ....( )
b. den Mikrofiche-Katalog ....( )
c. den Computer-Katalog ....( )
d. Kann ich nicht beantworten ....( )

2. Finden Sie - verglichen mit den Zettel- bzw. den Mikrofiche-Katalogen der UB - die Art und Weise, Literatur suchen zu können, im Computer-Katalog

a. besser? ....( )
b. in etwa gleich? ....( )
c. schlechter? ....( )
d. überhaupt nicht zufriedenstellend? ....( )
e. Kann ich nicht beurteilen ....( )

3. Finden Sie die Handhabung des Computer-Katalogs insgesamt

a. einfach? ....( )
b. nicht ganz einfach? ....( )
c. ziemlich kompliziert? ....( )
d. viel zu kompliziert? ....( )

4. Waren Sie - hinsichtlich Ihrer letzten Anfrage - mit dem Ergebnis der Suche

a. eher zufrieden? ....( )
b. eher unzufrieden? ....( )
c. Kein Urteil ....( )

5. Wie sah das letzte Such-Ergebnis aus? Haben Sie

a. gar nichts Brauchbares gefunden? ....( )
b. einige brauchbare Titel gefunden? ....( )
c. sehr viele brauchbare Titel gefunden? ....( )
d. nur brauchbare Titel gefunden? ....( )

ZUR VERBESSERUNG DES COMPUTER-KATALOGS

	ja	nein	kein Urteil
6. Der Dialog ist umständlich organisiert	( )	( )	( )
7. Die Erklärungen auf dem Bildschirm sind schwer verständlich	( )	( )	( )
8. Die Erklärungen auf dem Bildschirm sind zu dürftig	( )	( )	( )
9. Die Meldungen des Systems nach einer fehlerhaften Eingabe sind hilfreich	( )	( )	( )
10. Die Suche mit der abgekürzten Form eines Begriffs (Trunkieren) ist einfach	( )	( )	( )
11. Die Verwendung der AND- bzw. OR-Verknüpfung ist einfach	( )	( )	( )
12. Eine gedruckte Bedienungsanleitung neben dem Terminal ist überflüssig	( )	( )	( )
13. Nach einer Eingabe dauert es sehr lange, bis das System antwortet	( )	( )	( )
14. In der Zentralbibliothek ist es oft schwierig, ein freies Terminal zu finden	( )	( )	( )

ZU IHNEN SELBST

15. Ihr Alter ist:

a. unter 18 Jahre ....( )
b. 18 - 30 Jahre ....( )
c. 31 - 40 Jahre ....( )
d. 41 - 50 Jahre ....( )
e. 51 - 65 Jahre ....( )
f. über 65 Jahre ....( )

16. Sie sind:

a. eine Benutzerin ....( )
b. ein Benutzer ....( )

17. Sie sind:

a. Schüler(in) ....( )
b. Student(in) an dieser Universität ....( )
c. beruflich tätig an dieser Univ. (Hochschulangehörige(r) .( )
d. tätig außerhalb dieser Universität ....( )

18. Sie suchen Bücher vorwiegend aus dem Bereich

a. Biologie, Chemie, Mathematik, Physik ....( )
b. Erziehungswiss., Philosophie, Psychologie ....( )
c. Kunst, Literatur, Sprache ....( )
d. Geschichte, Soziologie, Wirtschaft ....( )
e. Recht ....( )
f. Medizin ....( )
g. anderes: ....( )

19. Sie besuchen die Universitätsbibliothek

a. wöchentlich o. öfter .....( )
b. monatlich ....( )
c. mehr als 1 x im Jahr .....( )
d. ganz selten ....( )
e. heute zum erstenmal ......( )

20. Sie arbeiten mit einem Computer

a. fast jeden Tag ....( )
b. sehr viel ....( )
c. gelegentlich / selten ....( )
d. heute zum erstenmal ......( )

VIELEN DANK FÜR IHRE MITARBEIT!

Bitte legen Sie den ausgefüllten Fragebogen in das dafür vorgesehene Fach auf den Informationstheken.

Die *Methode des „lauten Denkens"* findet „vermehrt" in Untersuchungen auf dem Gebiet der Mensch-Computer-Kommunikation Verwendung.

Hierbei werden Versuchspartner aufgefordert, beim Lösen von Aufgaben, noch besser: beim Lösen von „standardisierten" Aufgaben, ihre Gedanken zu verbalisieren.

Die mit dieser Methode zu gewinnenden Daten hinsichtlich konkreter Suchoperationen, kritischer Suchsequenzen, längerer Suchpausen, häufiger Fehlersituationen, der Verweildauer am Terminal, der Benutzer-Hypothesen und -Erwartungen im aktuellen Dialog haben sich als äußerst informationsreich erwiesen.

Methoden der „Befragung" im Interview können insbesondere dazu benutzt werden, das Verständnis wichtiger, für die Handhabung des OPAC notwendiger Basiskonzepte zu überprüfen. Wissensfragen an den Benutzer, etwa

- zur Funktionsweise Boolescher Operatoren,
- zur Reduktion von Treffermengen,
- zur Anwendung der Trunkierung,
- zur Wahl geeigneter Suchbegriffe

decken oft auf, daß allein die „Kenntnis" einer Funktion nicht zu deren Gebrauch befähigt.

Die Ergebnisse aus Interviews sind daher dienlich, Vorstellungen von der „Virtuosität" von Benutzern realitätsnah zu entwerfen und zu korrigieren. Zudem vermitteln sie sehr konkret Aufschluß darüber, daß OPAC-Akzeptanz auch in Relation zu vermeintlich peripheren, externen System-Kriterien erzielt wird: beispielsweise in Relation zur Güte elementarer Geräte-Bedienungstechniken, zur Möglichkeit der „Sicherheitsrecherche" im Zettel- und Mikrofichekatalog, zur Art und Qualität individueller Beratungen durch Bibliothekare.

Das *Verfahren der zentrierten Gruppendiskussion* scheint besonders effektiv einsetzbar zum einen bei OPAC-Nichtbenutzern, zum anderen – aus unmittelbar einsichtigen Gründen – bei den Mitarbeitern der Bibliothek.

WOLFGANG BINDER

Der OPAC der Universitätsbibliothek Bielefeld

Über den Bielefelder OPAC ist schon häufiger im Detail berichtet worden (1), so daß in diesem Rahmen nur einige „Statements" zur Konzeption und Intention des Bielefelder Katalogs formuliert werden sollen.

Datenbestand

Der Bielefelder OPAC ermöglicht einen Zugriff auf den gesamten, derzeit auf CD-ROM gespeicherten Datenbestand der Universitätsbibliothek Bielefeld. Der Katalog 1989 umfaßt 850 000 Titel (Hauptsätze) entsprechend 1,4 Mio. Bänden. Die Daten sind in einem komprimierten MAB1-Format gespeichert, aus dem beim Downloading das Original-MAB1-Format zurückgewonnen werden kann.

Zur Menüführung im allgemeinen

Wir haben uns vor allem um Transparenz und Übersichtlichkeit bemüht. Der Benutzer wird durch die Menüführung nicht in unnötiger Weise eingeengt. Unter der Prämisse, daß die Menüführung (weitgehend) selbsterklärend ist, soll er auf möglichst direktem Weg zum Ziel gelangen können, ohne durch „Menüschläuche" geschickt zu werden oder erst umfangreiche Hinweise oder Erklärungen zur Kenntnis nehmen zu müssen. Nichtsdestoweniger werden die wichtigsten Optionen, die dem Standardablauf einer Recherche entsprechen, situationsabhängig hervorgehoben oder im Meldungsfenster angezeigt. Hinweisfelder, Bildschirmaufteilung und Bezeichnungen der Funktionen bleiben während des Rechercheablaufs konstant. Wir haben bei der Realisierung dieser Intention bewußt nicht den Weg der Simplifikation beschritten, sondern uns bemüht, innerhalb einer übersichtlichen Gesamtlösung dem Benutzer zugleich ein Optimum an Suchkomfort und -effizienz zur Verfügung zu stellen. Es wird, wie dies auch bei anderen verbreiteten PC-Anwendungen der Fall ist, nicht erwartet, daß der Anfänger gleich von allen Möglichkeiten des Systems Gebrauch macht – dies wird ihm auch nicht durch die Menüführung suggeriert –, die elementaren Eingabe- und Bedienungsoptionen sind aber offenkundig. So kann sich der Benutzer seinem Anforderungsprofil entsprechend in den vollen Funktionsumfang einarbeiten. Das didaktische Prinzip der Katalogbenutzung lautet daher „Learning by doing", wobei die Ausgestaltung der

Menüführung einschließlich Hinweisen und Bezeichnungen dieses Prinzip davor bewahrt, in ein „Learning by trial and error" umzuschlagen.

Man kommt im wesentlichen – abgesehen von Begrüßungsbildschirm, Hilfetexten und Standortplan – mit nur drei Bildschirmen aus, zwischen denen beliebig mit Funktionstasten gewechselt werden kann:

- Suchbildschirm (wahlweise Formulartechnik oder Kommandomodus)
- Kurztitelanzeige (zugleich Auswahlliste)
- Vollformatanzeige (wahlweise Katalogformat oder MAB1-Kategorienschema)

Suchbildschirm – Maskeneingabe

Die Startmaske enthält alle Suchfelder auf einen Blick. Die ersten beiden Felder für Titelstichwörter und Namen werden mit Abstand bevorzugt. Logische Verknüpfungen sind möglich innerhalb der einzelnen Suchfelder für Stichwörter und systematische Notationen. Darüber hinaus besteht die Möglichkeit, nach Prozessierung der in der Startmaske enthaltenen Sucheingaben eine zweite angebotene Suchmaske auszufüllen und die Inhalte beider Masken in einer erneuten Suche logisch variabel miteinander zu kombinieren. Auf diese Weise können fast alle Suchfelder logisch beliebig miteinander kombiniert werden, und lassen sich praktisch alle in der Praxis vorkommenden Suchbegriffskombinationen bequem realisieren.

Suchbildschirm – Kommandomodus

Das Arbeiten im Kommandomodus ist in den relativ wenigen Fällen angezeigt, in denen Suchbegriffskombinationen im Bildschirm mit Maskeneingabe nicht realisiert werden können, oder in denen es erwünscht oder erforderlich ist, in expliziter Form – über Referenznummern – auf frühere Suchergebnisse Bezug zu nehmen (d.h. in denen die implizite Form der Maskenverknüpfung nicht ausreicht). Obwohl im Kommandomodus gleichbleibende Feldkennungen nicht wiederholt zu werden brauchen, bietet das Arbeiten im Kommandomodus i.a. keinen Geschwindigkeitsvorteil gegenüber der Formulartechnik. Aus allen bisher genannten Gründen wird die Bezeichnung „Laienmodus" für letztere Lösung vermieden, da mit dieser bestimmte Vorstellungen assoziiert werden, die hier nicht ausnahmslos zutreffen.

Retrieval

In beiden Suchmodi sind sowohl Verknüpfungen von Suchbegriffen als auch Verknüpfungen von Suchergebnissen möglich. Um die Korrektur oder Modifizierung einer Suchfrage zu erleichtern, können – ebenfalls in beiden Suchmodi – die aktuellen Sucheingaben bei einer erneuten Suche wiederverwendet werden.

Stichwörter und einige Formularbegriffe können rechtsseitig trunkiert werden. Sogenannte „Phrasen-Suchbegriffe" wie Titel, persönliche Namen, Körperschaften, desgleichen auch systematische Notationen werden implizit trunkiert, d.h. das Trunkierungszeichen wird in diesen Fällen automatisch gesetzt. (Die automatische Trunkierung kann aber im Einzelfall aufgehoben werden.)

Das Retrieval wird ergänzt durch komfortable *Indexfunktionen*, z.B. die Übertragung eines Einstiegsbegriffes vom Suchbildschirm in das Indexfenster, oder vom Index-Fenster in den Suchbildschirm.

In den Kontext des Retrievals bzw. der Datenorganisation gehört auch die Realisierung der *hierarchischen Verknüpfungen zwischen Haupt- und Untersätzen*, wobei diese Retrievalfunktionen sinnvollerweise in den Anzeigemodus integriert wurden. Wird bei einer Suche ein Untersatz ermittelt, ist es möglich, sich mittels einer Funktionstaste den zugehörigen Hauptsatz anzeigen zu lassen. Umgekehrt wird ein Hauptsatz mit zugehörigen Untersätzen automatisch durch die aus den geordneten Untersätzen bestehende Bandaufführung bereichert. (Aus beiden wird im Katalogformat eine in sich zusammenhängende Gesamtaufnahme montiert.)

Indizierung

Es werden sowohl stichwortindizierte als auch phrasenindizierte Suchbegriffe verwendet, wobei wir uns bei Titeln und Körperschaften den Luxus einer Doppelindizierung leisten. Eine Besonderheit von großer praktischer Bedeutung ist die Stichwortindizierung der Serienangaben bei Stücktiteln, genauer des Gesamttitels – nicht so sehr wegen der absoluten Zahl der Anwendungsfälle, sondern wegen der Schwierigkeit bzw. des Aufwandes, entsprechende bibliographische Sachverhalte anderweitig zu recherchieren.

Wir haben uns um benutzerfreundliche Indizierungsregeln bemüht, die garantieren, daß die Suchergebnisse weitgehend unabhängig von Formalia der Schreibweise sind, z.B. Bindestrichschreibweisen – Getrenntschreibung (bei Titeln auch Zusammenschreibung) oder Verwendung von Akzenten und diakritischen Zeichen. Für jede Kategorie von Suchbegriffen wurden „zulässige" Zeichen definiert. „Unzulässige" Zeichen werden bei der Suchbegriffsaufbereitung ausgefiltert. Sonderzeichen und Satzzeichen dienen bei der Stichwortindizierung als „Trenner" bzw. „Begrenzer" für die Bildung zusätzlicher Unterstichwörter. Durch ähnliche Mechanismen werden auch einzelne Notationselemente bei systematischen Notationen suchbar gemacht, z.B. geographische Schlüssel oder die zweite Komponente einer Doppelsignatur.

Eingabestringbehandlung

Es ist selbstverständlich, daß die Benutzereingaben, was die Suchbegriffe anbelangt, den gleichen Routinen der Zeichenbehandlung zu unterwerfen sind, die auch bei der Indizierung zur Anwendung kommen. Darüber hinaus werden Operatoren und Operatorzeichen bezüglich Trunkierung und logischer Verknüpfung identifiziert, auf korrekte Stellung und Verwendung überprüft, unzulässige Verwendung und Wiederholung ignoriert, überflüssige Leerzeichen beseitigt sowie verbleibende Mehrdeutigkeiten (z.B. „und oder", „,und") durch den Algorithmus interpretiert (im Beispiel als „oder" bzw. „und").

Anzeigemodus

Als Anzeigemodus stehen Kurzformat, Katalogformat und MAB1-Format zur Verfügung. Das Kurzformat wird in der Kurztitelliste durch Positionieren des Lichtbalkens auf den gewünschten Titel realisiert. In zwei Fenstern auf gleichem Farbhintergrund werden die zu diesem Titel gehörigen Lokaldaten, Signatur und Buchungsnummer, angezeigt. Das MAB1-Format stellt eine editierte Fassung des MAB1-Datensatzes dar, die neben einer Auswahl von Positionen der Satzkennung die MAB-Felder in datenbanküblicher Listenform präsentiert. Die Feldkennungen werden dabei durch sprechende Bezeichnungen ersetzt.

Der größte Programmieraufwand entstand durch die Realisierung eines bis in die letzten Details durchgestalteten ISBD-gerechten Anzeigeformats. Fehlt beispielsweise der Erscheinungsort, wird per Programm ein „s.l." (für „sine loco" eingefügt). Die Algorithmen nehmen Bezug auf das allgemeine MAB1-Format (im Unterschied beispielsweise zum „DB-MAB"), und zwar unabhängig von den im Bielefelder Datenbestand tatsächlich vorkommenden Kategorien. Daß das ISBD-Format keinen Luxus darstellt, wird bei einer Titelaufnahme mit Bandaufführung oder bei einer Titelaufnahme, die im MAB1-Format mehr als eine Seite füllt, sich im ISBD-Format aber sofort auf eine übersichtliche Aufnahme reduziert, unmittelbar evident.

Aus dem Gesamtkomplex Ergebnisanzeige seien folgende Punkte herausgegriffen:

- Alle Anzeigeformate sind sofort und unabhängig voneinander benutzbar. Die Kurztitelanzeige ist z.B. nicht obligatorisch. Nichtsdestoweniger ist ein Formatwechsel an jeder Stelle und für jeden Titel möglich.
- Durch das Markieren von Titeln in der Kurztitelliste kann das lästige und zeitraubende Hin- und Herspringen zwischen Kurztitelliste und Vollformatanzeige vermieden werden.

- Für fast alle im Bielefelder Datenbestand vorkommenden Zeichen des BSB-EBCDIC-Zeichensatzes konnten akzeptable Bildschirmdarstellungen gefunden werden. Die in der Anwendungssoftware festgelegte Zeichendarstellung wurde durch Programmierung des programmierbaren Speicherbereichs der Bildschirmkarten (EGA, VGA) noch weiter verfeinert.
- Anzeige eines Standortplans.
- Möglichkeit der Ergebnisausgabe auf Diskette, Festplatte oder über Drukker.

Technisches

Der Bielefelder OPAC ist eine MS-DOS-Anwendung, die auf Einzelarbeitsplätzen, aber auch in PC-Netzen ablauffähig ist. Die CD-ROM als derzeit günstiges und vor allem sicheres Speichermedium kann durch das Medium Festplatte ersetzt werden. Das Katalogsystem ist problemlos mit MS-DOS-basierten Ausleihsystemen bzw. MS-DOS-basierten Geschäftsgangsystemen kombinierbar. Für Teilnehmer an BIS- bzw. IBAS-Verbünden stellt die MAB1-Schnittstelle kein Hindernis dar. Die Bielefelder UB verfügt über Programme für die Umformatierung, die als Import-Programme für den OPAC verwendet und leicht an den konkreten Anwendungsfall angepaßt werden können.

Literatur

1. Binder, Wolfgang, Jürgen Kemminer, Friedrich Summann: CD-ROM und Online-Publikumskataloge für Bibliotheken. In: ABI-Technik 8 (1988), S. 107-120.
2. Binder, Wolfgang: Universitätsbibliothek Bielefeld. Online-Publikumskatalog auf CD-ROM. Handbuch, Hildesheim 1988, 39 S.
3. CD-ROM in Bibliothek, Verbund und Verlag. Vorträge des CD-ROM-Seminars am 10. Mai 1988, veranstaltet von der Bibliothek der Universität Bielefeld gemeinsam mit dem Hochschulbibliothekszentrum des Landes Nordrhein-Westfalen. Hildesheim 1988, 91 S.

Beispiel einer Recherche im Bielefelder OPAC

```
F1=Hilfe F2=Anfang F3=Expert F4=Löschen F5=Suchen F6=Index F7=Titelliste
F8=Einzeltitel  ESC=Zurück zum ersten Eingabefeld  ↑↓=Cursor bewegen

 Titel-Stichw: ..................................................................
               ..................................................................
 Autor/Körp.  : neill,...........┌Suchwortindex───────────────── <┘ ESC ↑↓ ┐
 Körp.-Stichw: ..................│neill,...................................│
 Serie-Stichw: ..................│                                         │
 Volltitel    : .................│au:neild,robertralph                     │
 Systemstelle: ..................│au:neill,alexandersutherland             │
 Schlagwort   : .................│au:neill,hugh                            │
 ISBN         : ................ I│au:neill,junee                           │
                                 │au:neill,robin                           │
 ↑↓ ─> <─        zusammen mit    │au:neill,saraj                           │
                                 │au:neill,stephen                         │
                                 │au:neill,stephencharles                  │
                                 │au:neill,wilfredt                        │
                                 │au:neiloskabasilas                       │
                                 │au:neilson,brooke                        │
                                 │au:neilson,francis                       │
                                 │au:neilson,gc                            │
                                 │au:neilson,jamesw                        │
Meldungen:                       │au:neilson,nellie                        │
                                 │au:neilson,williamallan                  │
                                 └─────────────────────────────────────────┘
```

```
F1=Hilfe F2=Anfang F3=Expert F4=Löschen F5=Suchen F6=Index F7=Titelliste
F8=Einzeltitel  ESC=Zurück zum ersten Eingabefeld  ↑↓=Cursor bewegen

 Titel-Stichw: ..................................................................
               ..................................................................
 Autor/Körp.  : neill,alexandersutherland........................................
 Körp.-Stichw: ..................................................................
 Serie-Stichw: ..................................................................
 Volltitel    : .................................................................
 Systemstelle: ..................................................................
 Schlagwort   : .................................................................
 ISBN         : ................. ISSN: ........ Buchungsnr:  ../..........

 ↑↓ ─> <─      |      zusammen mit      |      oder      |      ohne

 Titel-Stichw: summerhill........................................................
 Autor/Körp.  : .................................................................
 Körp.-Stichw: ..................................................................
 Systemstelle: ..................................................................
 nur:
 Erscheinungsjahr  .... bis  ....     Literaturgattung: .....................

Meldungen:  Ergebnisse ansehen mit F7 oder F8                TREFFER: 15
            Suche erweitern oder einschränken mit ↓ ->
```

```
F1=Hilfe   F2=Anfang   F4=Neue Suche   F8=Einzeltitel   F9=Druck   F10=Markieren
ESC=Sucheingabe  ↑↓=Zeilen  PgDn/End=Vorwärts PgUp/Home=Zurück  <┘=Vollformat

Autor/Körperschaft       Titel                                          Ed.  Jahr

Reich, Wilhelm           Zeugnisse einer Freundschaft : d. Briefwechsel      1986
Saffange, Jean-Françoi   Libres regards sur Summerhill : l'oeuvre pédago     1985
Croall, Jonathan         Neill of Summerhill : the permanent rebel           1983
Neill, Alexander Suthe   Neill, Neill, Birnenstiel! : Erinnerungen (des      1973
Neill, Alexander Suthe   Die Befreiung des Kindes                            1973
Neill, Alexander Suthe   Summerhill                                     Rep  1973
                         Summerhill: Pro und contra : 15 Ansichten zu A. 81. 1971
Neill, Alexander Suthe   Das Prinzip Summerhill : Fragen u. Antworten; A     1971
Popenoe, Joshua          Schueler in Summerhill                              1971
Popenoe, Joshua          Schueler in Summerhill                              1971
Russell, Bertrand        Bertrand Russell, A. S. Neill, Homer Lane, W. H 2.  1971
Neill, Alexander Suthe   Theorie und Praxis der antiautoritaeren Erziehu [Ne 1969
Neill, Alexander Suthe   Freedom - not license!                              1966
Neill, Alexander Suthe   Summerhill : a radical approach to child rearin 3 p 1961

Standort: 16 LA047=N411 C937                  Buchungsnr.: 168/777948

Meldungen:                                               TREFFER:↓ 15
```

```
F1=Hilfe   F2=Anfang   F4=Neue Suche   F7=Titelliste   F9=Drucken
ESC=Sucheingabe  ↑↓=Titelweise Blättern  PgUp/PgDn   #=MAB1-Format  P=Plan

   Standort(e): 16 LA047=N411 C937                        BNR: 168/777948

   Croall, Jonathan:
     Neill of Summerhill : the permanent rebel / Jonathan Croall. -
   London : Routledge & Kegan Paul, 1983. - XI, 436 S.
   ISBN 0-7100-9300-4

Meldungen:                                       TREFFER: 3   von 15
```

MARTIN SKIBBE

Der OPAC der Universitätsbibliothek der Universität der Bundeswehr Hamburg

Die Ausgangslage

Seit 1978 (Zeitschriften) bzw. 1980 (Monographien) werden die Kataloge der Universitätsbibliothek mit Hilfe der EDV erstellt. Dazu nutzte sie die Anlage des Rechenzentrums der Universität, damals ein Rechner des Typs Sperry Univac 1100/82. Die technischen Voraussetzungen dieses Rechners ließen die Übernahme von Verfahren nicht zu, die für Telefunken-, Siemens- oder IBM-Maschinen konzipiert waren, die Beschaffung derartiger Technik speziell für die Bibliothek verbot sich aus personellen wie finanziellen Gründen. Hoher Neubeschaffungsetat, unerwartet hohe Leihverkehrszahlen und dem nicht entsprechende personelle Ausstattung zwangen zu schneller Umstellung der Betriebsabläufe auf Unterstützung durch den Einsatz der EDV.

Nach Vorgaben der Universitätsbibliothek entwickelte das Rechenzentrum die Programme für den gesamten Benutzungsbereich völlig selbständig. Organisatorische Entscheidungen des Präsidenten der Universität hinsichtlich des Personaleinsatzes im Rechenzentrum blockierten die schon begonnene Konstruktion der Katalogisierungsprogramme auf der Basis der RAK.

Das wies den Weg zur Aufnahme der Kooperation mit der Niedersächsischen Staats- und Universitätsbibliothek (NSUB) Göttingen, die 1988 zur förmlichen Aufnahme als Vollmitglied in den Niedersächsischen Bibliotheksverbund führte. Die NSUB arbeitete ebenfalls mit einem Sperry-Univac-Rechner, die Programme waren in COBOL geschrieben; die großzügige Unterstützung ihres Direktors ermöglichte kurzfristig die Übernahme aller Katalogprogramme in unseren Rechner und die unmittelbare Umstellung der Katalogisierung auf den EDV-Betrieb. Ausgehend von diesen Programmen hat das Rechenzentrum der Universität in der Folgezeit für die Katalogisierung Lösungen erarbeitet, die unter Berücksichtigung lokaler Verhältnisse und Notwendigkeiten ein eigenes offline-Katalogisierungsprogramm entstehen ließen.

Zur Herstellung der COM-Fiche-Kataloge erhielt die NSUB in regelmäßigen Abständen Bestandsbänder. Der Zeitschriftenbestand wurde dort in den Niedersächsischen Zeitschriftennachweis (NZN) eingefügt, die Monographien jedoch nicht in den Niedersächsischen Monograpiennachweis (NMN), der 1980 ins Leben gerufen wurde. In der Folgezeit entstand der Niedersächsische Bibliotheksverbund, in dessen Zentrale, dem Niedersächsischen Bibliotheksrechenzentrum (BRZN) an der NSUB, ein Siemens-Rechner die Stelle der bisherigen von der Max-Planck-Gesellschaft betriebenen Sperry-Maschine übernahm.

Die in unserem Rechenzentrum erstellten Magnetbänder konnte man am BRZN aus technischen Gründen nicht mehr zur Ausgabe eines COM-Kataloges vorbereiten, aber auch aus rechtlichen nicht. Das Gebietsrechenzentrum Niedersachsen durfte für einen vertraglosen Partner keine Leistung erbringen.

OPAC 1986

Vor die Wahl gestellt, ein eigenes Mikroficheausgabeprogramm zu schreiben oder die für das Ende des Jahrzehnts auf einen online-Betrieb geplante Umstellung der Kataloge vorzeitig zu realisieren, entschieden wir uns im Mai 1986 für letztere Lösung.

Die Daten waren bisher nicht in einer Datenbank organisiert. Das von der Firma UNISYS (früher: Sperry Univac) neuerdings angebotene relationale Datenbanksystem ließ sich nicht kurzfristig aufbauen. Zudem stand ein Rechnerwechsel bevor mit beabsichtigtem Übergang zum Betriebssystem UNIX. Für die Überführung der Daten auf die Festplatte beließ man es deshalb jetzt bei einer Organisation in indexsequentiellen Dateien. Die Programme für den Dateiaufbau und den Dialog am Bildschirm erstellte das Rechenzentrum in COBOL bzw. einige Hilfsprogramme in Assembler, letzere sind inzwischen in C umgeschrieben.

Die Datei verzeichnet mit ungefähr 250 000 Titelaufnahmen den gesamten Buchbestand, die retrospektive Erfassung der vor 1980 beschafften Literatur ist abgeschlossen. Fünf Zugriffsregister erschließen deren Befragung, die zunächst zur Anzeige von Kurztiteln mit Signatur führt: Personen/Titel, Signaturen, Serientitel, Stichwörter, Identifikationsnummern der Titelaufnahmen. Die Identifikationsnummer ist nur dem Bibliothekspersonal zugänglich, hier wird die vollständige Titelaufnahme mit den Kategorienummern angezeigt.

In das dem alphabetischen Katalog (Nr. 1 des Menüs) zu Grunde liegende Register gehen ein als Personen: Verfasser, Herausgeber, Mitarbeiter, Begründer, gefeierte Persönlichkeiten, Körperschaften; als Titel: Hauptsach-, Original-, Neben-, Parallel-, Kongreß-, Bandstücktitel.

Der systematische Katalog bietet der Recherche Standortsignaturen und standortfreie Notationen, mit denen ein Werk seiner inhaltlichen Breite gemäß bezeichnet ist, diese erscheinen auf dem Bildschirm vor den Standortsignaturen.

Die Eingabeschablone für den Titel einer Serie zeigt 44 Stellen. Angezeigt werden alle Titel, die mit der eingegebenen Buchstabenfolge beginnen, numeriert in alphabetischer Folge. Mit ihrer Nummer wird die gesuchte Serie aufgerufen, woraufhin die vorhandenen Bände einzeln – wiederum numeriert – mit ihren Kurztiteln in aufsteigender Nummernfolge der Serienbandzählung gezeigt werden. Für den Aufbau dieses Registers greift der Rechner auf die Hauptaufnahme der Serie zu und auf die für die Serienangabe der Stücktitelaufnahme bestimmte Kategorie.

Der Stichwortkatalog wertet nur den Titel aus. Für eine thematische Literatursuche werden wenig aussagekräftige Wörter für die Suche eliminiert (stop words). Der weitere Gang der Anzeige entspricht den anderen Katalogen, zusätzlich wird das Erscheinungsjahr vermerkt. Der Rechner behandelt Suchanfragen so, als wären sie trunkiert eingegeben. Diese implizite Trunkierung weist den nicht nach einer bestimmten Publikation suchenden Benutzer auf das thematisch und begriffliche Umfeld und vermindert die Zahl der Fehlsuchen. Andererseits gilt: Je ausführlicher die fragende Eingabe, umso präziser und kürzer die Auskunft, formale und orthographische Fehlerfreiheit vorausgesetzt.

Informationen zum Aufbau und zur Benutzung des OPAC erhält man nach Aufrufen der Hilfe-Funktion mittels des Befehls ?, sie füllen 12 Bildschirme. Erläuterungen zum Ausdrucken der angezeigten Titelaufnahmen zeigt ein Bildschirm nach Eingabe von ?DRUCK.

```
**************************************************************************
                          Bibliothekssystem
                                 der
                  Universität der Bundeswehr Hamburg
**************************************************************************
      MENUE  -  MENUE  -  MENUE  -  MENUE  -  MENUE  -  MENUE
**************************************************************************

          1       =     Alphabetischer Katalog
          2       =     Systematischer Katalog
          3       =     Serienkatalog
          4       =     Stichwortregister
          ?       =     Information zum ONLINE-KATALOG
          ?Druck  =     Information zum Drucken
          ENDE    =     Programmende

Bitte geben Sie die Kennziffer des gewuenschten Katalogs oder ? bzw. ?DRUCK ein
und bestaetigen Sie die RETURN-Taste:
**************************************************************************
```

Abbildung 1

Nach dem Einschalten des Bildschirms und Drücken der „Return"-Taste erscheint „Please login". Daraufhin ist das User ID/password einzugeben: K/1. Es erscheint dann die allgemeine Menüanzeige.

Der gewünschte Katalog wird durch Eingabe der davor angegebenen Ziffer aufgerufen.

```
*************************************************************************
                          Bibliothekssystem
                                der
                  Universität der Bundeswehr Hamburg
*************************************************************************
        MENUE  -  MENUE  -  MENUE  -  MENUE  -  MENUE  -  MENUE
*************************************************************************

        1        =     Alphabetischer Katalog
        2        =     Systematischer Katalog
        3        =     Serienkatalog
        4        =     Stichwortregister
        ?        =     Information zum ONLINE-KATALOG
        ?Druck   =     Information zum Drucken
        ENDE     =     Programmende

Bitte geben Sie die Kennziffer des gewuenschten Katalogs oder ? bzw. ?DRUCK ein
und bestaetigen Sie die RETURN-Taste:
*************************************************************************
1
*************************************************************************
Bitte Eingabe des Personennamens oder Titels:
xxxxxxxxxxxxxxxxxxxx
hofstadter
```

Abbildung 2

Die Eingabe X führt in einer laufenden Suche zurück in die Anfrageposition, XX zurück zum Menü und von dort auf dem gerade skizzierten Weg in einen der anderen Kataloge.

Für alle Kataloge ist der Umfang des Suchbegriffs begrenzt, die jeweils mögliche Länge zeigt die unterste Zeile als Schablone (XXXX) an. Für den systematischen Katalog ist sie der Struktur der Signatur entsprechend gegliedert. Auch einzelne Buchstaben können eine Suche starten, z.B. „C" als Name einer Programmiersprache, Mindestlängen sind nicht vorgeschrieben. Umlaute müssen als Vokal +e aufgelöst werden in der Eingabe, in der Wiedergabe sind sie derzeit noch mit *+ Vokal verschlüsselt, ß wird als ss ein- und als *s wiedergegeben, Groß- und Kleinschreibung sind gleichberechtigt.

Erste Antwort auf jede Frage in einem der Kataloge stellt die Kurztitelanzeige dar, bestehend aus Signatur, Autor/Kurztitel. Die angezeigten Titel sind

```
**************************************************************************
                            Bibliothekssystem
                                   der
                    Universität der Bundeswehr Hamburg
**************************************************************************
          MENUE  -  MENUE  -  MENUE  -  MENUE  -  MENUE  -  MENUE
**************************************************************************

        1          =      Alphabetischer Katalog
        2          =      Systematischer Katalog
        3          =      Serienkatalog
        4          =      Stichwortregister
        ?          =      Information zum ONLINE-KATALOG
        ?Druck     =      Information zum Drucken
        ENDE       =      Programmende

Bitte geben Sie die Kennziffer des gewuenschten Katalogs oder ? bzw. ?DRUCK ein
und bestaetigen Sie die RETURN-Taste:
**************************************************************************
2
**************************************************************************
Bitte Eingabe der Signatur
(oder XX fuer Rueckkehr zum Menue)
AAA BBB.B CCC DDD:XYYYY
KYB 422.4
```

Abbildung 3

```
**************************************************************************
                            Bibliothekssystem
                                   der
                    Universität der Bundeswehr Hamburg
**************************************************************************
          MENUE  -  MENUE  -  MENUE  -  MENUE  -  MENUE  -  MENUE
**************************************************************************

        1          =      Alphabetischer Katalog
        2          =      Systematischer Katalog
        3          =      Serienkatalog
        4          =      Stichwortregister
        ?          =      Information zum ONLINE-KATALOG
        ?Druck     =      Information zum Drucken
        ENDE       =      Programmende
Bitte geben Sie die Kennziffer des gewuenschten Katalogs oder ? bzw. ?DRUCK ein
und bestaetigen Sie die RETURN-Taste:
**************************************************************************
3
**************************************************************************
Bitte Eingabe des Serientitels
(oder XX fuer Rueckkehr zum Menue)
XXXXXXXXXXXXXXXXXXXXXXXXXXXXXXXXXXXXXXXX
Lecture Notes
```

Abbildung 4

```
******************************************************************************
                         Bibliothekssystem
                                der
                  Universität der Bundeswehr Hamburg
******************************************************************************
       MENUE - MENUE - MENUE - MENUE - MENUE - MENUE
******************************************************************************

        1        =     Alphabetischer Katalog
        2        =     Systematischer Katalog
        3        =     Serienkatalog
        4        =     Stichwortregister
        ?        =     Information zum ONLINE-KATALOG
        ?Druck   =     Information zum Drucken
        ENDE     =     Programmende

Bitte geben Sie die Kennziffer des gewuenschten Katalogs oder ? bzw. ?DRUCK ein
und bestaetigen Sie die RETURN-Taste:
******************************************************************************
4
******************************************************************************
Bitte Eingabe des Stichwortes
(oder XX fuer Rueckkehr zum Menue)
XXXXXXXXXXXXXXXXXXX
Messtechnik
```

Abbildung 5

numeriert. Eingabe der Nummer und „Return“ läßt die volle Titelaufnahme des betreffenden Werkes erscheinen. Das Zeichen – erzeugt „zurückblättern“ in die Kurztitelanzeige, Eingabe des Buchstabens d speichert die angezeigte Titelaufnahme zum Druck, dx bewirkt den Ausdruck. Die Benutzerterminals jeder Teilbibliothek sind an einen Drucker angeschlossen. Der Zeitschriftenbestand ist in den OPAC integriert und in gleicher Weise abrufbar. In den Bibliotheksräumen sind zur Zeit 52 Terminals im Betrieb. Der Katalog ist auch von allen Terminals der Universität ansprechbar, die an den Zentralrechner im Rechenzentrum angeschlossen sind, sowie extern über die DATEX P-Nummer 4505015002.

Weil die Katalogdaten noch nicht in einer Datenbank organisiert sind, wird dem Benutzer nicht zu jeder Zeit der tatsächlich verfügbare Titelbestand gemeldet. Die Titelaufnahme arbeitet in einer Interimsdatei, zu der nur die Mitarbeiter der Bibliothek Zugang haben. Diese Interimsdatei wird in Abständen von vier Wochen in den Titelbestand des OPAC eingefügt und aktualisiert die Zugriffsregister.

In dieser Gestalt – nur das Druckprogramm folgte in der ersten Jahreshälfte 1987 – wurde der OPAC am 3. November 1986 zur Benutzung für das Publikum eröffnet.

Die weitere Entwicklung

Die Weiterentwicklung auf dieser Basis wurde in der zweiten Jahreshälfte 1987 unterbrochen, als sich die Wahrscheinlichkeit eines Wechsels der Rechenanlage abzeichnete. Er vollzog sich im Sommer 1989. Seither steht im Rechenzentrum eine Maschine des Typs Nixdorf „Targon 35" (64 MB RAM, 16 GB Plattenspeicher, erweiterungsfähig) zur ausschließlichen Nutzung durch die Universitätsbibliothek und die Universitätsverwaltung. Die Umstellung bedingte eine Unterbrechung aller EDV-gestützten Arbeiten von nur zwei Wochen im Juli. Die gesamte Terminalperipherie wurde auf NOKIA-Geräte umgestellt.

Alle bis dahin eingesetzten Programme mußten zunächst 1 : 1 umgesetzt werden, um den Bibliotheksbetrieb wieder in die Routinen zu führen. Im Spätherbst 1989 waren alle diesbezüglichen Arbeiten abgeschlossen. Die Weiterentwicklung wird sich unter dem Betriebssystem UNIX vollziehen, auch für alle anderen Anwendungen der EDV, die von der Bibliothek gemeinsam mit dem Rechenzentrum betrieben werden.

Die Beschreibung des Ist-Zustandes läßt die bestehenden Mängel und den vorgezeichneten zukünftigen Weg erkennen. Die folgende Aufzählung der Entwicklungsvorhaben ist nicht als Prioritätenliste zu verstehen, jedoch als obligatorisches Soll.

Besonders nachteilig bemerkbar macht sich das Fehlen der Möglichkeit zu logischen, besonders und-/oder-Verknüpfungen, auch müssen die Ergänzungen zum Titel der Suche zugänglich gemacht werden, das gilt ebenso für einige andere Kategorien. Zur Arbeit im systematischen Katalog muß die Systematik selbst als Übersicht auf dem Bildschirm darstellbar sein, möglichst unter Nutzung der Window-Technik; zum Einstieg bedarf es der Einbeziehung des Registers der Systematik in die Abfragemöglichkeit. Die Fachreferenten werden direkten online-Zugang zur Systematik erhalten, so daß der Benutzer stets den aktuellsten Stand sieht. Der Aufbau eines name-authority-file für Personen und geographische Namen wird die Zahl der Fehlsuchen meßbar vermindern.

Einen eigenen Schlagwortkatalog erstellt die Bibliothek nicht. Im Rahmen der Fremddatenübernahme sollen die Schlagwörter der DB, BNB, LC sowie die Klassifikation der DDC jedoch den Titelaufnahmen angefügt werden und über ein einheitliches Zugriffsregister der Recherche dienen. Die Suche wird selbstverständlich wieder nach dem Verfahren der impliziten Trunkierung ablaufen und dann auch mit und-/oder-Verknüpfung, so daß u.a. gleichzeitig deutsche und englische Begriffe in den selben Suchlauf gegeben werden können.

Die Datenbank – Nixdorf DDB4 –, deren Aufbau inzwischen begonnen hat, wird den aktuellen Tagesstand des Kataloges allen Benutzern zeigen. Die

Eingaben erfolgen dann ohne interimistische Zwischenspeicherung. Beginnend mit der Buchbestellung wird bis zur Ausleihe der jeweilige Zustand des Buches angezeigt.

Zur Fremddatenübernahme werden primär die Angebote des BRZN – wohin auch unsere Katalogdaten geliefert werden – in Anspruch genommen, aber in Zukunft wohl auch auf CD-ROM gespeicherte Dateien.

HERBERT KRISTEN

Der OPAC der Universitätsbibliothek Karlsruhe

1. Katalogdaten

1.1. Bestand

An der UB Karlsruhe liegen die Katalogdaten seit 1970 (ca. 150 000 Katalogisate) in maschinenlesbarer Form vor. Allerdings änderte sich im Laufe der Zeit dreimal das Erfassungsformat:

Zeitraum	Format	Datenträger
1970-1975	KOBAS alt	Lochstreifen
1976-1986	KOBAS	Magnetband
1986 ff.	SWB-Verbund	Magnetband

Tabelle 1: Erfassungsformate

Die Daten ab 1976 sind zur Zeit in unserem OPAC verfügbar. Da die Katalogisate von 1970-1975 auf Lochstreifen vorliegen, ist das Laden etwas schwierig. Sobald ein funktionsfähiger Lochstreifenleser verfügbar ist, werden auch diese Daten übertragen.

1.2. Struktur der Daten

Aufgrund der unterschiedlichen Formate waren eine Generalisierung sowie eine Zusammenfassung der einzelnen Datenfelder unumgänglich. Da auch der Benutzer oft nicht weiß, ob es sich bei einem Personennamen um einen Autor oder um einen Herausgeber handelt, ist eine Zusammenfassung empfehlenswert. Hierfür gibt es zwei Möglichkeiten:

a) Autoren, Herausgeber oder sonstige Namen werden in einem Feld gespeichert,
b) Autoren, Herausgeber oder sonstige Namen werden in getrennten Feldern gespeichert. Bei der Namensanfrage wird dann jeweils in all diesen Feldern gesucht.

Um die Anzahl der Felder für den Benutzer überschaubar zu machen, haben wir uns für die erste Möglichkeit entschieden. Sollte sich herausstellen, daß unser Ansatz eine zu große Unschärfe erzeugt, kann anhand der Originaldaten die entsprechende Unterscheidung vorgenommen werden. Bei 150 000 Titel sind das nur wenige CPU-Stunden. Folgende Felder werden unterschieden:

Name	Kurzform	Inhalt	Typ
Signatur	SI	Signatur	Index
Autor	AU	Namen	Index
Körperschaft	KO	Körperschaften	Freitext
Titel	TI	Titel	Freitext
Serie	SE	übergeordnete Titel	Freitext
Auflage	AF	Auflagenbezeichnung	Freitext
Ersch.vermerk	ER	Impressum	Index
Verlag	VL	Verlag	Index
Ersch.jahr	EJ	Erscheinungsjahr	Index
Bandangabe	BD	Bandangabe	Freitext
Verweisungen	VE	Verweisungen	Freitext
Notation	NO	Sachnotation	Freitext
Bib. Notiz	BI	Bibliograph. Hinweise	Index
Hinweis	HI	Beigaben	kein Index

Tabelle 2: Definition der Datenfelder

1.3. Das Dokumentations- und Retrievalsystem FAIRS (Facom Advanced Information Retrieval System)

Die Daten wurden nach dem in Punkt 1.2. beschriebenen Schema in das System FAIRS, das auf dem Universalrechner des Rechenzentrums der Universität Karlsruhe verfügbar ist, geladen. Dieser Rechner ist über die universitätsinternen Datennetze, das DATEX-P Netz sowie Telefon-Modems erreichbar.

FAIRS verfügt über eine eigene Retrievalsprache, die sich in ihrem Funktionsumfang mit den Kommandosprachen kommerzieller Datenbankanbieter vergleichen läßt. Die Daten können nach allen denkbaren Kriterien durchsucht und komplexe Anfragen exakt formuliert werden. Anfänger müssen sich über externe Informationen (Handbücher, Hilfefunktionen) mit einiger Mühe in das System einarbeiten. Vor allem wegen des hohen Lernaufwandes ist diese Form der Benutzeroberfläche für Bibliothekskataloge ungeeignet. Damit standen wir vor der Aufgabe, eine leicht zu bedienende Benutzeroberfläche zu entwickeln, ohne den Funktionsumfang von FAIRS einzuschränken.

2. *Die Struktur der Benutzeroberfläche*

Neben dem schon erwähnten Kommandomodus haben sich bei den bereits vorhandenen Online-Katalogen noch drei weitere Grundformen herausgebildet:

- Formularorientierung
- Natürlichsprachlicher Dialog
- Menüsteuerung

Formularorientierung erfordert Fullscreenmodus bzw. graphische Fähigkeiten des Ausgabegerätes. Da der Katalog aber von jedem beliebigen Terminal erreichbar sein sollte, kam diese Möglichkeit für uns nicht in Betracht. An den natürlichsprachlichen Dialog war wegen des hohen Programmieraufwandes sowie mangelnder Erfahrung nicht zu denken. Somit blieb uns die Wahl zwischen menü- und kommandogesteuerter Oberfläche.

Ein Vorteil der Menüsteuerung ist die klare hierarchische Struktur und die damit verbundene enge Führung des Benutzers. Der Benutzer muß sehr wenig wissen, um mit diesem System arbeiten zu können. Diese Struktur birgt auch Nachteile. Komplexe Probleme lassen sich nur durch weitverzweigte Menüs, die der Benutzer nicht mehr ohne weiteres übersehen kann, lösen. Zudem stellt die Menütechnik eine Behinderung für trainierte Benutzer dar, die bei jeder neuen Anfrage die für sie hinderlichen Menüs durchlaufen müssen.

Bei einigen Online-Katalogen wurde versucht, die Benutzerfreundlichkeit der Menüsteuerung mit der Effizienz einer Kommandosprache zu verbinden. So hat man z.B. am Dartmouth College in Hanover, New Hampshire, einen Umschaltmodus installiert, der es ermöglicht, jederzeit zwischen Kommando- und Menüsteuerung zu wechseln. Dadurch wird der untrainierte Benutzer unterstützt, ohne dem trainierten die Freiheit in der Gestaltung des Dialogs zu nehmen.

Bei der Realisierung unserer Benutzeroberfläche haben wir diesen Weg weiter verfolgt. Dem Benutzer werden Vorschläge in Form von Auswahlmenüs und Hinweisen gegeben. Er hat jedoch immer die Möglichkeit, die Kontrolle der Dialogführung zu übernehmen. Das Besondere daran ist, daß beide Modi gleichzeitig verfügbar sind, und keine Umschaltung mehr notwendig ist.

Damit diese Zweigleisigkeit für den Benutzer nicht unübersichtlich wird, ist die Benutzerführung so gestaltet, daß nur ein Teil des Funktionsumfanges über die Auswahlmenüs angeboten wird. Die übrigen Funktionen erarbeitet er sich bei Bedarf anhand der Hilfefunktion, die er jederzeit abrufen kann. So wird er mit zunehmender Praxis nach und nach mit dem System vertraut.

Als weitere Unterstützung für den Benutzer ist neben der Hilfefunktion und den Auswahlmenüs eine umfangreiche Defaultwertanalyse eingebaut.

Diese läßt eine verkürzte Eingabe zu. Dahinter stand der Gedanke, daß eine einfache Recherche ohne Vorkenntnisse möglich sein soll. Die aus den verkürzten Eingaben generierten korrekten Befehle werden auf dem Bildschirm angezeigt. Der ungeübte Benutzer lernt auf diese Weise das System kennen; dem geübten Benutzer dient dies zur Kontrolle, da er die Reaktionen des Systems nachvollziehen kann.

3. Arbeiten mit dem OPAC

Nach dem Aufrufen des Systems erhält der Benutzer folgende Anzeige:

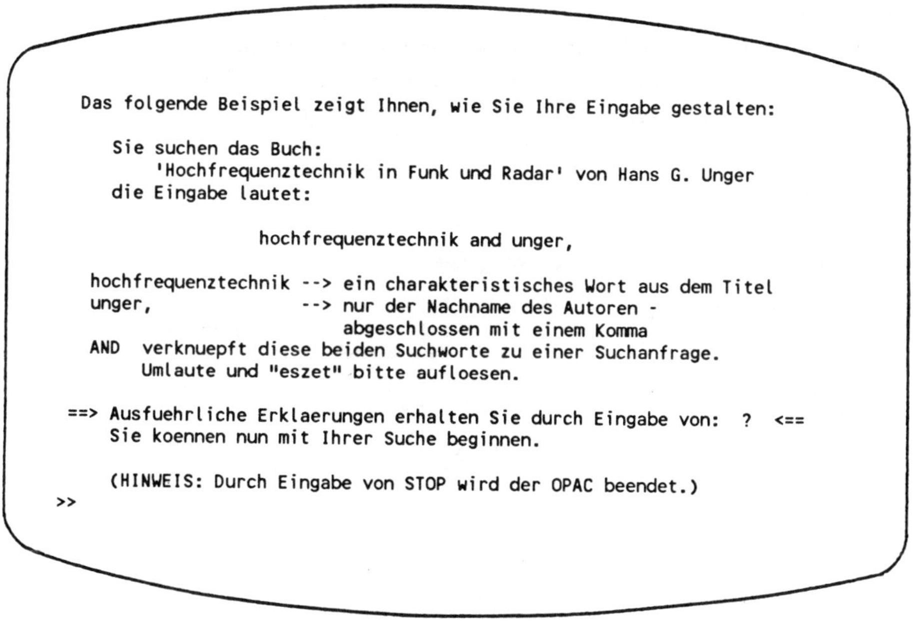

```
  Das folgende Beispiel zeigt Ihnen, wie Sie Ihre Eingabe gestalten:

     Sie suchen das Buch:
         'Hochfrequenztechnik in Funk und Radar' von Hans G. Unger
     die Eingabe lautet:

                    hochfrequenztechnik and unger,

   hochfrequenztechnik --> ein charakteristisches Wort aus dem Titel
   unger,              --> nur der Nachname des Autoren -
                           abgeschlossen mit einem Komma
   AND  verknuepft diese beiden Suchworte zu einer Suchanfrage.
        Umlaute und "eszet" bitte aufloesen.

 ==> Ausfuehrliche Erklaerungen erhalten Sie durch Eingabe von:  ?  <==
     Sie koennen nun mit Ihrer Suche beginnen.

     (HINWEIS: Durch Eingabe von STOP wird der OPAC beendet.)
>>
```

Abbildung 1

Bereits jetzt ist der Benutzer in der Lage, einen ihm bekannten Titel zu recherchieren.

Die Eingabe „HOCHFREQUENZTECHNIK AND UNGER," wird folgendermaßen bearbeitet:

Das erste Wort der Eingabe wird danach untersucht, ob es ein gültiges Kommando ist. Wird kein Kommando erkannt, so wird der Defaultwert FIND gesetzt.

Als nächstes erwartet das System die Feldbezeichnung. Fehlt diese, setzt es den Defaultwert KW. Das Feld KW (keyword), das alle in Tabelle 2 aufgeführten Freitextfelder zusammenfaßt, wird nach dem Suchbegriff HOCHFREQUENZTECHNIK durchsucht.

AND wird als Boole'scher Operator erkannt. Für den nächsten Schritt wird wieder eine Feldbezeichnung erwartet. Da diese fehlt, wird wegen des Kommas hinter UNGER der Defaultwert AU gesetzt.

Suchbegriffe, die durch ein Komma als Autorennamen erkannt werden, trunkiert das System automatisch. Die Vornamen wurden im Laufe der Zeit unterschiedlich angesetzt, es empfiehlt sich deshalb, alle UNGER zu suchen. Die Verknüpfung des Nachnamens mit einem sinntragenden Wort aus dem Titel ist eindeutiger und führt schneller zu einem Ergebnis als die vollständige Eingabe des Vornamens.

Aus den Ergebnissen der Analyse generiert das System die korrekte Suchformulierung und übergibt diese an die Datenbank. Diese Suchformulierung sowie das Suchergebnis werden dem Benutzer angezeigt.

```
 FIND KW HOCHFREQUENZTECHNIK AND AU 'UNGER,'*

Es wurden 1 Titel gefunden.
      Anzeige >> S                Hilfe >> ?          Ende >> STOP
      Verknuepfen >> AND; OR; NOT   Neue Suche >> F
 >>
```

Abbildung 2

Zusammen mit dieser Anzeige erhält der Benutzer Vorschläge über das weitere Vorgehen. So wird er sich hier in der Regel mit dem Befehl S(how) die Titelaufnahme anzeigen lassen:

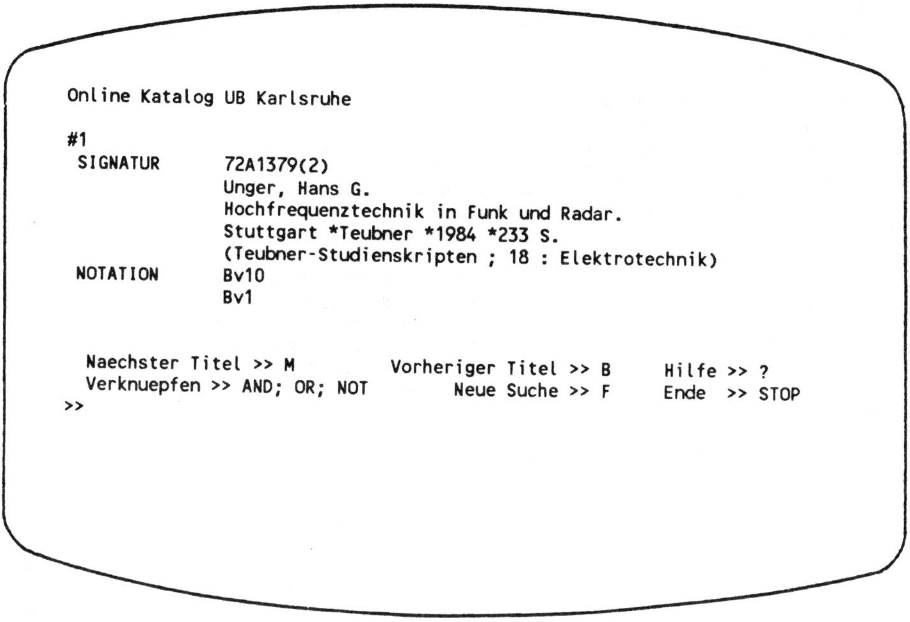

Abbildung 3

Der Benutzer erhält nun die relevanten Daten des von ihm gewünschten Titels und wiederum Vorschläge für das weitere Vorgehen. Wenn das Ergebnis mehrere Titel umfaßt, kann er mit M(ore) oder B(ack) vor- und zurückblättern, mit ? Hilfe anfordern, den Dialog mit ST(op) beenden, durch die Boole'schen Operatoren AND; OR; NOT mit weiteren Suchbegriffen das Rechercheergebnis verändern. Er kann aber auch sofort eine neue Suche beginnen.

Um den Anfänger nicht zu verwirren, wird ihm hier nur ein Ausschnitt aller möglichen Kommandos angezeigt. An dieser Stelle kann er sich auch eine hohe Trefferzahl nach beliebigen Kriterien sortieren (SO(rt) ⟨Feldbezeichnung⟩), das Ergebnis ausdrucken (PRINT) oder für nachfolgende Anfragen sichern (SA(ve)). Diese Möglichkeiten erarbeitet er sich mit der HILFEFUNKTION.

Die Hilfefunktion ist so aufgebaut, daß sie sowohl als Einführungskurs in den Umgang mit dem System als auch als Hilfestellung zu bei der Recherche auftretenden Fragen benutzt werden kann.

Wie bereits angedeutet, empfiehlt es sich, Autorennamen wegen der unterschiedlichen Ansetzung der Vornamen zu trunkieren. Setzt man hinter den Nachnamen ein Komma, so geschieht dies automatisch. Die Feldbezeichnung AU kann dabei entfallen. Die Suche der Titel eines bestimmten Verfassers er-

```
Zur Einfuehrung in die Benutzung dieses Kataloges empfiehlt es sich,
die Hilfefunktionen der Reihe nach durchzuarbeiten.
Geben Sie  A  ein. Sie werden durch die einzelnen Kapitel gefuehrt.
Wenn Sie sich nur ueber einzelne Funktionen informieren moechten,
geben Sie bitte den entsprechenden Kennbuchstaben ein.
Sie erhalten Hilfe zu folgenden Funktionen:
---------------------------------------------------------------------
Bibliographische Titelsuche
  - Allgemeines     --> A          Sachliche Titelsuche          --> N
  - Suchfelder      --> F          Anzeige des Suchergebnisses   --> S
  - Truncieren      --> T          Register der Suchbegriffe     --> D
  - Verknuepfen     --> V          Speichern von Ergebnissen     --> SA
  - Autorensuche    --> B          Ausdrucken von Ergebnissen    --> P
                                   Dialogende                    --> E
---------------------------------------------------------------------
Durch Eingabe von ? kommen Sie zurueck ins Hauptmenu.
--> ENTER beendet die Hilfefunktion
>>
```

Abbildung 4

folgt am besten mit Hilfe der DISPLAY-Funktion. Die Eingabe von D AU UNGER bewirkt folgende Anzeige:

```
DISPLAY AU 'UNGER,'*
BROWSING OF ELEMENT 'AU'
    W-NO.    RECORDS VALUE
(*)#00024          2 UNGER, FRITZ
   #00025          1 UNGER, H.
   #00026          6 UNGER, HANS G.
   #00027          4 UNGER, HANS-GEORG
   #00028          1 UNGER, HERMANN
   #00029          1 UNGER, HORST
   #00030          2 UNGER, INGEBORG
   #00031          1 UNGER, J. H.
   #00032          1 UNGER, JOCHEM
   #00033          1 UNGER, KARL

     - Bitte geben Sie die Kennziffer des gewuenschten Begriffes ein !
       (Hinweis: or verbindet mehrere Kennziffern zu einer Suchanfrage])
       (Beispiel: #3 or #4 or #5)
>>
```

Abbildung 5

Verschiedene Ansetzungsformen können jetzt zu einer Suchanfrage zusammengefaßt werden. Das Blättern im Register mit D(isplay) ist in allen Feldern möglich. Sinnvoll ist es bei Sachbegriffen, da verschiedene grammatikalische Formen und verwandte Begriffe leicht zu überschauen sind.

```
DISPLAY KW HOCHFREQUENZ*
BROWSING OF ELEMENT 'KW'
   W-NO.     RECORDS VALUE
 * #00001         11 HOCHFREQUENZ
   #00002          1 HOCHFREQUENZANALYTISCHER
   #00003          1 HOCHFREQUENZANGEREGTEN
   #00004          1 HOCHFREQUENZANWENDUNGEN
   #00005          1 HOCHFREQUENZBEHANDLUNG
   #00006          1 HOCHFREQUENZBEREICH
   #00007          1 HOCHFREQUENZERZEUGTEN
   #00008          1 HOCHFREQUENZFELDERN
   #00009          2 HOCHFREQUENZFILTER
   #00010          2 HOCHFREQUENZGASENTLADUNGEN
   #00011          1 HOCHFREQUENZGENERATOREN
   #00012          1 HOCHFREQUENZGERAETE

   - Bitte geben Sie die Kennziffer des gewuenschten Begriffes ein !
     (Hinweis: or verbindet mehrere Kennziffern zu einer Suchanfrage])
     (Beispiel: #3 or #4 or #5)
```

Abbildung 6

Es besteht auch die Möglichkeit, Sachbegriffe zu trunkieren. Die Eingabe HOCHFREQUENZ* würde alle in Abb. 6 aufgeführten Begriffe zusammenfassen. Dabei sollte bedacht werden, daß wegen des hohen fremdsprachigen Anteils unseres Bestandes und wegen fehlender Schlagwörter mit HOCHFREQUENZ* längst nicht alle vorhandenen Titel zu diesem Thema gefunden werden. Ein besseres Ergebnis erreicht man durch Verknüpfen mit dem englischen Begriff (HOCHFREQUENZ* OR HIGH FREQUENCY). Aber auch dieses Ergebnis ist ungenau, da Titel gefunden werden, die Hochfrequenz in einem anderen Zusammenhang enthalten. Zudem werden Titel, in denen das Stichwort Hochfrequenz nicht vorkommt, diese Thematik aber behandeln, nicht berücksichtigt.

Daher ist bei der sachlichen Suche der Weg über die Sachnotation vorzuziehen. Die hierarchische Struktur unserer Systematik bietet – kombiniert mit der Trunkierungsfunktion – die Möglichkeit, Suchergebnisse einzuschränken oder zu erweitern.

Z.B. ergibt:

NO B*	=⟩	Maschinenbau, Elektrotechnik	(8488 Titel)
NO BV*	=⟩	Hochfrequenztechnik, Elektronik	(2527 Titel)
NO BV1*	=⟩	Hochfrequenztechnik	(411 Titel)
NO BV1	=⟩	Hochfrequenztechnik, Allgemeines	(11 Titel)
NO BV10	=⟩	Radar	(70 Titel)

4. Aufbau des Systems

Wie in Kapitel 1.3. angemerkt, ist die zum System FAIRS gehörende Oberfläche als Benutzerschnittstelle eines OPAC nicht geeignet. Eine direkte Veränderung dieser Oberfläche ist nicht möglich. Allerdings verfügt das Dialogsystem von FAIRS über Exits zu verschiedenen Programmiersystemen (FORTRAN, PL/1, PASCAL), so daß über entsprechende Exitroutinen eine beliebige Oberfläche erstellt werden kann.

Um auch später die Oberfläche einfach verändern und umgestalten zu können, wurde sie auf der Basis eines tabellengesteuerten Interpreters implementiert. Dieser Interpreter wurde in Zusammenarbeit mit der Fakultät für Informatik im Rahmen einer Diplomarbeit entwickelt.

```
****** ****************************** TOP OF DATA ******************************
FIND F TE'KW';'SEARCH %TE'
AND & TE'KW';'AND %TE'
OR + TE'KW';'OR %TE'
NOT / TE'KW';'NOT %TE'
SHOWALL SH NA'*' NR'1';'OUT SET(%NA) RECORD(%NR) EL(ALL)'
SHOW S NA'*' NR'1';'OUT SET(%NA) RECORD(%NR) EL(SI AU KO TI IM SE BI HI
MORE M;'M'
BACK B;'B'
DISPLAY D TE'KW';'BROWSE %TE'
DELETE DE NA'*' NR'ALL';'CANCEL TERM(%NR) SET(%NA)'
PRINT PR NA'*';'OUT SET(%NA) SYSOUT(R) LINESIZE(78)'
SORT SO DS'AU';'SORT KEY(%DS)'
SORTDOWN SD DS'EJ';'SORT KEY(%DS.D)'
SAVE SA NA; 'SAVE SET(%NA)'
HISTORY H;'H'
DEFINE DF FP;'D'
HELP ? KD;'?'
STOP ST;'S'
END .;'QUEND'
****** **************************** BOTTOM OF DATA ****************************
```

Abbildung 7

Der Interpreter steht als ausführender Teil im Zentrum des Systems. Er steuert die Kommunikation mit der Datenbank und dem Benutzer. Durch die Programmierung in PASCAL ist der Interpreter weitgehend auf andere Rechner übertragbar. Bei Umgestaltungen der Benutzeroberfläche sowie dem Austausch und der Hinzunahme einer neuen Datenbank bleibt das Interpreterprogramm unverändert. Änderungen erfolgen über Steuertabellen und Unterstützungsdateien.

In den Steuertabellen werden der Funktionsumfang, die Kommandosprache auf Benutzerseite, die Defaultwerte sowie die Datenbankkommandos definiert. Die Unterstützungsdateien dienen der Benutzerführung. Hier werden Hilfefunktionen für den Benutzer sowie die äußere Form der Oberfläche festgelegt. Interpretertabellen und Unterstützungsdateien sind als Textdateien leicht editierbar.

Die Zwischenschaltung dieses Interpreters bringt folgende Vorteile:

- Alle vom Benutzer eingegebenen Kommandos werden aufbereitet und erst an das Datenbanksystem übergeben, wenn alle Parameter vollständig vorliegen. Dadurch wird es möglich, daß der Benutzer verkürzte Eingaben macht, die vom Interpreter anhand von definierten Defaultwerten ergänzt werden.
- Neue Kommandos können leicht eingefügt, alte Kommandos einfach geändert werden, da der Aufwand, eine neue Steuertabelle zu erstellen, gering ist. Dadurch wird eine hohe Flexibilität in der Definition der Kommandos erreicht.
- Eine intensive und flexible Unterstützung des Benutzers ist unabhängig von darunterliegenden Systemen möglich.

Für die Hinzunahme von weiteren Datenbanken ist es nur notwendig, eine Schnittstelle zu dieser zu entwickeln. Die zusätzlich notwendigen Funktionen werden über Steuertabellen definiert. Es ist durchaus denkbar, verschiedene Datenbanken über diesen Interpreter zu bedienen. Die Bearbeitung einer Suchanfrage sähe dann so aus:

	sea au unger @	→ FAIRS
f au unger* INTERPRETER	at.aut=unger?	→ SWB-Verbund
	s unger?/au	→ STN
	usw.	→ xyz

5. *Ausblick*

Das Konzept, ein unabhängig von der Datenbank arbeitendes System (in unserem Fall ein tabellengesteuerter Interpreter) vorzuschalten, gestattet folgende Perspektiven:

- die Integration und logische Zusammenführung unterschiedlicher Systeme. Damit können verschiedene Literaturdatenbanken, Kataloge, Ausleihsysteme usw. von einer Oberfläche aus erreicht werden. Voraussetzung dafür ist der physikalische Zugang des Interpreters zu den Systemen (Exits, wenn auf demselben Rechner gearbeitet wird; Zugang zu Datennetzen, wenn auf entfernten Systemen gearbeitet werden soll). Die logische Anbindung erfolgt mit entsprechenden Kommandoumsetzungen bzw. Emulation der Schnittstellen der hinter dem Interpreter liegenden Systeme. Der Begriff „integriertes System" erhält damit eine ganz andere Dimension.

- Die Oberfläche, d.h. das was man auf dem Bildschirm sieht, kann jederzeit ohne Einfluß auf die darunterliegenden Systeme verändert werden. „Fullscreen, Maske, Fenster usw." lassen sich, soweit die technische Voraussetzung vorhanden ist, jederzeit realisieren.

Unser Ansatz soll keinesfalls auf Großrechner oder Superminis beschränkt bleiben. Gerade auf dem Arbeitsplatzrechner (PC bis Workstation) ist der einfache Zugang zu verschiedenen Systemen mit ein und derselben Kommandosprache und Oberfläche von besonderer Bedeutung. Zur Zeit wird am Beispiel eines Katalogisierungssystems für Institute dieser Ansatz von der UB Karlsruhe weiterentwickelt. Dieses von der DFG geförderte System soll sowohl lokale Datenhaltung als auch den Online-Durchgriff zu anderen Systemen erlauben. Je nach Ausstattung der Hardware wird es für die Nutzung in Institutsbibliotheken sowie für den Betrieb eines campusweiten Dienstleistungssystems geeignet sein. Weitere Komponenten wie Ausleihe, Erwerbung, Zeitschriftenverwaltung u.ä. wird man hinzufügen können.

HANS-JOACHIM WÄTJEN

ORBIS – der Oldenburger Online-Benutzerkatalog in einem integrierten Bibliothekssystem

Der OPAC des *O*ldenburgischen *R*egionalen *B*ibliotheks- und *I*nformations*s*ystems, insbesondere die Retrievalfunktionen, wurden von meiner Kollegin Ursula Schulz in einem Band „URICA Oldenburg" auf 29 Seiten mit vielen Bildschirmabbildungen beschrieben.[1]

Ich will im folgenden das bereits Geschriebene nicht wiederholen, sondern mich auf einige wesentliche Aspekte beschränken, in denen sich unsere Lösung von der der Düsseldorfer unterscheidet.

OPAC und integriertes Bibliothekssystem

Der Oldenburger OPAC basiert auf URICA-Programmen, ist mit Personalcomputern auch von zu Hause aus recherchierbar, enthält Selbstbedienungsfunktionen der Ausleihe, die über Paßworte gesichert sind und weist die Bestände nicht nur einer Institution, sondern einer Region nach.

Anhand dieser unsystematisch genannten Eigenschaften lassen sich drei Merkmale der integrierten Oldenburger Praxis charakterisieren

- die Integration der Datenhaltung,
- die Integration der bibliothekarischen Anwendungsfunktionen und
- die Integration der Bestände einer Region.

Der OPAC ist in Oldenburg anders als in Düsseldorf keine separate Datenbank für den Benutzer, sondern lediglich ein Programmpaket, das – wie andere URICA-Funktionen auch – auf die in einem relationalen Datenbanksystem gelagerten Daten zugreift. Es gibt keine Erwerbungs- oder Katalogisierungsdatei, auch keine Hauptdatei mit allen Datenfeldern und zusätzliche invertierte Listen wie in traditionellen Datenbanksystemen, sondern viele Dateien mit

[1] Schulz, Ursula: Information und OPAC. In: URICA Oldenburg. Hermann Havekost, Hans-Joachim Wätjen (Hrsg.), Oldenburg: Bibliotheks- und Informationssystem der Universität Oldenburg 1989, S. 125-153. Der Leser, der mehr darüber erfahren möchte, kann eine Diskette für MS-DOS-PCs von mir anfordern, auf der zahlreiche Recherchebeispiele mit URICA-Bildschirmkopien dokumentiert sind, oder selbst mit seinem PC im Oldenburger OPAC online recherchieren. Wir haben mehrere öffentliche Telefonwählanschlüsse für Akustikkoppler- oder Modembetrieb (demnächst auch über das Datex-P-Wissenschaftsnetz) am Rechner eingerichtet; das nötige Terminalemulationsprogramm und die Telefonnummern schicken wir kostenlos allen Interessierten zu.

Verbindungen zu einer Hauptdatei, die aber ihrerseits i.w. nur die Verbindungen zu den Einzeldateien enthält.

Der aufwendige Aufbau und die Pflege geordneter Listen von Einträgen wird bei dieser Datenbankphilosophie vermieden. Durch die weitgehend redundanzfreie, *integrierte Datenhaltung* ist auch erklärlich, daß auf dem Plattenspeicher von nur 750 MB heute 500000 Hauptsätze und 200000 Untersätze sowie je ein Jahrgang Fremddaten der Deutschen Bibliographie (Reihe A und N) mit der British National Bibliography Platz finden. Die Platten sind damit aber auch randvoll und werden in Kürze auf 1 GB erweitert werden.

Die Datenbank enthält alle nach RAK-WB/Musik/Karten/AV katalogisierten Materialien, seien es Monographien, Zeitschriften oder AV-Medien – das BIS Oldenburg hat den größten Bestand audiovisueller Medien unter den deutschen Universitätsbibliotheken. Aber auch unselbständige Literatur, nämlich die Veröffentlichungen der Oldenburger Hochschullehrer und die laufenden Forschungsprojekte an der Universität Oldenburg – das BIS erstellt zweijährlich den Forschungsbericht mit URICA – sind in der Datenbank erfaßt. Schließlich werden auch Volltexte dokumentiert, so der private Nachlaß Carl von Ossietzkys, den die Bibliothek in einem Archiv verwahrt. Umberto Ecos Anspruch nach *einem* Katalog – heute Datenbank – für *alles* in einer Bibliothek Vorhandene konnte in Oldenburg so schon immer erfüllt werden.

Gespeist wird die OPAC-Information durch die Erfassungsarbeiten der verschiedenen bibliothekarischen Funktionsbereiche, die mit Ausnahme der Einbandstelle über URICA in automatisierten Verfahren arbeiten. Die *funktionale Integration* von der Erwerbung einschließlich Zeitschriftenheftzugang über die Katalogisierung bis zur Ausleihverbuchung erspart uns Bibliothekaren auf der einen Seite eine Menge Arbeit: Es gibt durch die integrierte Bestellkatalogisierung (übrigens schon mit dem Vorgängersystem KOBAS) keine Doppelerfassung, Fremddaten werden für die Formal- und Sacherschließung übernommen, Ausleih-, Bestell-, Lieferantenkarteien und Kardex sind abgeschafft. Auf der anderen Seite ist das Ergebnis der funktionalen Integration ein Zuwachs von Informationsleistungen des OPAC. Wir haben den gläsernen Geschäftsgang. Der Benutzer sieht stets aktuell, wann ein Titel von uns bestellt worden ist, wann er eingegangen ist und damit, seit wann er im Geschäftsgang auf die endgültige Katalogisierung wartet.

Diese Transparenz bewirkt eine Menge Nachfragen, aber diesen Service wollen wir bieten, und das Buch wird dann auch beschleunigt im Geschäftsgang bearbeitet und dem Benutzer am nächsten Tag zur Verfügung gestellt.

Die früher zahlreichen Telefonate von der Auskunft an die Zeitschriftenstelle „Ist das Heft Nr. n der Zeitschrift XY schon eingegangen?“ gibt es nicht mehr.

```
U R I C A                    Kurzanzeige                          Werk 2 von 3
--------------------------------------------------------------------------------
 Verfasser: Scheer, August-Wilhelm
     Titel: Produktionsplanung auf der Grundlage einer Datenbank des
            Fertigungsbereichs : 6 Tab.
   Auflage: 1. Aufl.
 Impressum: München [u.a.] : Oldenbourg, 1976. - 115 S. : graph. Darst.
   Bestände BIS: bwl 332 AH 0110
            BIS: 307 bwl 332 AH 0110a
            BIS: S bwl 332 LR 2773   ausgeliehen bis: 23.03.90
            BIS: S bwl 332 LR 2773a   ausgeliehen bis: 29.03.90
            BIS: S bwl 332 LR 2773b

   Hinweis: Bestellung 2 Bestellt am 10.11.88
   Meldung: 1 12.01.90 gemahnt
   Meldung: 1 23.01.90 * Liefertermin überschritten




--------------------------------------------------------------------------------
Weiter Vollanzeige Beenden Speichern
```

Abbildung 1: Anzeige des Status „bestellt"

```
U R I C A                    Vollanzeige                          Werk 1 von 4
--------------------------------------------------------------------------------
      Titel: Steuerfall und Lösung : Steuerklausuren und Seminarfälle mit
             Lösungsvorschlägen
  Verfasser: Rose, Gerd [Hrsg.]
    Auflage: 9., überarb. u. auf d. neuesten Rechtszustand gebrachte Aufl.
  Impressum: Wiesbaden : Gabler, 1990. - IX, 474 S.
      Reihe: Lehrbuch
Systematik: bwl 850
    Bestand: BIS: N bwl 850 AU 9674,9   nicht ausleihbar

    Hinweis: BIS: (Bestellung 2) Eingegangen am 08.03.90




--------------------------------------------------------------------------------
Weiter Kurzanzeige Beenden Speichern
```

Abbildung 2: Anzeige des Status „eingegangen"

Der OPAC zeigt automatisch sofort mit der Zugangsbearbeitung die zuletzt gelieferten Zeitschriftenhefte an.

```
U R I C A                     Vollanzeige                          Werk 1 von 1
-------------------------------------------------------------------------------
     Titel: Zeitschrift fuer Bibliothekswesen und Bibliographie. :
            Vierteljahresschrift.
 Impressum: Frankfurt M. : Klostermann.
   Fußnote: Mit Bibliogr.
   Fußnote: Vorg.: Nachrichten für wissenschaftliche Bibliotheken
      ISSN: 00442380
            Neueste Hefte/Bände (Erscheint zweimonatlich)
            1990 37 1  08.03.90
            1989 36 6  02.01.90
            1989 36 5  10.11.89
            1989 36 4  05.09.89
  Bestände BIS: Z bub 500 ja ZA 0994      nicht ausleihbar
            BIS: Z bub 500 ja ZA 0994a (nur 23-31)   nicht ausleihbar
            FHS OL: Z bub 500 ja ZA 0994b (nur 23-31)   nicht ausleihbar
            BIS: Z bub 500 ja ZA 0994c (nur 23-31)   nicht ausleihbar
Bandangabe: 1. 1954 ff.


-------------------------------------------------------------------------------
Beenden Kurzanzeige Vollanzeige Speichern
```

Abbildung 3: Anzeige eines laufenden Zeitschriftentitels mit den einzelnen Heften

Der Benutzer kann ebenfalls stets aktuell den Verfügbarkeitsstatus „ausgeliehen bis ...“ oder die Anzahl der Vormerkungen bei der Titelanzeige sehen und sich unnötige Wege zum Freihandregal ersparen.

```
U R I C A                     Voll-Anzeige                         Werk 2 von 4
-------------------------------------------------------------------------------
 Verfasser: Schierenbeck, Henner ; Rolfes, Bernd ; Seidel, Eberhard
     Titel: Controlling in Kreditgenossenschaften
   Auflage: 2., durchges. Aufl.
 Impressum: Wiesbaden : Dt. Genossenschafts-Verl., 1988
     Reihe: Schriftenreihe der Akademie Deutscher Genossenschaften ; 1 - 2
Systematik: swl 264 ; swl 398 ; bwl 948
Schlagwort: Controlling / Kreditgenossenschaft


Bandangabe: 1 Gesamtbank-Controlling. - XII, 223 S.
BIS: swl 264 BL 4401,2-1   ausgeliehen bis: 19.03.90   1 Vormerkung

Bandangabe: 2 Geschäftsstellen-Controlling. - XII, 263 S. : graph. Darst.
BIS: swl 264 BL 4401,2-2   ausgeliehen bis: 19.03.90   1 Vormerkung


-------------------------------------------------------------------------------
Weiter Zurück Anfang Vollanzeige Beenden Speichern
```

Abbildung 4: Anzeige des Status „ausgeliehen“ im U-Satz eines mehrbändigen Werkes

Von allen OPAC-Terminals und -PCs sind neben der Recherche auch die Selbstbedienungsfunktionen für die Benutzerkontoabfrage und die Verlängerung der Ausleihen möglich. Dem Datenschutz ist dabei vielfältig Rechnung getragen. So nimmt der Benutzer diesen Service nur freiwillig in Anspruch und erst dann erhält er von der Ausleihe ein Paßwort, das er selber jederzeit ändern kann. Sollte dennoch jemand versuchen, ein Paßwort z.B. von zu Hause aus mit seinem Personalcomputer über ein Programm zu knacken, so wird nach fünf Fehleingaben pro Tag automatisch vom System die Selbstbedienungsfunktion für diesen Benutzer gesperrt. Ein Hacker würde also mehrere Jahre benötigen, um ein Paßwort herauszubekommen.

```
U R I C A                         Online-Benutzerservice
------------------------------------------------------------------------------
                                 Ü B E R S I C H T

                                  Katalogabfragen

          Suche nach Büchern                    Suche nach bestimmten
          zu bestimmten Themen                  Büchern oder Zeitschriften

          Schlagwort.............1              Verfasser.......3

          Wörter aus dem Titel...2              Körperschaft....4

                                                Titel..........5

                                 Weitere Angebote

          Verlängerung/Konto.....7              INFORMATIONEN...9

------------------------------------------------------------------------------
Wählen Sie eine Nummer oder H = Hilfe
```

Abbildung 5: Ausgangsmenü mit den verschiedenen Funktionen

```
              K O N T O A B F R A G E
------------------------------------------------------------------------------




     1. Ausgeliehene Bücher/Medien ............... 2
     2. davon aus der Mediothek .................. 0
     3. Überfällige Bücher/Medien ................ 0
     4. Vorgemerkte Bücher/Medien ................ 0
     5. Ausleihen mit Vorbestellungen ............ 0
     6. Ausstehende Gebühren ..................... 0




------------------------------------------------------------------------------
<NEUE ZEILE> für zurück; 1 - 6 wählen zur weiteren Information
```

Abbildung 6: Anzeige des Benutzerkontos

Die Benutzer haben die Selbstbedienungsfunktionen inzwischen intensiv angenommen: fast 70 % der Verlängerungen werden nicht mehr an der Ausleihtheke, sondern am OPAC vom Benutzer selbst durchgeführt, und kürzlich hat es ein Benutzer geschafft, den Parameter von 50 möglichen Verlängerungen innerhalb von zwei Monaten zu erreichen. Unsere Ausleihstatistik von derzeit 620 000 Ausleihen und Verlängerungen pro Jahr ist durch diese ungewöhnlichen Benutzer sicher etwas nach oben verfälscht.

Zusätzlich zu den Recherche- und Ausleihfunktionen des OPAC sind über das Grundmenü noch Informationsseiten zu Öffnungszeiten und zur Informationsvermittlungsstelle abrufbar, die beliebig zu anderen Themen und zu einem Campus-Informationssystem erweitert werden können. In Kürze werden wir auch Mailboxfunktionen in dem Grundmenü einrichten, die zum einen Freitexteingaben der Benutzer und über die Benutzerkontoabfrage die Antworten der Bibliothek ermöglichen sollen, zum anderen in einer Formularmaske die Erfassung von Bestellvorschlägen an unsere Fachreferenten mit anschließender Weiterverwendung für die Erwerbung vorsehen werden.

Für Benutzer und Bibliothekare in Oldenburg wäre ein statischer OPAC mit bloßer Bestandsinformation und Updates in mehrwöchigem Rhythmus wie in Bielefeld oder Düsseldorf heute nicht mehr vorstellbar, auch wenn an den Retrievalkomfort in der jetzigen Form noch vielfältige Wünsche bestehen.[2]

Ein weiterer Vorteil der Oldenburger Lösung besteht in der *Integration der Bestände mehrerer oldenburgischer wissenschaftlicher Bibliotheken*. Neben dem Bestand des Bibliotheks- und Informationssystems der Universität Oldenburg sind über den Katalogisierungsverbund auch die neueren Bestände der Landesbibliothek, der Fachhochschule und des Staatsarchivs Oldenburg in der Datenbank enthalten und stehen auch dort als OPAC mit dem Gesamtbestand zur Verfügung. Der Ausbau dieses Oldenburger Gesamtkataloges zu einem „Küsten-OPAC", der die Fachhochschulen Wilhelmshaven, Emden und die Bibliothek der Ostfriesischen Landschaft in Aurich mit einschließen und damit die Bestände im Umkreis einer Autobahnstunde erfassen könnte, wird zur Zeit im Rahmen der niedersächsischen EDV-Planung für den Aufbau weiterer lokaler Systeme erwogen.

Das OPAC-Programm von URICA würde dann die Online-Benutzerkataloge der beteiligten Institutionen virtuell in *einer* Datenbank verwalten und bei Bedarf wahlweise zum Beispiel nur die Bestände in Emden oder weiterer oder aller Bibliotheken anzeigen können.

Gegen diese Lösung eines OPAC als Teil eines integrierten Bibliotheksy-

[2] Näheres dazu im Aufsatz von Ursula Schulz (s. Anmerkung 1).

stems wurden verschiedene *Einwände und Nachteile* – zum Beispiel durch Gattermann – geltend gemacht.[3]

So sei schon die Integration mit der Ausleihverbuchung hinsichtlich der Transaktionsraten und Antwortzeiten ein heute mit vertretbarem Aufwand nicht lösbares Problem. Die Oldenburger Praxis zeigt das Gegenteil: Ein moderner 32-Bit-Minicomputer – mit zur Zeit nur 4 MB Hauptspeicher und bei weitem nicht das größte und neueste Modell – bedient bei jährlich 620 000 Ausleihen über 90 Terminals, davon 30 (demnächst 40) für Recherchen der Benutzer und der Mitarbeiter in den Informationsstellen. Dazu kommen noch die Recherchen von zu Hause über die Telefonwählanschlüsse und die von einigen Fachbereichen über deren lokale Netzwerke. So können z.B. die Informatiker auch von den Apples, IBM-PCs oder den UNIX-Workstations auf den OPAC zugreifen.

Dies ist möglich mit Antwortzeiten, die selbst im Semester und wenn vormittags alle Mitarbeiter der Erwerbungs-/Katalogisierungsabteilung mit demselben System bestellen, inventarisieren und katalogisieren, erheblich unter denen der Düsseldorfer Vorführung während dieses Symposiums liegen. Für unsere Ausleihe sind nicht Antwortzeiten, sondern die Geschwindigkeit des Quittungsdruckers das Nadelöhr.

Teurer ist unsere Lösung wohl auch nicht. Wir haben für die gesamte Hard- und Software aller Funktionsbereiche ca. 900 000 DM investiert. Preiswert sind z.B. auch die Benutzerterminals. Wir verwenden bewußt XT-kompatible Marken-PCs mit zwei Diskettenlaufwerken zum Stückpreis von ca. 1 500 DM. Das eine, verschlossene Laufwerk enthält eine Diskette mit dem MS-DOS-Betriebssystem und das Terminalemulationsprogramm, das automatisch immer aufgerufen wird. Das andere Laufwerk steht dem Benutzer für ein Downloading seiner Rechercheergebnisse wahlweise im Kurz- oder Vollformat der Bildschirmanzeige oder als vollständige RAK-Ausgabe zur Weiterverarbeitung in seinem Textverarbeitungsprogramm oder als Ausgabe in MAB-Kategorien zur Weiterverarbeitung in seinen Datenbankprogrammen (ALLEGRO, MASULIST, DBASE o.a.) zur Verfügung.

Einige Tasten der PCs sind von uns stillgelegt worden, damit der Benutzer gar nicht auf die MS-DOS-Ebene kommen und dann etwas anderes als OPAC-Recherchen machen kann. Er kann natürlich seine Ergebnisse auch ausdrukken: Je zwei PCs teilen sich über eine Switchbox einen preiswerten Tintenstrahldrucker. Gegen Diebstahl sind diese Konfigurationen alle mit Stahlseilen aus dem Bootszubehörhandel wirksam gesichert.

[3] Siehe: Gattermann , Günter (u.a.): Entwicklung eines Online-Publikumskataloges für wissenschaftliche Bibliotheken. Düsseldorf: Universitätsbibliothek 1989, S. 16 f.

```
U R I C A                    Speichern                         1 Werk
----------------------------------------------------------------------

                         Speicherungsformate

                           Kurzanzeige 1

                           Vollanzeige 2

                           RAK-Kurz .. 3

                           RAK-Mittel  4

                           RAK-Voll .. 5

                           MAB1 ...... 6

                             Auswahl:
```

Abbildung 7: Wahlmenü für die Downloading-Formate nach Aufruf der Funktion „Speichern"

Ein weiteres Argument von Gattermann betrifft den *Datenschutz* und die *Datensicherheit* des integrierten Systems.[4] Die Sicherung der integrierten Selbstbedienungsfunktionen der Ausleihe habe ich oben schon beschrieben, der Schutz der Bestell-, Katalog- und internen Daten vor Verfälschung oder gar Löschung ist hard- und softwareseitig in Oldenburg gelöst worden. So sind alle Anschlußports der öffentlichen Terminals und PCs über das Betriebssystem so eingestellt, daß das OPAC-Programm zwangsweise automatisch aufgerufen wird und ein anderes Programm oder das Betriebssystem von diesen Ports gar nicht bedient werden kann. Zusätzlich werden die Ausleihterminals automatisch mit Schließung der jeweiligen Ausleihstelle zu einer bestimmten Uhrzeit gesperrt, so daß auch der Benutzer, der sich nachts in die Bibliothek hat einschließen lassen und das Paßwort seiner in der Ausleihe beschäftigten Freundin kennt, seine Gebührenbelastung nicht heimlich löschen kann.

Es sind nicht nur Kollegen/-innen, sondern auch alle Hacker nach Oldenburg eingeladen, und ich hätte keine Bedenken, unsere OPAC-Telefonnummern in der Zeitschrift des Chaos-Computer-Clubs zu veröffentlichen.

Ein anderes Argument, das allerdings bei uns im Hause anläßlich des Abbruchs des Zettel-AK heftig diskutiert wird, betrifft die *Ausfallsicherheit*. Was kann man dann noch tun, wenn der Computer eines integrierten Systems abstürzt? Die Benutzer nach Hause schicken?

4 Ebenda: S. 14.

Mitnichten: Die Ausleihe kann mit derselben URICA-Bildschirmoberfläche auf dem von uns entwickelten PC-Notsystem schlimmstenfalls wochenlang weiterarbeiten. Die Erwerbungs-/Katalogisierungsabteilung kann Offline-Erfassungsbelege mit der Schreibmaschine schreiben, die über einen Seitenleser vom PC in die Datenbank eingespeist werden können. Dies ist in Oldenburg bereits seit langem alternative Erfassungstechnik zur Entlastung von Bildschirmarbeit. Nur die Informationsmitarbeiter wären „arbeitslos“, sie könnten nur auf den Zettel-AK und die systematische Freihandaufstellung verweisen.

Zum Glück hatten wir seit Inbetriebnahme 1986 nur zwei kurze softwarebedingte Ausfälle des Rechners, der eine davon als Folge einer Rechner- und Betriebssystemumstellung. Wir denken dennoch über Alternativen zu dem Zettelkatalog-Notsystem nach. Das zur Zeit für unsere Fachreferenten und Informationsstellen installierte Ethernet-LAN mit AT-Rechnern unter Novell für die Nutzung von CD-ROM, IVS-Recherchen, eigene Textverarbeitungs- und Datenbankanwendungen könnte gleichzeitig einen Notbetrieb für die OPAC-Information bieten. So könnten wir an den Fileserver (80386er PC) Laufwerke für wiederbeschreibbare CDs (die heute als 650 MB-Laufwerke für knapp 10 000 DM und 700 DM für den Datenträger verfügbar sind) oder weitere Festplatten mit 350 MB anschließen und darauf eine Sicherheitskopie der URICA-Datenbank mit MASULIST im Ethernet verfügbar machen. Die Auskunftsstellen könnten dann mit einem geringfügig veralteten Datenbestand weiterarbeiten. Wir werden die Möglichkeiten dazu in diesem Jahr testen und darüber berichten.

Zukunftsperspektiven

Das oben genannte *Ethernet-LAN* soll in Zukunft auch den OPAC-Anschluß für weitere LANs der Fachbereiche und des Rechenzentrums ermöglichen. Über Brücken, Gateways, Kabel- und Glasfaserstrecken sollen die diversen Ethernets und Token Rings auf dem Campus in diesem Jahr mit dem Bibliotheks-LAN verknüpft werden. Eine direkte Kopplung mit dem Hochschulrechner und dessen Peripherie wäre dagegen mit einem hohen Softwareaufwand verbunden gewesen. Ein Anschluß für das Datex-P-Wissenschaftsnetz wird ebenfalls in diesem Jahr installiert werden.

Neben der besseren Verfügbarkeit streben wir gleichzeitig *verbesserte Retrieval- und Sacherschließungsfunktionen*[5] für den OPAC an. Wir wollen URICA aus der Praxis heraus und für die Praxis in Zusammenarbeit mit der Hersteller-

[5] Zur Sacherschließung im Oldenburger OPAC siehe auch Nohr, Holger: Sachliche Erschließung in deutschsprachigen Online-Publikumskatalogen. In: ABI-Technik 9 (1989), S. 213-216.

firma und den anderen Anwendern weiterentwickeln. Zu diesem Zweck haben wir einen Entwicklungs- und Beratungsvertrag abgeschlossen.[6] Am Know how und an Ideen dazu fehlt es unserer EDV-Abteilung nach fast 15 Jahren Erfahrung in der Bibliotheksdatenverarbeitung nicht – nur häufig an Zeit. Doch noch in diesem Jahr soll ein geändertes OPAC-Programm geschrieben werden. Das Brainstorming dazu hat begonnen und die zweijährigen Erfahrungen mit dem funktionierenden alten Programm liegen als Ideen und Anregungen auch ohne wissenschaftlich fundierte Benutzerforschung in den Köpfen der Kollegen und in den Kladden, die für die Benutzer neben den Terminals auslagen, vor.

Mit dem neuen OPAC-Programm wird es dann auch auf der ersten Stufe der Eingabe die Möglichkeit der Endtrunkierung geben. Das Browsing und das Ankreuzen als logische Oder-Verknüpfung wird ebenso möglich sein wie das Speichern und anschließende Kombinieren von Suchanfragen.

Bisher läßt der URICA-OPAC auf der ersten Stufe der Eingabe nur die automatische Und-Verknüpfung zweier Begriffe und im nächsten Schritt, wenn die Trefferzahl einen bestimmten Wert überschreitet, eine weitere Und- oder Nicht-Verknüpfung bzw. die Einschränkung über das Erscheinungsjahr oder Medienkategorien zu.

Für das Browsing müssen unsere Programmierer die Dateienstruktur von URICA verändern. Im Test haben wir das bereits getan und festgestellt, daß der Speicherplatzbedarf dadurch nur geringfügig erhöht wird.

Mit diesen Möglichkeiten können dann auch besser die Inkonsistenzen unserer *Sacherschließung* aufgefangen werden. Wir haben nämlich ab 1978 nach dem alten Regelwerk der Deutschen Bibliothek verschlagwortet und anschließend die RSWK mitübernommen. Durch konsequente Fremddatenübernahme konnten wir uns so immer schon für die in der DB verzeichneten Titel die Verschlagwortung ersparen und mußten nur die graue und ausländische Literatur selbst verschlagworten.

Über den Sinn der *RSWK* im Online-Retrieval läßt sich zwar streiten, doch mit der Verstichwortung der Ketten und dem postkoordinierenden Retrieval läßt sich nach unserer Erfahrung arbeiten, wenn man pragmatisch Nutzen und Aufwand abwägt. Wir speichern sogar die Permutationsmuster der Ketten in URICA, auch wenn deren Nutzen sich sinnvoll vielleicht nur in ausgedruckten Teilkatalogen für mehrstufige Register verwenden läßt.

Was in URICA noch fehlt und zur Zeit in Oldenburg programmiert wird, ist der Einbau der Schlagwortnormdatei, so daß nicht nur die Sacherschließung der Referenten durch diesen authority file unterstützt werden wird, sondern

[6] Siehe Havekost, Hermann: Beratungs- und Entwicklungsvertrag. In: URICA Oldenburg, S. 179-184.

auch die Recherchen der Benutzer durch die automatisch umgesetzten Verweisungen eine größere relevante Trefferzahl ergeben werden.

Ein weiteres Desiderat für den neuen OPAC ist der Zugriff über die in Oldenburg verwendete, sehr fein gegliederte *Bremer Aufstellungssystematik*. Wir könnten zwar heute die Abfrage der Notationen in den alten OPAC sofort einbauen, aber welcher Benutzer kennt schon die Systemstelle „vwl 425.3 2bp" und kann sie auch richtig eingeben? Der Luxus von URICA, verschiedene Klassifikationen nebeneinander recherchierbar verwalten zu können, nutzt dem Benutzer nicht, wenn wir nicht die Klassenbezeichnungen mindestens als Stichwörter zur Systematik eingeben und recherchierbar machen. Erst dann könnte z.B. eine Sucheingabe in dem *kombinierten* Schlagwort-, Stichwort-, Systematikzugriff zu dem Ergebnis

Konjunkturpolitik (Schlagwort): 85 Treffer
Konjunkturpolitik (Stichwort): 46 Treffer
Konjunkturpolitik (Systematik: vwl 436 ff): 163 Treffer

führen und das um Redundanz bereinigte Ergebnis der Oder-Verknüpfung 171 Treffer ergeben. Die Düsseldorfer Erfahrung, daß Benutzer nicht zwischen Stich- und Schlagwörtern unterscheiden können, selbst wenn wir in Oldenburg den Stichwortzugriff im Menü als „Wörter aus dem Titel" bezeichnen, können wir bestätigen.

Eine Alternative für den systematischen Zugriff wäre die Aufbereitung der Bremer Systematik für eine Suchbaumstrategie nach dem Btx-Prinzip bzw. entsprechend dem heiteren Beruferaten „Was bin ich?", mit 10 Fragen/Menüs am Ziel des engsten Begriffs zu sein. Über diese Alternativen oder zweifachen Möglichkeiten denken wir noch nach.

Der neue OPAC wird auch die Möglichkeit bieten, bei bekanntem Verfassernamen und einem bekannten Stichwort des Titels eine sogenante *Quick-Search* in einem Suchschritt durchführen zu können. Der Wunsch meiner Kollegen/-innen in der Auskunft nach einem Schnellzugriff oder kombinierten Matchcode ist durch den Bericht der Karlsruher über ihre Erfahrung mit dieser Zugriffsart auf diesem Symposium bestätigt worden.

Der Austausch von Praxiserfahrungen und deren pragmatische Umsetzung scheint mir denn auch der beste Weg zu dem Ziel verbesserter OPAC-Leistungen für den Benutzer zu sein. Auch wenn wir in Oldenburg schon weit gekommen sind, so wird es ein Ende des Weges nie geben. Jede Weiterentwicklung wird neue Wünsche und mit neuen technischen Möglichkeiten auch immer wieder neue Ideen für einen OPAC der Zukunft hervorbringen.

WOLFGANG KOWALK

Der OPAC der Universitätsbibliothek Saarbrücken

Der OPAC der UB Saarbrücken entstand Ende 1986 beim Aufbau einer neuen Datenbank auf dem Siemens-Rechner des Universitätsrechenzentrums. Das damals aufzubauende Datenbanksystem war zu keinem Zeitpunkt im Hinblick auf einen OPAC konzipiert worden, es sollte lediglich das davor existierende System, das auf dem Vorgängerrechner installiert war, ersetzen. Für die Programmierung der neuen Datenbank wurde erstmals COMSKEE (Computing and string keeping language) eingesetzt, eine Programmiersprache, die am Lehrstuhl für Informatik im Zusammenhang mit elektronischer Sprachforschung entwickelt worden war. Diese Programmiersprache zeichnet sich aus durch die leichte Manipulierbarkeit von Zeichenketten und durch die Möglichkeit, Wörterbücher mit beliebig langen Schlüsseln und Einträgen in Form von Zeichenketten einrichten zu können, was zur Folge hatte, daß die Ein-Mann-EDV-Abteilung der UB Saarbrücken immer mehr Lust am Experimentieren gewann und in relativ kurzer Zeit das jetzt bestehende System aufbauen konnte, wobei der OPAC als Ersatz für einen Ausdruck des Alphabetischen Katalogs mit vollständigen bibliographischen Angaben der UB und den Benutzern angeboten wurde. Neben dem OPAC gibt es einen auf Mikrofiches ausgedruckten alphabetischen Kurztitelkatalog mit Einträgen unter dem Verfassernamen als auch unter dem Sachtitel, und für den nicht abgebrochenen Sachkatalog werden Zettel ausgedruckt.

In der Datenbank der UB Saarbrücken befinden sich zur Zeit über 500 000 Titel (Monographien). Dies sind Neuzugänge ab dem Erscheinungsjahr 1977, Anfangsdatum der EDV-Katalogisierung, aber auch schon Titel, die aus der Zeit davor stammen (ca. 150 000). Der Neuzugang beläuft sich auf durchschnittlich etwas über 20 000 Titel pro Jahr. Für die Recherche existiert eine Kopie der Datenbank, die am Morgen nach einer Änderung des Bestandes aktualisiert wird.

Die Datenbank besteht aus Wörterbüchern, in denen einerseits die Titel, abrufbar über eine Identifikationsnummer, gespeichert sind, andererseits aus Wörterbüchern, in denen die Suchschlüssel aufrufbar sind und auf die entsprechenden Titelidentifikationsnummern verweisen, die, jeweils 3 Bytes lang, in Form einer Zeichenkette aneinandergereiht sind und als Eintrag unter dem Suchschlüssel stehen. Es gibt keine hierarchischen Strukturen.

Wörterbuch mit Suchbegriffen		*Titelwörterbuch*	
Schlüssel	*Eintrag*	*Schlüssel*	*Eintrag*
SUCHBEGRIFF-1	id4id8id3...	id1	Titel-1
SUCHBEGRIFF-2	id1...	id2	Titel-2
...		...	...

Die Titel sind im NKD-Format (Neues Konstanzer Datenformat) jeweils als eine einzige Zeichenkette abgelegt, in dem Format, das die UB noch auf dem Rechner TR 440 benutzt hatte. Für Körperschaften und Serien gibt es normierte Ansetzungen, die im jeweiligen Titel durch eine Identifikationsnummer vertreten sind.

Das Rechercheprogramm arbeitet im Line-Modus mit Menütechnik, weil davon ausgegangen wird, daß nicht alle Welt mit PCs recherchiert (in der UB z.B. gibt es immer noch Billigstterminals) und daß nicht jedermann eine Kommandosprache beherrscht. Über ein Grundmenü werden die 9 verschiedenen Suchmöglichkeiten angeboten:

Suche 1. unter einem Verfasser-, Herausgebernamen bzw. einer Körperschaft bzw. einem Titel,
2. unter einem bzw. mehreren Wörtern (Stichworte) aus dem Titel oder unter der Kombination Autorenname plus Wort/Wörter aus dem Titel,
3. unter der Sachkatalognotation,
4. unter dem vom Fachreferenten vergebenen Schlagwort,
5. unter einem Orts-, Länderbegriff bzw. Flußnamen etc.,
6. unter der Signatur,
7. unter der ISBN,
8. unter dem Verlagsnamen,
9. unter einer Identifikationsnummer (für Titel, Körperschaften, Serien etc.).

Daneben gibt es noch die Möglichkeit, eine zweite Datenbank auszuwählen, in der die Titel verzeichnet sind, die Universitätsangehörige als Veröffentlichung ihrerseits gemeldet haben.

Jeder vom Benutzer eingegebene Suchbegriff wird automatisch rechtstrunkiert, so daß in der Regel nur der Anfang eingegeben zu werden braucht. Es erscheinen auf dem Bildschirm die Begriffe, die mit derselben Zeichenfolge beginnen, und der Benutzer kann sich die Begriffe zusammenstellen, unter denen er suchen will. Bei einer Trefferquote von mehr als 5 Titeln wird die Möglichkeit der Reduzierung der Treffermenge durch einen erneuten Suchvorgang angeboten. Aus der Suchmenge des ersten Suchvorgangs wird mit Hilfe der zweiten Suchmenge eine UND-Schnittmenge gebildet. Bei der Titelausgabe erscheint jeweils die bibliographisch vollständige Titelaufnahme im RAK-Format, wobei die Ausgabe jederzeit abgebrochen werden kann.

Beim Menüpunkt 3 und 5 werden dem Benutzer besondere Hilfen angeboten, so daß er sich mit dem Sachkatalogsystem der UB in derselben Weise vertraut machen kann, wie dies beim Zettelkatalog möglich ist. Im übrigen wird darauf vertraut, daß das Programm selbsterklärend wirkt und ohne Zuhilfenahme von schriftlichen Vorlagen oder Anfragen beim Personal von jedem Ort aus benutzbar ist.

Recherchiert wird in der Tat nicht nur von in der UB stehenden Terminals aus, sondern vom Universitätscampus aus insgesamt und von außerhalb der Universität. Einige Zahlen aus der Zeit vom 18.10.89 bis 20.11.89 mögen dies zeigen: In der genannten Zeit wurde 92 099mal auf einzelne Menüpunkte zugegriffen, davon entfielen 39 075 auf Benutzer innerhalb der UB, 9 999 auf Benutzer außerhalb der UB und 43 025 auf das UB-Personal. Es wurde von mehr als 200 einzelnen Geräten aus gesucht, und in der Regel sind gleichzeitig 40 bis 50 Gespräche aktiv und zwar hauptsächlich in der Zeit von 7 bis 21 Uhr. Die am stärksten benutzten Terminals sind Geräte, die in der Vorhalle der UB stehen und die auch in der Zeit benutzt werden können, in der die UB mit ihrem herkömmlichen Service (Katalogsaal, Lesesaal, Ausleihe) nicht zur Verfügung steht.

Gesucht wird erwartungsgemäß am häufigsten unter den Menü-Punkten 1 und 2, Suche nach Autor/Titel bzw. nach Stichworten. Es folgen bei den Benutzern die Suche unter einem Schlagwort (4), unter der Notation (3), unter dem Ortsbegriff (5), unter der Signatur (6), unter einer Identifikationsnummer (9), unter dem Verlag (8) und unter der ISBN (7). Wie aus Mitschnitten zu bestätigen ist, verwenden die Benutzer die Stichwortsuche zum großen Teil auch für sachliche Recherchen.

HANS-JOACHIM FUCHS, CORDULA RIENAS,
REINHARD BOUCHÉ

Der OPAC der Universitätsbibliothek Tübingen

1. Einleitung

Der „Tübinger OPAC“ wurde als Erweiterung der OLAF-Ausleihsysteme konzipiert. (Die OLAF-Software wird außerhalb Baden-Württembergs von der Fa. NORSK DATA weiter entwickelt und unter dem Namen BIBDIA angeboten.) Die Entwicklung des OPAC erfolgte als „joint venture“ im Auftrag des Ministeriums für Wissenschaft und Kunst des Landes Baden-Württemberg zwischen der Universitätsbibliothek Tübingen und der Fa. NORSK DATA. Begonnen wurde Mitte 1988, ein stand-alone-Prototyp arbeitet seit November 1989 und wird im April 1990 an der UB Tübingen zu einem zunächst sechsmonatigen Testeinsatz gelangen, dem anschließend die volle Implementation folgen wird.[1]

Zur Herkunft der Tübinger (Test)Daten: die UBT katalogisiert im regionalen Südwestverbund (SWB). Zum Zetteldruck ist ein regelmäßiger Abzugsdienst eingerichtet. Diese Daten werden übernommen und in den lokalen OPAC eingespielt; anschließend werden sie „invertiert“, d.h. im OPAC suchfähig gemacht.

2. Design-Ziel

Da wir nicht ein beliebiges Informations-Retrieval-System entwickeln wollten, sondern eines, das genau die Funktionalität einer „Bestell-Recherche“ abbildet, wurden an das Design u.a. folgende Rahmenbedingungen gestellt:

a) Erweiterung der OLAF/BIBDIA-Systeme um eine OPAC-Komponente.
b) Erste Stufe: Funktionalität des Formalkatalogs; erweiterbar auf Sachkatalog.

   Die Known-Item-Suche soll im Vordergrund stehen, die Stichwortsuche soll ebenfalls möglich, die eigentliche Sachsuche (Schlagwort, Notation, ...) aber erst als Erweiterung möglich sein.
c) Kurze „Session“-Zeiten bei Standardanfragen.

[1] Zu den Rahmenbedingungen und zur Einordnung in die lokale und regionale Bibliotheksplanung vgl. Leonhard, Joachim-Felix: Online-Benutzerkatalog und Lokales Bibliotheksnetz. In: Bibliothekstechnologie im Wandel (Fortbildungsveranstaltung der Kanzler der deutschen Universitäten, Augsburg, Universität 15. März 1989). Augsburg 1990 (im Druck).

Da der OPAC als Bestellinstrument eine typische „Massenfunktion" in Bibliotheken bedienen soll, muß auf eine möglichst kurze Verweildauer der Benutzer geachtet werden: dies soll gleich beim Entwurf beachtet werden.

d) Leichte Bedienbarkeit (Oberflächen- und Datenstruktur).
Sowohl die Oberfläche als auch die Struktur der Katalogdaten soll so sein, daß der Benutzer möglichst leicht (=schnell, ohne Umwege) zu einer Bestellung kommt.

e) Lauffähig auf Minirechner (-systemen).
Der OPAC soll auf einem oder mehreren (vernetzten) Minirechner(n) laufen; Kapazitätserweiterung sowohl in Richtung Leistung, wie auch in Richtung Speicherplatz sollen in kleinen Schritten möglich sein.

3. *Features*

Nach diesen Rahmenbedigungen entstand ein Programmsystem, das u.a. folgende Merkmale aufweist:

a) Es wurde das gleiche Datenbanksystem (SIBAS), die gleichen Programmiertools (z.B. zur Definition der Oberfläche) und natürlich die gleiche Programmiersprache benutzt wie bei BIBDIA/OLAF. Auf dieser Ebene ist der OPAC also qua Programmierung bereits integriert.

b) Beim Übertragen der Daten wird die Abbildung der Ausgangsstruktur (z.B. IBAS-Format) auf die Zielstruktur (des OPAC) durch eine Entscheidungstabelle beschrieben. Dadurch war es uns z.B. möglich, die hierarchische SWB-Struktur in eine „flache" Struktur zu bringen: es werden nur Datensätze zu Einzelbänden übernommen; die Information des übergeordneten Gesamtwerks wird (redundant) beim Einzelband mitgeführt. Der Vorteil der einfacheren Struktur: der Benutzer muß nicht in bibliographischen Hierarchien navigieren, Einzeltitel können transparent gesucht und angezeigt werden. Wir denken, daß dies die Nachteile (Redundanz, evtl. längere Trefferlisten in bestimmten Suchsituationen) weit aufwiegt.

c) Der Zeichensatz der OPAC-Datenbank und damit der der OPAC-Titelanzeige orientiert sich an den Fähigkeiten moderner Terminals, bei denen die in europäischen Sprachen vorkommenden Zeichen dargestellt werden können. Die bei der Katalogisierung darüberhinaus erfaßten, nicht darstellbaren Zeichen werden bei der Datenübernahme, soweit sinnvoll, auf Ersatzzeichen abgebildet (z.B. Ain als ^{c}). Damit wird die Bildschirminformation leichter lesbar und erfaßbar.

d) Die Suchmöglichkeiten sind bewußt möglichst einfach gehalten, um die Verweilzeit der Benutzer möglichst kurz zu halten. Sie reichen aber aus, jeden Titel zu finden. Im allgemeinen sind die Trefferlisten bei einer „know-item"-Suche sehr kurz. Reduktionsschritte über Sekundäraspekte und explizite boolsche Verknüpfungen werden nur bei der (in einer nächsten Stufe realisierten) Sachsuche (s.o.) nötig. Das System automatisiert soviel wie möglich, um den Benutzer von zuviel Dialogschritten zu entlasten.

Dies ist der Entscheidungshintergrund für die meisten der folgenden Merkmale.

e) Suchelemente werden automatisch durch UND verknüpft; ODER ist in Form der (automatischen! s.u.) Rechtstrunkierung realisiert.

f) Suchbegriffs-Register werden nur in bestimmten Situationen zur Auswahl der für die Scuhe relevanten Begriffe angeboten.

g) Dieser Mechanismus erlaubt es jedenfalls, bei einer reinen Autorensuche (: die Eingabe ist nur ein Autorenname; gemeint sind dann alle Titel, die zu diesem Autor gehören) unter mehreren Autoren, die auf die Eingabe zutreffen, den oder die gewünschten auszuwählen. Dabei hat der Benutzer die Möglichkeit, durch Drücken der „Zoom"-Taste zu jeder aufgelisteten Namensform (Ansetzung- oder Verweisungsform) den Autorensatz vorher anzuschauen und zu verifizieren.

h) Die interne Suchstrategie versucht soviel wie möglich zu automatisieren, um dem Benutzer Trivialentscheidungen abzunehmen. Dazu gehört der automatische Übergang von „Phrase" zu „Wort", falls beide Aspekte zu dieser Eingabe invertiert wurden. Ebenso werden die Eingaben automatisch rechtstrukiert gesucht. Die Automatik hält inne, falls (mindestens) ein Treffer erzielt wurde, der Benutzer kann dann die Trefferliste inspizieren und entweder die Suche abbrechen oder die nächste Stufe der Automatik anstoßen. Wie gut dieses Verfahren in wissenschaftlichen Bibliotheken funktioniert, muß getestet werden.

i) Titel- und Autoren-Kategorien sind sowohl als Phrase wie auch wortweise invertiert. Weitere Suchaspekte wie ISBN/ISSN, Signatur, Sprache, Erscheinungsort, Verleger u.a. sind möglich. Jede Installation kann selbst bestimmen, welche Kategorie unter welchem Aspekt mit welcher Beschlüsselungsvorschrift invertiert und gesucht werden kann. So können z.B. bei Komposita, bei denen die Einzelbestandteile durch Bindestrich oder Apostroph getrennt sind, diese neben dem Gesamtbegriff suchbar gemacht werden. In unserer Installation haben wir uns auch entschlossen, sowohl Namen von Personen wie auch von Körperschaften unter dem Aspekt „Autoren" suchbar zu machen. Desgleichen werden als „Titel" Hauptsachtitel, Einheitssachtitel, Untertitel, Gesamttitel, Serientitel, u.ä. invertiert.

j) Allgemein sind sehr viele Parameter des Systems bei Installation und sogar später, während des Betriebs, einstellbar. Bei Installation können u.a. Art und Umfang der Invertierung, Anzeigeformat und Sortierung der Trefferliste (ja, dieser OPAC hat eine sortierte Ausgabe der Titellisten!) durch den Anwender festgelegt werden. Während des Betriebs können das Anzeigeformat eines Volltitels geändert, alle Bildschirmtexte umformuliert oder in eine andere Sprache übersetzt – sowie – terminalbezogen (!) Suchmöglichkeiten variiert werden.

k) Die Oberfläche ist menügesteuert. Da die Hierarchie der Bildschirme sehr flach ist (Suchmaske ⟨-⟩ Trefferliste (mit Kurztitel) ⟨-⟩ Volltitel, wobei man unmittelbar von einem Volltitel auf den nächsten (oder letzten) gehen kann, ist keine Kommandosprache (als Schnellweg für den Experten) notwendig.

l) Wichtige Funktionen (Umschalten auf Volltitelanzeige = Zoom-Taste, Hilfe, Eingabefelder löschen, Bestellmarkierung, „zurück") sind auf Funktionstasten gelegt, die beim Einsatz mit extra geprägten (farbigen?!) Kappen versehen werden können.

m) Eine gewisse Netzfähigkeit des Systems ist über Terminalemulation der gängigsten Terminaltypen, sowie die beliebige Umdefinierung der Sondertasten z.B. als F1,...,F8-Tasten gegeben.

ELISABETH NIGGEMANN

Die Diskussion während des Düsseldorfer Expertenkolloquiums

Vorbemerkung

Die lebhafte Diskussion der beiden Tage des Kolloquiums enthielt so viele Aspekte, daß der Versuch, ein vollständiges Ergebnisprotokoll zu präsentieren, von vornherein zum Scheitern verurteilt ist. Hier sollen daher nur die wesentlichen Inhalte der Diskussion wiedergegeben werden. Trotz aller Subjektivität, die bei einer solchen Berichterstattung nie ganz vermieden werden kann, ist dies aber der Versuch einer möglichst objektiven, in zentralen Aussagen zum Teil sogar wörtlichen Wiedergabe einer sehr interessanten Expertendiskussion, gestützt auf die Tonbandaufzeichnungen der Diskussion der beiden Tage.

Struktur und Organisation von Katalogdaten in einer vom Bibliotheksbenutzer online abfragbaren Datenbank und die Gestaltung ihrer Benutzeroberfläche einerseits, die Planung und Realisierung des inhaltlichen Zugriffs auf das gespeicherte Titelmaterial andererseits, sind letztlich davon abhängig, welche Funktion, welche Aufgaben dem Online-Benutzerkatalog in einer Bibliothek zugewiesen und welche Erwartungen und Wünsche des Bibliotheksbenutzers durch den OPAC erfüllt werden sollen und können.

Der Analyse des Benutzerverhaltens während der Suche am Terminal kommt damit eine hohe Bedeutung zu. Deshalb folgt auch das OPAC-Projekt der Universitätsbibliothek Düsseldorf amerikanischen Vorbildern mit dem Ziel, die Ergebnisse der Analyse des Benutzerverhaltens einerseits zur Optimierung des eigenen OPAC zu verwerten und andererseits weiterführende methodische Erkenntnisse daraus zu ziehen, die von potentiellen Nachnutzern bei der Entwicklung eigener Benutzeroberflächen hinzugezogen werden können. Diese Zielvorstellungen verleihen dem Düsseldorfer Projekt einen ausgesprochen experimentellen Charakter.

Die äußeren Bedingungen dieses „Experiments" werden in den Düsseldorfer Beiträgen beschrieben. Ein Blick auf die „alternativen Projekte" zeigt, daß es zur Zeit Großrechnerlösungen und PC-Lösungen gibt: Lösungen, die sich, wie in Düsseldorf, zum Teil an einem vorgegebenen universitären Umfeld an Hard- und Software orientieren.

Die Kontroverse, ob eine Verfahrenslösung auf einem Großrechner oder in einem PC-Ring vorzuziehen sei, braucht hier nicht vertieft zu werden. Zum einen kommt es auf die Art des Anwendungsfalls an; zum anderen können heutige Lösungen schnell durch technische Entwicklungen überholt werden. Wichtig ist daher ein möglichst flexibler und modularer Ansatz bei jeder Verfahrenslösung.

Als Vorteile von PC-Lösungen sind zu nennen:
- Fenstertechnik für das Blättern in Indices,
- Mehrfarbentechnik zur Verdeutlichung der Vorgänge,
- schnelleres Antwortzeitverhalten bei einer Netzlösung,
- stärkere Berücksichtigung von Funktionstasten.

Für eine Großrechnerlösung sprechen häufig je nach Rechnerumfeld der Bibliothek ökonomische Gesichtspunkte. Je größer die Datenbank und je komplexer ihre Struktur ist, desto umstrittener ist zur Zeit noch die Einschätzung der Eignung von PC-Systemen. Aufgrund der schnellen Entwicklung leistungsfähiger und preiswerter Hardware auf PC-Basis, der Möglichkeiten der Vernetzung zahlreicher Workstations untereinander und der Übergänge von einem Netz in ein anderes wird eine Großrechnerlösung künftig aber wohl nicht mehr empfohlen werden.

Grundsätzlicher ist die Entscheidung entweder für eine eigene Auskunftsdatenbank neben der Katalogisierungsdatenbank für den aktiven Input von Katalogisaten oder für ein integriertes System.

In Düsseldorf wird bewußt die Situation simuliert, in der sich jede Bibliothek befindet, die an einen Katalogisierungsverbund angeschlossen ist und die ihre Katalogdaten aus der Verbunddatenbank über die MAB-Schnittstelle in ihr lokales System bezieht. Mit Blick auf eine mögliche kostenneutrale Nachnutzung liegt hier also eine paradigmatische Lösung für die Verbundsituation vor. Die Realisierung einer MAB-Schnittstelle ist Bewilligungsauflage der Deutschen Forschungsgemeinschaft und unabweisbar notwendig, damit Titelaufnahmen beliebiger Herkunft in den OPAC eingebracht werden können.

Die Frage nach integriertem oder getrenntem System stellt sich nicht nur in Verbindung mit der Katalogisierungsdatenbank, sondern gerade auch im Hinblick auf die Verbindung mit einem Ausleihverbuchungssystem. Die Auskunft über die tatsächliche Verfügbarkeit der nachgewiesenen Literatur ist ein besonderes Problem bei der Gestaltung eines OPAC. Eine Kopplung von Ausleihverbuchungssystem und Online-Publikumskatalog ist aus der Sicht der Benutzer sicherlich ein Desiderat. Je nach technischer Realisation können sich jedoch Probleme z.B. hinsichtlich des Antwortzeitverhaltens, der Verfügbarkeit und der Datensicherung ergeben. Die Vorteile eines integrierten Systems lassen sich für den Benutzer auch durch eine Kopplung zweier an sich getrennter Systeme verwirklichen.

In diesem Zusammenhang stellt sich die Frage nach der Benutzerführung überhaupt. Flexibilität, d.h. Anpassung an das Verhalten der Benutzer, ist besonders wichtig bei der Wahl der Anzahl der Hilfetexte, ihres Inhalts, Umfangs und ihrer graphischen Aufbereitung. Die Gestaltung der Hilfetexte kann nicht losgelöst von der jeweiligen Benutzerschaft gesehen werden. Ein hoher Prozentsatz an Erstbenutzern oder „Stadtbenutzern“, d.h. an nicht oder wenig geübten Benutzern, muß bei diesen Entscheidungen mit berücksichtigt werden. Gerade wenn man von der Selbsterklärungskraft des Systems ausgeht und möglichst auf Handbücher und intensive Benutzerschulung verzichten will, braucht man Informationsbildschirme und Hilfsbildschirmtexte. Diese müssen sich aber an den Bedürfnissen der Benutzer orientieren. Sind sie zu lang, zu komplex oder zu trivial, werden sie nicht gelesen.

Ähnliches läßt sich zur Menüführung sagen: Der ungeübte Benutzer wird eine instruktive, führende Menütechnik, wie sie im Düsseldorfer OPAC verwirklicht wurde, begrüßen. Inwieweit ein geübter Benutzer diese noch akzeptiert, hängt auch vom Antwortzeitverhalten des Systems ab. Schnelle Bildschirmfolgen können sicherlich dazu beitragen, die Akzeptanz einer reinen Menütechnik durch diese Benutzergruppe zu sichern. Bezüglich des Antwortzeitverhaltens beim Wechsel zwischen einzelnen Menüschritten zeigt das Großrechnersystem in Düsseldorf deutliche Schwächen.

Schwächen im Antwortzeitverhalten treten in vielen Datenbanksystemen auch beim Reduzieren großer Treffermengen durch Einschränkungen mit Hilfe weiterer Suchargumente in einem zweiten Suchschritt auf. Kürzere Antwortzeiten ließen sich in manchen Fällen durch das Anlegen einer Zwischenschicht zwischen der Datenbank und der Benutzeroberfläche erreichen, in die schon bei der Ladeprozedur vorsortierte Datenmengen gegeben werden können. Prinzipiell jedoch sollte der OPAC nicht auf die variable wahlweise Sortierbarkeit verzichten.

Der künftige Erfolg von OPAC-Entwicklungen wird weitgehend davon abhängen, wie das Problem der inhaltlichen Erschließung des gespeicherten Titelmaterials gelöst wird. Bei der Diskussion möglicher Lösungen lassen sich drei Aspekte unterscheiden: die Rolle der verbalen Sacherschließung, die Notwendigkeit einer klassifikatorischen Sacherschließung und die Möglichkeit, durch linguistisch orientierte automatisierte Indexierungsverfahren ganz oder teilweise auf intellektuelle Indexierung verzichten zu können.

Linguistisch orientierte automatisierte Formen der Inhaltserschließung, wie es sie im Bereich der Dokumentation gibt, sind im deutschen Bibliothekswesen bislang kaum erprobt. Während die Debatte um verbale und kassifikatorische Sacherschließung immer auch von der langen Geschichte dieser Debatte belastet ist, so ist die Diskussion um linguistisch orientierte automatisierte Indexierungsverfahren zwar von Skepsis gegenüber dieser Methode geprägt, sie wird aber unvoreingenommener geführt.

Erste Versuche im Düsseldorfer Projekt mit dem Deskribierungssystem PASSAT der Firma Siemens sind vorerst abgebrochen worden. Die vorliegende deutsche Standardvergleichswortliste hatte sich als unzureichend herausgestellt, und weder im Rahmen des Projekts noch innerhalb der Bibliothek hätte die personelle Ausstattung ausgereicht, die Mängel zu beheben. Die Firma Siemens empfiehlt jetzt, eine Vergleichswortliste eines PASSAT-Anwenders zu nutzen und nicht auf der Standardvergleichswortliste aufzusetzen.

Die Bedeutung von Fachwörterbüchern für den Aufbau von Vergleichswörterbüchern wird unterschiedlich eingeschätzt. Einerseits läßt sich durch eine Vorsortierung der Titelstichwörter nach Fachgruppen manches semantische Problem lösen. Nach erfolgreicher fachlicher Strukturierung können sachspezifische Wörterbücher eingesetzt werden. Andererseits darf nicht übersehen werden, daß natürlichsprachiges Vokabular in Fachwörterbüchern meist fehlt und eher in Titelfassungen selbst vorkommt. Zudem ist eine Vorstrukturierung nur möglich, wenn die Titel zuvor einer zumindest groben klassifikatorischen Sacherschließung unterzogen wurden. Für die reine Konvertierung konventioneller alphabetischer Kataloge von Beständen ohne sachliche Erschließung, für den Fall also, für den linguistisch orientierte automatisierte Verfahren eine interessante Alternative zur gänzlich fehlenden Inhaltserschließung darstellen, läßt sich diese Vorstrukturierung gerade nicht durchführen.

Der vollständige Verzicht auf intellektuelle Inhaltserschließung von Neuerwerbungen zugunsten linguistisch orientierter automatisierter Verfahren muß sicherlich skeptisch beurteilt werden. PASSAT o.ä. als zusätzliches Angebot im Rahmen einer vom Benutzer als sachliche Suche (miß?)verstandenen Stichwortsuche kann man dagegen wohl uneingeschränkt begrüßen. Auch Mischverfahren für die Erschließung von Neuerwerbungen lassen sich denken: ein automatisiertes Abgleichen im Falle sinntragender Wörter einerseits und andererseits eine verbale Sacherschließung für Titel mit nicht sinntragenden Wörtern bzw. bei fremdsprachig vorliegenden Titeln.

Insgesamt ist das Interesse an einer weitergehenden Erprobung linguistisch orientierter automatisierter Deskribierungsverfahren zur Verbesserung des natürlichsprachigen sachlichen Zugriffs im OPAC groß, zumal die Problematik der oft fehlenden Sacherschließung bei altem Titelmaterial offenkundig ist. Eine Alternative zu linguistisch orientierten automatisierten Formen der Sacherschließung wie PASSAT stellt die Übernahme angloamerikanischer Fremddaten dar. Bei aller Skepsis gegenüber linguistisch orientierten automatisierten Indexierungsverfahren als alleiniger Sacherschließung, vor allem für Neuerscheinungen, ist eine Favorisierung eines bestimmten Denkmodells zur Zeit nicht erkennbar. Das große Theoriedefizit und die zur Zeit noch fehlenden Ergebnisse längerer Erprobung werden hier manifest.

Die Frage nach dem Einsatz von kontrolliertem Vokabular für den verbalen Zugriff auf Titelmaterial im OPAC stellt sich in Deutschland vor allem im Hinblick auf die RSWK. Diese Frage betrifft zunächst die Bedeutung von

Schlagwortketten im OPAC. Ferner kann skeptisch gefragt werden, ob verbale Sacherschließung überhaupt das probate Mittel ist, bzw., wenn dies prinzipiell bejaht werden kann, ob sie es in vollem Umfang nicht erst bei korrespondierender klassifikatorischer Sacherschließung wird.

Im Düsseldorfer OPAC werden Titelstichwörter und Schlagwörter in einem Basic Index gemischt. Konkreter Hintergrund für diese Lösung ist die Tatsache, daß nur ca. ein Drittel aller Titelaufnahmen mit Schlagwörtern versehen sind. Der Benutzer hat es aber mit einem „invisible catalogue" zu tun. Ihm fehlen meist die Hintergrundinformationen, mit deren Hilfe er die Dimensionen seiner Suchanfrage einschätzen kann. Er nimmt daher zunächst an, daß alle Titel verschlagwortet sind, und kommt so zu einer Fehleinschätzung seines Suchergebnisses. Ob diese Lösung beibehalten wird, ob künftig Titelstichwörter und Schlagwörter in getrennten Indizes angeboten werden, ob zusätzlich zu einem gemischten Basic Index ein getrennter Schlagwortindex angeboten wird und außerdem die Schlagwörter in die Titelanzeige mit einbezogen werden, wird zur Zeit diskutiert. Die Kritik an der derzeitigen Realisierung richtet sich dabei vor allem im Sinne einer möglichen Nachnutzung durch andere Bibliotheken gegen die starke Prägung der OPAC-Struktur durch die lokalen Gegebenheiten.

Die Forderung nach der Anzeige der Schlagwörter ist nicht von der Frage nach der Bedeutung von Schlagwortketten im OPAC und nach normiertem Vokabular überhaupt zu trennen. Man kann zwar argumentieren, daß Schlagwörter und vor allem Schlagwortketten überhaupt nicht für den sachlichen Zugriff im OPAC taugen, daß sie für den Benutzer viel zu kompliziert sind und daß die Präsentierung von Schlagwortketten im OPAC auf technische Probleme stößt; jedoch kann man dem entgegenhalten, daß nur mit normiertem Vokabular einerseits und mit spezifischen Ketten andererseits eine auch dem OPAC angemessene Tiefenerschließung monographischer Literatur zu verwirklichen ist. Die optimale Verteilung von Prä- und Postkoordination, ihr Zusammenspiel, ihr Verhältnis zueinander, der „archimedische Punkt" läßt sich noch nicht bestimmen.

Die Fragen der klassifikatorischen Sacherschließung im OPAC werden weniger kontrovers gesehen. Folgende Denkmodelle lassen sich unterscheiden: eine Grobklassifikation zur Reduktion von Treffermengen nach einem verbalen Primärsucheinstieg, der Sachzugriff über eine feingegliederte Klassifikation, die Verwendung einer international angewandten Klassifikation, möglichst über eine Konkordanz an die lokal benutzte Aufstellungssystematik gekoppelt. Die Vorteile hierarchischer Klassifikationssysteme zum „browsing" in einem online gehaltenen Systematischen Katalog sind offenkundig, die Probleme, die enumerative Elemente mit sich bringen, ebenso. Einheitliche Lösungsvorstellungen gibt es (selbstverständlich?) nicht.

Eine weitere Kernfrage der OPAC-Gestaltung wird vermutlich von Bibliothek zu Bibliothek anders beantwortet werden: die Frage nach der Funktion des OPAC. Soll er einmal alleiniger oder Hauptkatalog der Bibliothek sein? Oder soll er nur einen schnellen Standortnachweis ermöglichen, möglichst verbunden mit dem derzeitigen Ausleihstatus der gesuchten Titel? Ist es sinnvoll oder sogar erstrebenswert, verschiedene OPAC anzubieten? Erst nach Klärung dieser Fragen sind sinnvolle Antworten auf die folgenden konkreten Fragen möglich: Welches Maß an bibliographischer Differenziertheit ist dem OPAC angemessen? Sind hierarchische Verknüpfungen auf Satzebene erforderlich, und wie sollen Verweisungen bei Namen, Körperschaften und verbalen Sacherschließungselementen integriert werden? Was erwartet der Benutzer eigentlich von einem OPAC? Wie komplex sollen oder dürfen die Datenstruktur, die Suchstrategie, der inhaltlichen Sachzugriff für ihn sein? Wann ist er überfordert, und mit welchen Methoden lassen sich diese Fragen beantworten?

Betrachtet man die Frage der Komplexität der Datenstrukturen, so kann man im Sinne möglichst einfacher OPAC-Lösungen auf die Möglichkeit verweisen, bibliographisch komplizierte Recherchen auch von Benutzern an Verbunddatenbanken durchführen zu lassen. Damit erübrigt sich die Forderung, hierarchische Strukturen der Titelaufnahmen auch im OPAC abzubilden. Für den OPAC reicht dann eine einfache Dokumentenstruktur, die alle Daten auf Titelniveau anbietet. Bei dieser Betrachtung wird jedoch die Möglichkeit der inhaltlichen Suche vernachlässigt, da Verbundkataloge eine inhaltliche Erschließung weitgehend nicht bzw. nur in den Lokaldatensätzen anbieten. Außerdem ist nicht ganz verständlich, warum man einerseits benutzerfreundliche Oberflächen entwickelt, dem Benutzer dann aber zumutet, gerade für bibliographisch schwierige Recherchen mit der nicht primär unter dem Gesichtspunkt der Benutzerfreundlichkeit entwickelten Oberfläche der Verbundkataloge vorlieb zu nehmen. Wenn der OPAC der zukünftige Hauptkatalog der Bibliothek sein soll, der sowohl bibliographisch als auch im sachlichen Zugriff eine „sophisticated search" ermöglicht, dann muß er eine komplexe Datenstruktur haben. Welcher Ansatz der Sacherschließung diesem Anspruch im OPAC am ehesten gerecht werden kann, muß zur Zeit noch offen bleiben.

Antworten auf die oben genannten Fragen kann man nur durch Ergebnisse konkreter Benutzerforschung erhalten. Damit wird wieder einmal deutlich, daß dem Düsseldorfer Projektabschnitt, der sich, beginnend mit dem Einsatz im Benutzungsbereich, an die erste Entwicklungsphase des OPAC anschließt und der wesentlich zu dem experimentellen Charakter des Projekts beiträgt, große Bedeutung zukommt. Es wird aber ebenso deutlich, daß lokalen Gegebenheiten eine wichtige Rolle für die Anforderungen an den jeweiligen OPAC spielen. Daher ist die direkte Übertragbarkeit von Ergebnissen problematisch; der Vorteil unabhängig voneinander, aber mit vergleichbaren Methoden durchgeführter Untersuchungen wird evident.

ANHANG

Die Entwicklung des Düsseldorfer OPAC-Projektes durchlief viele Stationen, zu denen jeweils schriftliche Unterlagen erarbeitet wurden.

Lag der Schwerpunkt zu Beginn des Projektes in der Erstellung von gruppeninternen Sitzungsprotokollen zur Definition der einzelnen Projektschritte, so verlagerte sich der Inhalt der Schriftsätze später auf dezidierte Vorgaben für die notwendigen Programme der Datenumsetzung, Retrievalorganisation und Benutzerführung. Mit dem Realeinsatz des Systems begann wieder eine zu protokollierende Sitzungsphase, in die nun problem-abhängig Vertreter des beauftragten Softwarehauses, des Rechenzentrums, der Fa. Siemens und eines erweiterten bibliotheksinternen Benutzerkreises einzubeziehen waren.

Die Dokumentation aller durchgeführten Projekt-Schritte hat zu einer Fülle von schriftlichem Material geführt, das jedoch nur bedingt, da oft standort- und anwendungs-spezifisch, von öffentlichem Interesse ist. Dagegen haben Unterlagen, die u. E. für andere Bibliotheken durchaus nachnutzbar wären, einen derartigen Umfang erhalten (z.B. das dynamisch fortentwickelte Pflichtenheft zur Erstellung der Benutzeroberfläche), daß eine Publikation im vorliegenden Rahmen nicht möglich ist.

Deshalb wurden aus den entwickelten Arbeitspapieren selektiv solche Themen herausgegriffen, die „generelle OPAC-Fragen" darstellen. Unser derzeitiger „Systemeingang =" IBAS bzw. „Systemausgang =" GOLEM erscheint uns für das Grundproblem sekundär – die Eingänge könnten auch individuell anders besetzt werden –, sofern es jedoch zum Verständnis notwendig erschien, sind spezielle IBAS-/GOLEM-Erläuterungen beigefügt.

Die MAB-Schnittstelle, die im Rahmen des Düsseldorfer Projektes derzeit realisiert wird, bleibt in den Anhängen noch unberücksichtigt, da ihre Dokumentation noch nicht abgeschlossen ist. Die für eine künftige OPAC-Version vorgesehenen benutzer-orientierten Verbesserungen (OPAC) und betriebssystem-internen Erweiterungen (GOLEM) sind in diese Datenkonvertierung bereits eingeflossen.

Anhang A: Feinkonzept des GOLEM-Dokumentes – in Auswahl

A.1 Aufbau der GOLEM-Zielinformationen
A.2 Übersicht über die GOLEM-Zielinformationen
A.3 Reihenfolge der Aspekte in den GOLEM-Zielinformationen
A.4 Konkordanztabelle: IBAS-Kategorien → GOLEM-Aspekte
A.5 Auszug aus den Regeln zur Datenkonvertierung

1. Anmerkungen zum Zeichensatz
2. Aufbau der GOLEM-Aspekte BAS und KOR
3. Stopwortliste für die GOLEM-Aspekte BAS und KOR
4. Aufbau des GOLEM-Aspektes JAH
5. Umsetzung der Körperschaftsnamen in die GOLEM-Aspekte AUT / KAZ / KIN / KOR
6. Umsetzung der Personennamen in die GOLEM-Aspekte AUT / NAZ / NAM und Funktionsbezeichnungen für Personennamen im GOLEM-Aspekt NAZ

A.1 Aufbau der GOLEM-Zielinformationen

Im Düsseldorfer GOLEM-System gibt es 5 Arten von GOLEM-Zielinformationen (s. a. Anhang A.2). Die Anzahl und der jeweilige Inhalt der Aspekte einer GOLEM-Zielinformation richten sich nach Art und Inhalt der zu übernehmenden Titelaufnahmen aus dem Katalogisierungssystem.

Monographien/Stücktitel

Für diese Titelaufnahmen werden, falls die entsprechenden Kategorien bzw. Kategorieninhalte vorhanden sind, folgende GOLEM-Aspekte aufgebaut:

IDN	=	Titelidentnummer
ABZ	=	Literaturgattungskennzeichen
SPR	=	Sprachbezeichnungen
ISN	=	ISBN und/oder ISSN
SYS	=	Systemstellen / systematische Nebenstellen
AUT	=	Person oder Körperschaft (Haupteintragung)
NAM	=	*alle* Personennamen (RAK-Ansetzungsform *und* Verweisungsformen)
NAZ	=	*alle* Personennamen (RAK-Ansetzungsform) mit Nebeneintragung (evtl. mit Funktionsbezeichnung)

KAZ = *alle* Körperschaften (RAK-Ansetzungsform) mit Nebeneintragung
KIN = *alle* Körperschaften (RAK-Ansetzungsform) *und* Verweisungsformen)
KOR = *alle* Stichwörter aus den Körperschaften (RAK-Ansetzungsform *und* Verweisungsformen)
TIT = Hauptsachtitel in Ansetzungsform und evtl. Zusatz zum Hauptsachtitel
TIZ = *alle* weiteren Titel (Nebensachtitel, Einheitssachtitel, Parallelsachtitel)
ZTB = Titelbeschreibung
VLG = Verlag
IMP = Ausgabebezeichnung und/oder Verlagsangaben und/oder Erscheinungsjahr/Kollationsvermerk
JAH = Erscheinungsjahr und/oder ursprüngliches Erscheinungsjahr bei Nachdrucken
SER = *alle* Gesamttitelangaben
ZFN = Fußnoten, ggfs. einschl. abweichender Titel früherer und/oder späterer Ausgaben
BAS = *alle* Stichwörter der verschiedenen Sachtitel
und *alle* Ersatzstichwörter
und *alle* Einzelbestandteile der Schlagwort-Ansetzung
Textteil = *alle* Standorte und *alle* Buchungsnummern und *alle* Signaturen

Übergeordnete Titelaufnahmen

Aufbau und Anzahl der Aspekte für übergeordnete Titelaufnahmen weichen nur geringfügig von denen der GOLEM-Zielinformation für Monographien/Stücktitel ab. Die Aspekte BEM und VID und EBD/MCC werden für die Durchführung von Verknüpfungen im menü-gesteuerten Dialog benötigt. Der Aspekt EXT wird für die Information des „puren" GOLEM-Benutzers bezüglich der Anzeige der untergeordneten Bände aufgebaut.

IDN = (vgl. Monographien/Stücktitel)
VID = Bei Rumpfserien werden die Titelidentnummern aller Zwischenserien, bei „normalen" übergeordneten Titelaufnahmen die Titelidentnummer der jeweils übergeordneten Titelaufnahme abgespeichert.
ABZ = (vgl. Monographien/Stücktitel)
SPR = (vgl. Monographien/Stücktitel)
ISN = (vgl. Monographien/Stücktitel)

SYS = (vgl. Monographien/Stücktitel)
AUT = (vgl. Monographien/Stücktitel)
NAM = (vgl. Monographien/Stücktitel)
NAZ = (vgl. Monographien/Stücktitel)
KAZ = (vgl. Monographien/Stücktitel)
KIN = (vgl. Monographien/Stücktitel)
KOR = (vgl. Monographien/Stücktitel)
TIT = (vgl. Monographien/Stücktitel)
TIZ = (vgl. Monographien/Stücktitel)
ZTB = (vgl. Monographien/Stücktitel)
VLG = (vgl. Monographien/Stücktitel)
IMP = (vgl. Monographien/Stücktitel)
JAH = Konstanten:
,*' *und* ,0000' *und* ,9999'
und/oder Erscheinungsjahr und/oder ursprüngliches Erscheinungsjahr bei Nachdrucken
oder
,&' *und* ,0000' *und* ,9999'
und/oder Erscheinungsjahr und/oder ursprüngliches Erscheinungsjahr bei Nachdrucken
(Entscheidungskriterien s. Beschreibung Aspekt JAH)
SER = (vgl. Monographien/Stücktitel)
ZFN = (vgl. Monographien/Stücktitel)
BEM = Konstante:
ANZEIGE_DER_SERIENBAENDE_GEWUENSCHT_→_,*'_EINGEBEN!
oder
ANZEIGE_DER_EINZELBAENDE_GEWUENSCHT?_→_,&'_EINGEBEN!
(Entscheidungskriterien s. Beschreibung Aspekt JAH)
EXT = Konstante:
ANZEIGE_GEWUENSCHT?_→_,EXEC_OPAC.BANDHILFE'_EINGEBEN!
EBD = Konstante:
,*'
oder
,&'
(Entscheidungskriterien s. Beschreibung Aspekt JAH)
BAS = (vgl. Monographien/Stücktitel)
Textteil = *alle* Standorte und *alle* Signaturen

,mb'-Aufnahme (unselbständiger Band eines mehrbändigen Werkes) und ,mw'-Werk (mehrbändiges Werk)

Die Kategorien eines unselbständigen Bandes eines mehrbändigen Werkes *und* bestimmte Kategorien der Überordnung werden zu *einer* GOLEM-Zielinformation zusammenmontiert.

IDN = Titelidentnummer der ,mb'
ABZ = Literaturgattungskennzeichen der ,mw'
SPF = Sprachbezeichnungen der ,mw'
ISN = ISB-Nummern der ,mb'
SYS = Systemstellen / systematische Nebenstellen der ,mb'
AUT = Person oder Körperschaft (Haupteintragung) der ,mw'
TIT = Hauptsachtitel in Ansetzungsform der ,mw'
VLG = Verlag der ,mw'
IMP = Ausgabebezeichnung und/oder Verlagsangaben der ,mw'
ETL = Hauptsachtitel und evtl. Zusatz zum Hauptsachtitel der ,mb'
oder
Bandzählung, (eingeschobenes) Blank, Hauptsachtitel und evtl. Zusatz zum Hauptsachtitel der ,mb'
oder
Bandzählung, (eingeschobenes) Blank, Erscheinungsjahr in runden Klammern
IMP = Ausgabebezeichnung und/oder Erscheinungsjahr/Kollationsvermerk der ,mb'
JAH = Erscheinungsjahr aus der ,mb'
SER = ab der 2. *alle* Gesamttitelangaben der ,mb' (1. Gesamttitelangabe entspricht der Überordnung = ,mw')
EBD = Bandzählung aus der 1. Gesamttitelangabe
MCC = sortieraufbereitete Bandzählung aus der 1. Gesamttitelangabe
XXX = Titelidentnummer aus der 1. Gesamttitelangabe
BAS = alle Stichwörter der verschiedenen Sachtitel der ,mb'
und *alle* Ersatzstichwörter der ,mb'
und *alle* Einzelbestandteile der Schlagwort-Ansetzung der ,mb'
Textteil =
- *alle* Standorte, falls vorhanden, aus der ,mb', im anderen Fall, falls vorhanden, aus der ,mw'
- *alle* Buchungsnummern, falls vorhanden, aus der ,mb'
- *alle* Signaturen, falls vorhanden, aus der ,mb', im anderen Fall, falls vorhanden, aus der ,mw'

Verweisungs-Zielinformationen

Verweisungs-Zielinformationen werden für Gesamttitelangaben aufgebaut, sofern sie eine spezifische Bandzählung enthalten.

Verweisungs-Zielinformationen werden jeweils aus *allen* Gesamttitelangaben von Stücktiteln und übergeordneten Titelaufnahmen gebildet; bei unselbständigen Bänden eines mehrbändigen Werkes werden sie jedoch erst ab der 2. Gesamttitelangabe aufgebaut.

Verweisungs-Zielinformationen beinhalten folgende Aspekte:

IDN = Titelidentnummer der betreffenden Titelaufnahme

AUT = Person oder Körperschaft (Haupteintragung) aus der Gesamttitelangabe der betreffenden Titelaufnahme

TIT = Hauptsachtitel in Ansetzungsform aus der Gesamttitelangabe der betreffenden Titelaufnahme

EBD = Bandangabe aus der Gesamttitelangabe der betreffenden Titelaufnahme

MCC = sortieraufbereitete Bandangabe aus der Gesamttitelangabe der betreffenden Titelaufnahme

XXX = Verknüpfungsidentnummer aus der Gesamttitelangabe der betreffenden Titelaufnahme

für Stücktitel und übergeordnete Titelaufnahmen:

STV = Person oder Körperschaft (Haupteintragung) *und* Hauptsachtitel in Ansetzungsform der betreffenden Titelaufnahme
oder
Hauptsachtitel in Ansetzungsform der betreffenden Titelaufnahme

für unselbständige Bände eines mehrbändigen Werkes:

STV = Person oder Körperschaft (Haupteintragung) *und* Hauptsachtitel in Ansetzungsform des *mehrbändigen Werkes und* Bandzählung der ‚mb'
oder
Hauptsachtitel in Ansetzungsform des *mehrbändigen Werkes und* Bandzählung der ‚mb'

Textteil = wie Textteil der betreffenden Titelaufnahme, falls vorhanden

Hilfs-Zielinformationen

Für Verweisungen anstelle von Nebeneinträgen im Katalogisierungssystem, sowie für „Verlegerserien" und „technische Zwischenserien" werden – vorerst – *keine* vollständigen GOLEM-Zielinformationen sondern zur Durchführung des Korrekturverfahrens jeweils nur sog. Hilfs-Zielinformationen aufgebaut. Die entsprechenden Abrufzeichen im Katalogisierungssystem werden im GOLEM-Aspekt XXX als Deskriptor aufgebaut.

Katalogisierungssystem:	*Hilfs-Zielinformation:*
110_2321	IDN: 2312
150_aa	XXX: aa
110_45678	IDN:45678
150_av	XXX:av
110_7890	IDN: 7890
150_iv	XXX: iv
480_s._.......	
110_454545	IDN: 454545
150_iv	XXX: iv
480_S._.......	
110_343432	IDN: 343432
150_iv	XXX: iv
480_siehe_.......	
110_7876	IDN: 7876
150_iv	XXX: iv
480_Siehe_.......	
110_9098	IDN: 9098
150_sh	XXX: sh
110_7777	IDN: 7777
150_vl	XXX: vl

A.2 Übersicht über die GOLEM-Zielinformationen

Aspekt	Anzeige	Retrieval	Monogr./	Übergeord.	‚mb'/‚mw'	Verw.-	Hilfs-
	← im Menue →		Stückt.	Titelaufn.	-Komb.	Zielinformation	
Anfang	–	–	$$	$$	$$	$$	$$
IDN	–	x	IDN	IDN	IDN	IDN	IDN
VID	–	x	–	VID	–	–	–
Trenner	–	–	%%	%%	%%	%%	%%
ABZ	–	x	ABZ	ABZ	ABZ	–	–
SPR	–	x	SPR	SPR	SPR	–	–
ISN	x	–	ISN	ISN	ISN	–	–
SYS	x	x	SYS	SYS	SYS	–	–
AUT	x	–	AUT	AUT	AUT	AUT	–
NAM	–	x	NAM	NAM	–	–	–
NAZ	x	–	NAZ	NAZ	–	–	–
KAZ	x	–	KAZ	KAZ	–	–	–
KIN	–	x	KIN	KIN	–	–	–
KOR	–	x	KOR	KOR	–	–	–
TIT	x	–	TIT	TIT	TIT	TIT	–
TIZ	x	–	TIZ	TIZ	–	–	–
ZTB	x	–	ZTB	ZTB	–	–	–
VLG	x	–	VLG	VLG	VLG	–	–
IMP	x	–	IMP	IMP	IMP(2x)	–	–
JAH	–	x	JAH	JAH	JAH	–	–
SER	x	–	SER	SER	SER	–	–
ZFN	x	–	ZFN	ZFN	–	–	–
BAS	–	x	BAS	BAS	BAS	–	–
XXX	–	x	–	–	XXX	XXX	XXX
EBD	x	x	–	EBD	EBD	EBD	–
MCC	–	x	–	–	MCC	MCC	–
BEM	x	–	–	BEM	–	–	–
EXT	x	–	–	EXT	–	–	–
STV	x	–	–	–	–	STV	–
ETL	x	–	–	–	ETL	–	–
Trenner	–	–	**	**	**	**	–
TEXT	x	–	TEXT	TEXT	TEXT	TEXT	–

A.3 Reihenfolge der Aspekte in den GOLEM-Zielinformationen

Monographie/ Stücktitel	Übergeordnete Titelaufnahme	‚mb'/‚mw' – Kombination	Verweisung	Hilfs- Zielinformation
$$	$$	$$	$$	$$
IDN	IDN	IDN (mb)	IDN	IDN
–	VID	–	–	–
%%	%%	%%	%%	%%
ABZ	ABZ	ABZ (mw)	AUT	XXX
SPR	SPR	SPR (mw)	TIT	–
ISN	ISN	ISN (mb)	EBD	–
SYS	SYS	SYS (mb)	MCC	–
AUT	AUT	AUT (mw)	XXX	–
NAM	NAM	TIT (mw)	STV	–
NAZ	NAZ	VLG (mw)	–	–
KAZ	KAZ	IMP (mw)	–	–
KIN	KIN	ETL (mb)	–	–
KOR	KOR	IMP (mb)	–	–
TIT	TIT	JAH (mb/mw)	–	–
TIZ	TIZ	SER (mb)	–	–
ZTB	ZTB	EBD (mb)	–	–
VLG	VLG	MCC (mb)	–	–
IMP	IMP	XXX (mb)	–	–
JAH	JAH	BAS (mb)	–	–
SER	SER	–	–	–
ZFN	ZFN	–	–	–
BAS	BEM	–	–	–
–	EXT	–	–	–
–	EBD	–	–	–
–	BAS	–	–	–
**	**	**	**	–
TEXT	TEXT	TEXT (mb/mw)	TEXT	–

A.4 Konkordanztabelle: IBAS-Kategorien → GOLEM-Aspekte

IBAS-Kategorie(n)	Inhalt	GOLEM-Aspekt(e)
110	Titel-Identnummer	IDN und VID
120, 131-139	Buchungsnummern	Textteil
150	Abrufzeichen	ABZ und XXX
151	Sprachbezeichnungen	SPR
170, 171-179, 191-199	Signaturen	SYS und Textteil
180, 181	ISBN's / ISSN's	ISN
210-290	1.-9. Personenname mit Verweisungsformen	AUT, NAM, NAZ und STV
310-340	1.-4. Körperschaftsname mit Verweisungsformen	AUT, KAZ, KIN, KOR und STV
350	Hauptsachtitel	TIT, ETL, BAS, STV
360	Einheitssachtitel	TIZ (mit 370) und BAS
380-386	Nebensach- und Parallelsachtitel	TIZ und BAS
390	Zusatz zum Hauptsachtitel	TIT, ETL und BAS
400, 401	Titelbeschreibung	ZTB
410	Ausgabebezeichnung	IMP und JAH
430	Erscheinungsort / Verlag	IMP und VLG
450	Erscheinungsjahr / Kollationsv.	IMP und JAH
470-474	1.-5. Gesamttitel	SER, EBD, MCC, AUT, TIT, XXX
480	Fußnoten	ZFN, TIZ und BAS
483, 484	früherer / späterer Titel	ZFN
490-49J	systematische Nebenstellen	SYS
510-590	Schlagwörter	BAS
610-690	Ersatzstichwörter	BAS
710	Herkunftsangabe Düss. Diss.	ZFN
950	Bandaufführung b. Rumpfserien	VID

A.5 1. Anmerkungen zum Zeichensatz

IBAS-Zeichenvorrat:

In der Katalogisierungsdatenbank werden die Titelaufnahmen im EBCDI-Code abgespeichert. Die Umlaute und das Eszet werden in aufgelöster Form eingegeben. Folgende sieben diakritische Zeichen, die jeweils vor dem betreffenden Buchstaben stehen, werden berücksichtigt:

- accent aigu
- accent grave
- accent circonflexe
- Tilde
- Oberstrich
- Cedille
- Hacek

Außer den üblichen Sonderzeichen werden zusätzlich noch der Paragraph und die eckigen Klammern sowie als Delimiter das Pfundzeichen benutzt.

GOLEM-Zeichenvorrat:

Eine IBAS-Titelaufnahme wird in eine GOLEM-Zielinformation umgesetzt, die obligatorisch aus einem Deskriptorteil besteht und optional zusätzlich einen Textteil beinhalten kann.

Für die Abspeicherung der Daten im Deskriptorteil dürfen nur Zeichen verwendet werden, deren Hexa-Code größer als x‚39‘ und nicht gleich ‚+‘ (x‚4E‘), ‚:‘ (x‚7A‘), ‚;‘ (x‚5E‘), x‚4A‘ oder x‚79‘ ist. Die Hexacodes x‚4A‘ und x‚79‘ werden im Katalogisierungssystem nicht benutzt.

Die Sonderzeichen „Pluszeichen“ (x‚4E‘), „Doppelpunkt“ (x‚7A‘) und „Semikolon“ (x‚5E‘) werden jedoch für die Codierung bestimmter Sachverhalte in der Titelbeschreibung einer IBAS-Aufnahme verwendet und müssen bei der Datenumsetzung IBAS → GOLEM eliminiert bzw. durch andere Zeichen oder Zeichenfolgen ersetzt werden.

Im Textteil, der aus den Buchungsnummern- und Signaturkategorien aufgebaut wird, können alle Hexa-Codes verwendet werden.

OPAC-Zeichenvorrat:

Bei der Datenumsetzung IBAS → GOLEM wurden neben den drei o.g. Sonderzeichen alle diakritischen Zeichen ersatzlos entfernt sowie die eckigen Klammern eliminiert oder in runde Klammern umgesetzt.

Für die Recherchen im Düsseldorfer OPAC stehen SIEMENS-Terminals mit „deutscher“ und „internationaler“ Tastatur zur Verfügung. Diakritische Zeichen sowie die eckigen Klammern sind auf „deutschen“ Tastaturen nicht und auf „internationalen“ Tastaturen nur teilweise vorhanden.

Der Benutzer kann und gibt alle Zeichen, die auf den Tastaturen vorhanden sind, zur Formulierung seiner Suchfragen ein. Obwohl in den HILFE-Texten Hinweise zur Eingabe von Umlauten und Eszet gegeben werden, werden an Terminals mit „deutscher“ Tastatur häufig die Umlaute in nicht aufgelöster Form eingegeben. Das System reagiert mit Eliminierung dieser Zeichen.

Bei der Realisierung der 2. Version des Düsseldorfer OPAC wird dieses Problem dahingehend gelöst sein, daß bei Eingabe eines Umlautes die Auflösung in den Plausibilitätsroutinen für die einzelnen Bildschirme erfolgt.

A.5 2. Aufbau der GOLEM-Aspekte BAS und KOR

GOLEM-Aspekt BAS

In den GOLEM-Aspekt BAS werden nach der Überprüfung an einer minimalen Stopwortliste (s. „Stopwortliste für die GOLEM-Aspekte BAS und KOR") alle Stichwörter der folgenden IBAS-Kategorien als Deskriptoren eingetragen:

IBAS-Kategorien:	350	(Hauptsachtitel in Ansetzungsform)
	360	(Einheitssachtitel)
	380-384	(1.-5. Nebensachtitel)
	385-386	(1.-2. Parallelsachtitel)
	390	(Zusatz zum Hauptsachtitel)
	480	(*nur* Einheitssachtitel)
	510-590	(Schlagwörter)
	610-690	(Ersatzstichwörter)

GOLEM-Aspekt KOR

In den GOLEM-Aspekt KOR werden nach der Überprüfung an einer minimalen Stopwortliste (s. „Stopwortliste für die GOLEM-Aspekte BAS und KOR") alle Stichwörter der folgenden IBAS-Kategorien als Deskriptor eingetragen:

IBAS-Kategorien:	310-340	(1.-4. Körperschaftsname in Ansetzungsform)
	310b-340b	(maximal 5 Verweisungsformen je 300-Kategorie)

Zeichenbehandlung für die GOLEM-Aspekte BAS und KOR

- Nichtsortierfolgen ($ [.....] $) und ($Frueher$, $Spaeter$, $frueher$ und $spaeter$) werden übergangen.
- Nichtsortierfolgen ($ ..... $_[.....]) werden wie folgt behandelt:
  Die in $ und in [ ] eingeschlossenen Inhalte (jeweils ein o. mehrere Wörter) werden als Deskriptoren eingetragen, falls sie nicht Stopwort sind.
- Sonderzeichen ‚–' (Bindestrich) und ‚'' (Hochkomma):
  Komposita, die unmittelbar durch die Sonderzeichen ‚–' (Bindestrich) oder ‚'' (Hochkomma) verbunden sind, werden als Einzelwörter und als Gesamtwort (*ohne* Sonderzeichen), sofern sie nicht Stopwort sind, für den Deskriptoraufbau berücksichtigt.
- Es werden *nur* alphabetische Zeichen und *nur* Ziffern übernommen.
- Die Sonderzeichen ‚_' (Blank), ‚,' (Komma) und ‚.' (Punkt), ‚;' (Semikolon) und ‚/' (Schrägstrich) haben *trennende* Wirkung.

– *Alle* weiteren Sonderzeichen und *alle* diakritischen Zeichen werden übergangen.

Aufbau des GOLEM-Aspektes BAS
1. Beispiel

350_LaRochefoucauld_and_the_seventeenth-century_concept_of_the_self

BAS:	CENTURY	SELF
	CONCEPT	SEVENTEENTH
	LAROCHEFOUCAULD	SEVENTEENTHCENTURY

2. Beispiel

350_On-line_databases_and_electronic_mail_systems
510_Datenbank_/_Verzeichnisse
520_Informationssystem_/_Verzeichnisse

BAS:	DATABASES	MAIL
	DATENBANK	ON
	ELECTRONIC	ONLINE
	INFORMATIONSSYSTEM	SYSTEMS
	LINE	VERZEICHNISSE

3. Beispiel

350_Leben_im_Jahr_2000 _ [zweitausend] _und_danach
390_Perspektiven_f._d._naechsten_Generationen_;_Ergeb._e._Studie_ueber_d._
Auswirkungen_d._Bevoelkerungs-Entwicklung_auf_d._kuenftigen_
Lebensbedingungen_i._d._Bundesrepublik_Deutschland_
(ABEL-Projekt)
510_Bevoelkerungsentwicklung_/_1980-2000

BAS:	ABEL	JAHR
	ABELPROJEKT	KUENFTIGEN
	AUF	LEBEN
	AUSWIRKUNGEN	LEBENSBEDINGUNGEN
	BEVOELKERUNGS	NAECHSTEN
	BEVOELKERUNGSENTWICKLUNG	PERSPEKTIVEN
	BUNDESREPUBLIK	PROJEKT
	DANACH	STUDIE

DEUTSCHLAND	UEBER
ERGEB	ZWEITAUSEND
ENTWICKLUNG	1980
GENERATIONEN	19802000
IM	2000

4. Beispiel

350_Untersuchung_über_-_p,_gamma_-_Reaktionen_an_58Fe_bei_
Einschußenergien_Ep=1,75-2,28MeV_und_an_57Fe_bei_
Ep=1,42-1,92MeV

BAS:	AN	28MEV
	BEI	57FE
	EINSCHUSSENERGIEN	58FE
	EP1	92MEV
	GAMMA	42
	REAKTIONEN	421
	UEBER	75
	UNTERSUCHUNG	752

Aufbau des GOLEM-Aspektes KOR
1. Beispiel

310_Universitaetsbibliothek_⟨Duesseldorf⟩
310bUniversitaet_⟨Duesseldorf⟩_/_Universitaetsbibliothek#Medizinische
Akademie ⟨Duesseldorf⟩ /
Zentralbibliothek_$Spaeter$#Landes-_und_
Stadtbibliothek_⟨Duesseldorf⟩_$Spaeter$

KOR:	AKADEMIE	STADTBIBLIOTHEK
	DUESSELDORF	UNIVERSITAET
	LANDES	UNIVERSITAETSBIBLIOTHEK
	MEDIZINISCHE	ZENTRALBIBLIOTHEK

2. Beispiel

310_Deutsches_Institut_fuer_Normung
310bDIN#Institut_fuer_Normung_⟨Deutschland,_Bundesrepublik⟩#
Deutscher_Normenausschuß_$Spaeter$

KOR:	
BUNDESREPUBLIK	FUER
DEUTSCHER	INSTITUT
DEUTSCHES	NORMENAUSSCHUSS
DEUTSCHLAND	NORMUNG
DIN	

3. Beispiel

310_Schleswig-Holstein_/_Landesamt_fuer_Vor-_und_Fruehgeschichte

KOR:	
FRUEHGESCHICHTE	SCHLESWIG
FUER	SCHLESWIGHOLSTEIN
HOLSTEIN	VOR
LANDESAMT	

4. Beispiel

310_Institut_fuer_Statistik_und_Versicherungsmathematik_⟨Berlin,_West⟩
310bUniversitaet_⟨Berlin,_West⟩_/_Institut_fuer_Statistik_und
Versicherungsmathematik

KOR:	
BERLIN	UNIVERSITAET
FUER	VERSICHERUNGSMATHEMATIK
INSTITUT	WEST
STATISTIK	

5. Beispiel

310_Deutscher_Geographentag_⟨38,_1971,_Erlangen;_Nuernberg⟩

KOR:	
DEUTSCHER	NUERNBERG
ERLANGEN	1971
GEOGRAPHENTAG	38

A.5 3. Stopwortliste für die GOLEM-Aspekte BAS und KOR

– alle Einzelbuchstaben
  a b c d e f g h i j k l m n o p q r s t u v w x y z
  A B C D E F G H I J K L M N O P Q R S T U V W X Y Z
– *bestimmte* Artikel
  (deutsch, englisch, französisch, italienisch, spanisch)
  der, die, das, el, il, la, le, the
  Der, Die, Das, El, Il, La, Le, The

- *Konjunktionen* usw.
  (deutsch, englisch)
  and, in, of, und, or, not
  And, In, Of, Und, Or, Not
- *alle* einstelligen Zahlen
  0 1 2 3 4 5 6 7 8 9

A.5 4. Aufbau des GOLEM-Aspektes JAH

Übergeordnete Titelaufnahmen

Bei allen Titelaufnahmen, deren Abrufzeichenkategorie 150 das Abrufzeichen „se“ (entspr. Schriftenreihe) beinhaltet, wird in den GOLEM-Aspekt JAH
als 1. Eintrag die Konstante „*“
als 2. Eintrag die Konstante „0000“
als 3. Eintrag die Konstante „9999“
als 4. Eintrag, falls vorhanden, ein Erscheinungsjahr
als 5. Eintrag, falls vorhanden, die erste Jahresangabe aus der Ausgabebezeichnung
gesetzt.

Bei allen Titelaufnahmen, deren Abrufzeichenkategorie 150 die Abrufzeichen „mw“ und/oder „ue“ (entspr. mehrbändigem Werk) beinhalten, wird in den GOLEM-Aspekt JAH
als 1. Eintrag die Konstante „&“
gesetzt. Alle anderen 4 Einträge werden analog zur Schriftenreihe aufgebaut.

Die Konstanten „*“ und „&“ dienen zur Anzeige in der Kurztitelliste.

„mb“-Aufnahme (unselbständiger Band e. mehrbd. Werkes) und mehrbd. Werk

Bei der Montage einer „mb“-Aufnahme und der zugehörigen „mw“-Aufnahme wird der 1. Eintrag (Erscheinungsjahr) für den GOLEM-Aspekt JAH wie folgt ermittelt:

1. Eintrag = Erscheinungsjahr aus der Kategorie Erscheinungsjahr/Kollationsvermerk der „mb“-Aufnahme
oder

1. Eintrag = runde Klammer auf und unmittelbar dahinter eine Jahresangabe zu Beginn der Hauptsachtitelkategorie 350 der „mb“-Aufnahme
oder

1. Eintrag = vierstellige numerische Bandzählung (= Jahresangabe) aus der Gesamttitelkategorie 470 (Verknüpfung zur „mw“-Aufnahme)

oder

1. Eintrag = Erscheinungsjahr aus der Kategorie Erscheinungsjahr/Kollationsvermerk der „mw"-Aufnahme.

Der 2. Eintrag (Jahresangabe aus der Ausgabebezeichnung) wird folgendermaßen gefunden:

2. Eintrag = Jahresangabe aus der Ausgabebezeichnung der „mb"-Aufnahme

oder

2. Eintrag = Jahresangabe aus der Ausgabebezeichnung der „mw"-Aufnahme.

Alle weiteren Titelaufnahmen

Bei allen weiteren Titelaufnahmen wird in den GOLEM-Aspekt JAH als 1. Eintrag, falls vorhanden, das Erscheinungsjahr und als 2. Eintrag, falls vorhanden, die erste Jahresangabe aus der Ausgabebezeichnung aufgebaut.

Aufbau der GOLEM-Aspekte IMP, VLG und JAH

Übergeordnete Titelaufnahmen
1. Beispiel

150_mwer
410_wiss._Ausg.

IMP: wiss._Ausg.
JAH: &
0000
9999

2. Beispiel

150_mwueer
410_gekuerzte_Ausg.
430_Muenchen:_Saur

IMP: gekuerzte_Ausg._-_Muenchen,_Saur
VLG: Saur
JAH: &
0000
9999

„mb"-Aufnahme (unselbständiger Band e. mehrbd. Werkes) und mehrbd. Werk
1. Beispiel

mb: 410_Nachdr._Ausg._Paris_1503
450_1988
mw: 430_Bonn_:_Hauser

IMP: Bonn,_Hauser,_Nachdr._Ausg._Paris_1503,_1988
VLG: Hauser
JAH: 1988
1503

2. Beispiel

mb: 410_4._Aufl.
450_1966._-_604_S.

IMP: 4._Aufl.,_1966._-_604_S.
JAH: 1966

3. Beispiel

mb: 410_Nachdr._von_1745
450_1986._-_43_S.
mw: 410_Nachdr._von_1745
430_Stuttgart_:_Steiner

IMP: Stuttgart,_Steiner,_Nachdr._von_1745,_1986._-_43_S.
VLG: Steiner
JAH: 1986
1745

Alle weiteren Titelaufnahmen
1. Beispiel

410_2.,_neugest._Aufl
430_Bonn_:_Bouvier
450_1987._-_165_S._:_Ill.

IMP: 2.,_neugest._Aufl._-_Bonn,_Bouvier,_1987._-_165_S._-_Ill.
VLG: Bouvier
JAH: 1987

2. Beispiel

410_Rist._dell'_ed._di_Bologna_1874
450_1988._-_465_S.

IMP: Rist._dell'_ed._di_Bologna_1874,_1988._-_465_S.
JAH: 1988
1874

3. Beispiel

410_4.,_umgearb._Aufl
430_Muenster

IMP: 4.,_umgearb._Aufl._-_Muenster

4. Beispiel

430_Duesseldorf_:_Droste
450_1988._-_456_S._+_Faltbeil.

IMP: Duesseldorf,_Droste,_1988._-_456_S._&_Faltbeil.
VLG: Droste
JAH: 1988

A.5 5. Umsetzung der Körperschaftsnamen in die GOLEM-Aspekte AUT / KAZ / KIN / KOR

GOLEM-Aspekte AUT und KAZ

Handelt es sich bei der IBAS-Titelaufnahme um eine Urheberschrift, wird der 1. Urheber in den GOLEM-Anzeigeaspekt AUT und alle weiteren Urheber der Körperschaftskategorien in den GOLEM-Anzeigeaspekt KAZ abgespeichert. Es werden *alle* alphabetischen Zeichen und *alle* Ziffern sowie die Sonderzeichen
„⟨ ⟩"(Winkelklammer auf und zu)
„/" (Schrägstrich)
„." (Punkt)
„'" (Hochkomma)
„-" (Bindestrich)
„," (Komma)
„_" (Blank)
übernommen.

Das Sonderzeichen „;“ (Semikolon) wird durch „,“ (Komma) ersetzt.

GOLEM-Retrievalaspekt KIN („indirektes“ Retrieval)

Im GOLEM-Retrievalaspekt KIN sind alle vollständigen RAK-Ansetzungs- *und* Verweisungsformen abgespeichert. Über die Auswahl im Index ist es möglich, „indirekt“ eine Suche über die vollständigen Körperschaftsnamen zu starten. Es werden *alle* alphabetischen Zeichen (außer denen der Konstanten „$Frueher$“, „$Spaeter$“, „$frueher$“ und „$spaeter$“) und *alle* Ziffern sowie das Sonderzeichen „_“ (Blank) übernommen.

GOLEM-Retrievalaspekt KOR („direktes“ Retrieval)

Der GOLEM-Retrievalaspekt KOR beinhaltet die Stichwörter aller RAK-Ansetzungs- und Verweisungsformen von Körperschaftsnamen. Das „direkte“ Retrieval erfolgt im primären Sucheinstieg „Körperschaft“ mit der Eingabe einzelner Stichwörter aus den Körperschaftsnamen. Es werden *alle* alphabetischen Zeichen (außer denen der Konstanten „$Frueher$“, „$Spaeter$“, „$frueher$“ und „$spaeter$“) und *alle* Ziffern übernommen.

Elemente des GOLEM-Aspektes KOR

In den GOLEM-Aspekt KOR werden nach der Überprüfung an einer minimalen Stopwortliste (s. „Stopwortliste für die GOLEM-Aspekte BAS und KOR“) alle Stichwörter der RAK-Ansetzungs- *und* Verweisungsformen aller Körperschaftsnamen abgespeichert.

Komposita, die unmittelbar durch die Sonderzeichen „-“ (Bindestrich) oder „'“ (Hochkomma) verbunden sind, werden als Einzelwörter und als Gesamtwort (*ohne* Sonderzeichen), sofern sie nicht Stopwort sind, berücksichtigt.

Aufbau der GOLEM-Aspekte AUT, KAZ, KIN und KOR

1. Beispiel

310aUniversitaet_⟨Duesseldorf⟩
310bMedizinische_Akademie_⟨Duesseldorf⟩_$Spaeter$#Heinrich-Heine-
Universitaet_⟨Duesseldorf⟩

AUT: Universitaet_⟨Duesseldorf⟩
KIN: HEINRICHHEINEUNIVERSITAET_DUESSELDORF
MEDIZINISCHE_AKADEMIE_DUESSELDORF
UNIVERSITAET_DUESSELDORF

KOR: AKADEMIE
DUESSELDORF
HEINE
HEINRICH
HEINRICHHEINEUNIVERSITAET
MEDIZINISCHE
UNIVERSITAET

2. Beispiel

*310hLandesinstitut_Schleswig-Holstein_fuer_Praxis_und_Theorie_der_Schule_*
⟨Kiel⟩

310bIPTS#Landeszentralstelle_fuer_Lehrerfortbildung_Schleswig-Holstein_
⟨Kiel⟩_$-Spaeter$

KAZ: Landesinstitut_Schleswig-Holstein_fuer_Praxis_und_Theorie_der_Schule_⟨Kiel⟩

KIN: IPTS
LANDESINSTITUT_SCHLESWIGHOLSTEIN_FUER_PRAXIS_UND_THEORIE_DER_SCHULE_KIEL
LANDESZENTRALSTELLE_FUER_LEHRERFORTBILDUNG_SCHLESWIGHOLSTEIN_KIEL

KOR: FUER
HOLSTEIN
IPTS
KIEL
LANDESINSTITUT
LANDESZENTRALSTELLE
LEHRERFORTBILDUNG
PRAXIS
SCHLESWIG
SCHLESWIGHOLSTEIN
SCHULE
THEORIE

3. Beispiel

310aAcademia_Romana_di_San_Tommaso_d'Aquino_e_di_Religione_Cattolica

310bAccademia_Romana_di_San_Tommaso_d'Aquino#Pontificia_Academia_Romana_Sancti_Thomae_Aquinatis#Academia_Romana_Sancti_Thomae_Aquinatis#Pontifica_Accademia_Romana_di_San_Tommaso_d'Aquino#Accademia_di_San_Tommaso_⟨Roma⟩

AUT: Academia_Romana_di_San_Tommaso_d'Aquino_e_di_Religione_Cattolica

KIN: ACADEMIA_ROMANA_DI_SAN_TOMMASO_DAQUINO_E_DI_RELIGIONE_CATTOLICA
ACADEMIA_ROMANA_SANCTI_THOMAE_AQUINATIS

ACCADEMIA_DI_SAN_TOMMASO_ROMA
ACCADEMIA_ROMANA_DI_SAN_TOMMASO_DAQUINO
PONTIFICA_ACCADEMIA_ROMANA_DI_SAN_TOMMASO_DAQUINO
PONTIFICIA_ACADEMIA_ROMANA_SANCTI_THOMAE_AQUINATIS

KOR:	ACADEMIA	DI	SAN
	ACCADEMIA	PONTIFICA	SANCTI
	AQUINATIS	PONTIFICIA	THOMAE
	AQUINO	RELIGIONE	TOMMASO
	CATTOLICA	ROMA	
	DAQUINO	ROMANA	

A.5 6. Umsetzung der Personennamen in die GOLEM-Aspekte AUT / NAZ / NAM und Funktionsbezeichnungen für Personennamen im GOLEM-Aspekt NAZ

GOLEM-Aspekt AUT und NAZ

Handelt es sich bei der IBAS-Titelaufnahme um eine Verfasserschrift, wird der 1. Verfasser in den GOLEM-Anzeigeaspekt AUT und alle weiteren Personen der Personenkategorien in den GOLEM-Anzeigeaspekt NAZ abgespeichert. Zusätzlich wird an bestimmte Personennamen im Anzeigeaspekt NAZ, abhängig vom Kategoriesteuerbuchstaben, eine Funktionsbezeichnung angehängt (s. „Funktionsbezeichnungen für Personennamen im GOLEM-Aspekt NAZ“).

Es werden *alle* alphabetischen Zeichen und *alle* Ziffern sowie die Sonderzeichen „-“ (Bindestrich), „⟨ ⟩“ (Winkelklammer auf und zu), „.“ (Punkt), „_“ (Blank), „,“ (Komma) und „’“ (Hochkomma) übernommen.

GOLEM-Aspekt NAM

In den GOLEM-Retrievalaspekt NAM werden die Personennamen (RAK-Ansetzungs- und Verweisungsformen) aller Personennamenkategorien, unabhängig vom Kategoriesteuerbuchstaben, als Deskriptor aufgebaut.

Es werden *alle* alphabetischen Zeichen und *alle* Ziffern sowie die Sonderzeichen „⟨ ⟩“ (Winkelklammern auf und zu) und „,“ (Komma) übernommen.

Aufbau der GOLEM-Aspekte AUT, NAZ und NAM

1. Beispiel

210aD'Annunzio,_Gabriele
210bAnnunzio,_Gabriele_d'

AUT: D'Annunzio,_Gabriele
NAM: ANNUNZIO,GABRIELED
DANNUNZIO,GABRIELE

2. Beispiel

210hLaFontaine,_Jean_de
210bFontaine,_Jean_de_la

NAZ: LaFontaine,_Jean_de_⟨Hrsg.⟩
NAM: FONTAINE,JEANDELA
LAFONTAINE,JEANDE

3. Beispiel

210aThomas_⟨de_Aquino⟩
210bThomas_⟨von_Aquin⟩#_Thomas_⟨Aquinas⟩#
Tommaso_⟨d'Aquino⟩#
Thomas_⟨Akuinatos⟩#Aquinas,_Thomas

AUT: _Thomas_⟨de_Aquino⟩
NAM: AQUINAS,THOMAS
THOMAS⟨AKUINATOS⟩
THOMAS⟨AQUINAS⟩
THOMAS⟨DEAQUINO⟩
THOMAS⟨VONAQUIN⟩
TOMMASO⟨DAQUINO⟩

4. Beispiel

210mFriedrich_⟨Preussen,_Koenig,_2.⟩
210bFriedrich_⟨der_Grosse⟩
220qMartin_DuGard,_Roger
220bMartin-DuGard,_Roger#DuGard,_Roger_M.#Gard,_Roger_M._du

NAZ: Friedrich_⟨Preussen,_Koenig,_2.⟩_⟨Mitarb.⟩
Martin_DuGard,_Roger_⟨Vorr.⟩
NAM: DUGARD,ROGERM
GARD,ROGERMDU
FRIEDRICH⟨DERGROSSE⟩
FRIEDRICH⟨PREUSSEN,KOENIG,2⟩
MARTINDUGARD,ROGER

5. Beispiel

210aFalc'hun,_François

AUT: Falc'hun,_Francois
NAM: FALCHUN,FRANCOIS

6. Beispiel

210oOrtega_y_Gasset,_José
210bOrtega,_José_O._y

NAZ: Ortega_y_Gasset,_Jose_⟨Bearb.⟩
NAM: ORTEGA,JOSEOY
ORTEGAYGASSET,JOSE

7. Beispiel

210aPico_DellaMirandola,_Giovanni_F.
210bDellaMirandola,_Giovanni_F.#Pic_de_la_Mirandole,_Jean#Mirandola,_Giovanni_F.#Pico_DellaMirandola,_Gianfrancesco#Pico-DellaMirandola,_Giovanni_F.

AUT: Pico_DellaMirandola,_Giovanni_F.
NAM: DELLAMIRANDOLA,GIOVANNIF
MIRANDOLA,GIOVANNIF
PICDELAMIRANDOLE,JEAN
PICODELLAMIRANDOLA,GIANFRANCESCO
PICODELLAMIRANDOLA,GIOVANNIF

Funktionsbezeichnungen für Personennamen im GOLEM-Aspekt NAZ:

Die Funktionsbezeichnungen für Personennamen im GOLEM-Anzeigeaspekt NAZ werden aus den Steuerbuchstaben der Personenkategorien in der jeweiligen Titelaufnahme der Katalogisierungsdatenbank ermittelt.

Katalogisierungssystem		*GOLEM-Aspekt NAZ*
Steuerbuchstabe	→	Funktionsbezeichnung
Blank	→	./.
a	→	./.
b	→	./.
c	→	./.
d	→	./.
f	→	⟨Begr.⟩
h	→	⟨Hrsg.⟩
i	→	⟨Ill.⟩
k	→	⟨Komm.⟩
l	→	⟨Komp.⟩
m	→	⟨Mitarb.⟩
o	→	⟨Bearb.⟩
p	→	⟨Praeses⟩
q	→	⟨Vorr.⟩
r	→	⟨Respondent⟩
t	→	⟨Textverf.⟩
u	→	⟨Uebers.⟩

Anhang B: Feinkonzept der Benutzeroberfläche – in Auswahl –

B.1 Der OPAC-Editor
B.2 Übersicht über die Aspekt-Verwendung für die menü-gesteuerte Recherche
B.3 Übersicht über die Aspekt-Verwendung für die Anzeigeformate
B.4 Verknüpfungsschema in beispielhaften GOLEM-Sätzen
B.5 Struktogramm der Benutzeroberfläche

B. 1 Der OPAC-Editor

Der OPAC-Editor ist ein Werkzeug zur Pflege von Systemelementen der Benutzer-Oberfläche des OPAC.

Um den OPAC flexibel zu halten, sind einzelne Bausteine innerhalb des Systems von der Programmseite her als Variable definiert worden. Sie werden bei jedem Systemstart über Parameter aktuell hinzugeladen. Damit ist eine flexible Anpassung von Texten, Hinweisen, Anzeigeformaten u.v.a.m. zu jeder Zeit ohne Programmänderung möglich.

Der OPAC-Editor ist als Einplatzsystem im Teilnehmerbetrieb unter Verwendung von FHS-Masken realisiert. Seine Bedienung wird dem Systemverwalter zugeordnet. Das Editierprogramm wird über eine Prozedur (online) aufgerufen und stellt die aktuelle Version der variablen Systemkomponenten zur Änderung zur Verfügung. Dabei wird im virtuellen Arbeitsbereich nicht in den Originaldaten, sondern auf Arbeitskopien korrigiert. Ohne explizite Übernahme der geänderten Daten in die Original-Datei kann beliebig das Update der Daten unterbrochen oder im Textsystem aktuell ein Zwischenstand (z.B. bei einer Format-Definition) angezeigt werden.

Das Editierprogramm verwendet Masken, deren Aufbau sich am jeweils zu bearbeitenden OPAC-Bildschirm orientieren. Den OPAC-Bildern ensprechend wird die jeweils 1. Bildschirmzeile der Editiermaske zur Ausgabe von Fehlermeldungen genutzt. Die 2., 19. und 21. Zeile dienen als Trennzeile. Kommandos werden in der 20. Zeile eingegeben. Der untere Bereich mit den Zeilen 22-24 enthält den bild-spezifischen Befehlsvorrat oder Bedienungshinweise. Das Editierprogramm unterstützt Einfüge-, Lösch-, Kopier-, Blätter- und Positionier-Funktionen und stellt sich damit als ein komfortables System zur Datenpflege dar.

Im einzelnen lassen sich folgende Systemelemente, die in die Benutzer-Oberfläche integriert sind, mit dem OPAC-Editor verwalten:

- *Bild-Texte*
  Bild-Texte werden (über 80 Spalten) in den Zeilen 3 bis 18 eines Bildes angezeigt und sind immer fest einem bestimmten Bild zugeordnet.
- *Hilfe-Texte*
  Hilfe-Texte sind fortlaufende Texte in einer beliebigen Anzahl von Zeilen (über 80 Spalten), die fest einem Bild zugeordnet sind. Durch Eingabe der Funktion H = Hilfe werden diese Texte bild-spezifisch abgerufen und auf dem Ausgabe-Bild 099 angezeigt.
- *Erklärungs-Texte*
  Erklärungs-Texte sind fortlaufende Texte in einer beliebigen Anzahl von Zeilen (über 80 Spalten), die fest dem Bild 002 zugeordnet sind. Durch Text-Auswahl auf dem Bild 002 wird entweder die entsprechend verschlüsselte Erklärung zur Benutzung des OPAC auf dem Ausgabe-Bild 097 angezeigt oder die Erklärung zur Bibliotheksbenutzung auf Bild 098.
- *Fehler-Texte*
  Fehler-Texte bestehen jeweils aus 1 Zeile mit je 80 Spalten. Jede Fehlertext-Zeile wird über eine Fehlernummer, bestehend aus der zugehörenden Bildnummer und einer fortlaufenden Zählung, adressiert. Die Fehlerzeile kann Variablen enthalten (vgl. Systemparameter), die vor der Fehler-Text-Ausgabe durch konkrete Werte ersetzt werden.
- *Systemparameter*
  Als Systemparameter werden folgende Werte verwaltet:
  - Name und Paßwort der Datenbank (=Golem-Pool)
  - Anzeige-Modus für die 1. Bildschirmzeile (=Statuszeile), z.B. hell, blinkend etc.
  - maximale Anzahl der Suchbegriffe bei der Suche über Titelwörter und Körperschaften
  - minimale Trunkierungslänge für den Befehl „FIND" (entspr. Durchführung einer Suche im System)
  - minimale Trunkierungslänge für den Befehl „DISPLAY" (entspr. der Anzeige eines Register-Ausschnittes)
  - maximale Anzahl der für die Suche auszuwählenden Terme aus den Registern
  - maximale Trefferzahl, die in einer Kurztitelliste angezeigt werden kann
  - Namen der Anzeige-Formate, über die die Dokumentanzeige auf den Bildern 060 bis 073 gesteuert werden soll

  - Anzeige-Modus für Fehlermeldungen (vgl. Fehler-Texte), z.B. hell, blinkend etc.
  - Ausgabe-Modus für gespeicherte Benutzer-Eingaben, d.h. vor/nach Bearbeitung durch das Programm
  - Vor-Definition des System-Ausgangs
- *Bildparameter 1*
  Als Bildparameter 1 werden die jeweils letzten 3 Bildschirmzeilen jedes Bildes, die entweder den bild-spezifischen Funktionsvorrat oder Eingabe-Beispiele enthalten, verwaltet. Dementsprechend kann jede der Bildschirmzeilen 22-24 entweder mit einem Text (über 80 Spalten) oder mit bis zu 3 Funktionszeichen (vgl. auch Funktionszeichen zugeordnete Texte) belegt werden.
- *Bildparameter 2*
  Als Bildparameter 2 werden Zeichenfolgen verwaltet, die als einzig zulässige Suchbegriffs-Eingaben bild-spezifisch abgeprüft werden sollen. Pro Bild sind maximal 64 Zeichenfolgen bestimmbar.
- *Mitschnitt-Steuerung*
  Über die Angabe von maximal 60 logischen Terminalnamen läßt sich ein teilhaber-spezifischer Dialogmitschnitt ein- bzw. ausschalten.
- *Funktionszeichen zugeordnete Texte*
  In diesem Bereich sind maximal 30 Funktionszeichen mit zugehörenden Standardtexten erfaßbar (z.B. H = Hilfe). Bei Angabe einer Funktion über Bildparameter 1 wird automatisch der hier festgelegte Text bei der Bildschirmanzeige mit angezogen.
- *Formatdefinition (für die Dokument-Anzeige in Tabellen-Form)*
  In diesem Bereich können beliebig viele Anzeige-Formate (vgl. Systemparameter), auf die über das Bild 060 zugegriffen wird, definiert werden.
  Pro Format sind folgende Variablen bestimmbar:
  - Spaltenposition, mit der die Zeile beginnen soll
  - auszugebende Aspekte pro Zeile mit
    - Aspekt (interne Bez.)
    - maximale Zeichenanzahl
    - Trennzeichen zum folgenden Aspekt
  - Sortier-Kriterium mit
    - Aspekt (interne Bez.)
    - maximale Sortierlänge
    - Sortier-Modus (aufsteigend/absteigend).
- *Formatdefinition (für die Dokument-Anzeige in kurzer und langer Form)*
  In diesem Bereich können beliebig viele Anzeige-Formate (vgl. Systemparameter), auf die über die Bilder 061 bis 073 zugegriffen wird, definiert werden.

Pro Format sind folgende Variablen bestimmbar:
- Anzahl einzuschiebender Leerzeilen *vor* Ausgabe des Aspektes
- auszugebender Aspekt (interne Bezeichnung)
- einleitender Text *vor* Ausgabe des Aspektes
- Spaltenposition, mit der die Aspekt-Ausgabe beginnen soll
- Spaltenposition, mit der mögliche Folgezeilen pro Aspekt-Ausgabe beginnen sollen
- Trenner zwischen mehreren Deskriptoren ein- und desselben Aspektes.

B. 2 Übersicht über die Aspekt-Verwendung für die menügesteuerte Recherche

1. Menue-Ebene		2. Menue-Ebene (zur Reduktion der Treffer)		Erfassungs-Format (=zugleich Recherche-Aspekte fuer den GOLEM-Experten)
direkt	browse	direkt	browse	
				E-Dat: 880421
				IDN: 67997
				AUT: Hase, Gottfried
*	*			NAM: Hase,Gottfried
				FuchsBerger,Otto
				Berger,OttoF
				NAZ: Hase, Gottfried
				Fuchs-Berger, Otto <Hrsg.>
*				KOR: Universitaetsbibliothek
				Duesseldorf
				Universitaet
				Duesseldorf
				Bibliothek
	*			KIN: Universitaetsbibliothek Duesseldorf
				KAZ: Universitaetsbibliothek <Duesseldorf>
				TIT: Das OPAC-Dokument
				Probleme u. Erfahrungsberichte
				TIZ: The OPAC document <dt.>
				ZTB: Red. Universitaetsbibliothek
				Duesseldorf
				IMP: 2. Aufl. - Duesseldorf, Secret-
				Verlag, 1988. - 53 S. & Faltbl.
		*		JAH: 1988
				VLG: Secret-Verlag
				SER: EDV in der Bibliothek. 7
				ZFN: Mit e. Fussnote von d. OPAC-AG
				ISN: 3-79554-132-7
*		+		SYS: bibo801
		+		SPR: deu
		+		ABZ: bs
*	*	*		BAS: OPAC
				Dokument
				OPACDokument
				Probleme
				Erfahrungsberichte
				An
				OPAC
				document
				(Textteil mit: Standort
				Signatur
				Buchungsnummer)

* entspr. der Eingabe des Such-Terms

\+ entspr. der Eingabe einer vorgegebenen Ziffer, ueber die vom System die gewuenschten Such-Terme gesetzt werden

B.3 Übersicht über die Aspekt-Verwendung für die Anzeige-Formate

Kurztitel-Liste	Kurz-Format	Lang-Format	Erfassungs-Format
			E-Dat: 880421
			IDN: 67997
*	*		AUT: Hase, Gottfried
			NAM: Hase,Gottfried
			FuchsBerger,Otto
			Berger,OttoF
		*	NAZ: Hase, Gottfried
			Fuchs-Berger, Otto <Hrsg.>
			KOR: Universitaetsbibliothek
			Duesseldorf
			Universitaet
			Duesseldorf
			Bibliothek
			KIN: Universitaetsbibliothek Duesseldorf
		*	KAZ: Universitaetsbibliothek <Duesseldorf>
*	*	*	TIT: Das OPAC-Dokument
			Probleme u. Erfahrungsberichte
	*	*	TIZ: The OPAC document <dt.>
		*	ZTB: Red. Universitaetsbibliothek
			Duesseldorf
	*	*	IMP: 2. Aufl. - Duesseldorf, Secret-
			Verlag, 1988. - 53 S. & Faltbl.
*			JAH: 1988
			VLG: Secret-Verlag
	*	*	SER: EDV in der Bibliothek. 7
		*	ZFN: Mit e. Fussnote von d. OPAC-AG
		*	ISN: 3-79554-132-7
		*	SYS: bibo801
		*	SPR: deu
			ABZ: bs
			BAS: OPAC
			Dokument
			OPACDokument
			Probleme
			Erfahrungsberichte
			An
			OPAC
			document
	*	*	(Textteil mit: Standort
			Signatur
			Buchungsnummer)

B.4 Verknüpfungs-Schema in beispielhaften GOLEM-Sätzen

Bsp. 1 = Monographie, verknüpft mit 2 Serien

Monographie (a)
IDN: 1
TIT: Monographie
SER: Erste Serie. 11
Zweite Serie. 21
BAS: Monographie
(Standort/Signatur/Buchungsnr.)

1. Serie (b)
IDN: 9
TIT: Erste Serie
BAS: ERSTE
SERIE

Vw. zur 1. Serie (d)
IDN: 1
TIT: Erste Serie
EBD: 11
BEM: → Monographie
XXX: 9
MCC: 211
(Standort/Signatur/Buchungsnr.)

2. Serie (c)
IDN 99
TIT: Zweite Serie
BAS: ZWEITE
SERIE

Vw. zur 2. Serie (e)
IDN: 1
TIT: Zweite Serie
EBD: 21
BEM: → Monographie
XXX: 99
MCC: 221
(Standort/Signatur/Buchungsnr.)

Erläuterungen zum Beispiel:
- Die Suche über ein Titelelement des Serientitels („Zweite") im Aspekt BAS =Basic Index ergibt 1 Treffer = den Haupteintrag der Serie (c)
- zur Anzeige der zur Serie gehörenden Bände wird intern die Suche mit der Identnummer der Serie („99"=Inhalt des Aspektes IDN) fortgeführt; jedoch wird für diesen weiteren Suchschritt der Aspekt XXX abgefragt, da der Haupteintrag selbst nicht mehr angezeigt werden muß (bzw. soll)
- als Ergebnis wird (e) ermittelt; in den meisten Fällen reicht die Anzeige dieses kurzen GOLEM-Dokumentes aus, da aus ihr alle Angaben über Art der Verknüpfung, Titel, Standort etc. zu entnehmen sind
- eine vollständige Anzeige des GOLEM-Dokumentes, das hinter (e) steht (i.e. (a)), ist dann zu erreichen, wenn eine weitere Suche über den Basic

Index mit dem Begriff „Monographie“ durchgeführt wird; eine Suche über die Identnummer („1“=IDN) würde ebenfalls zum Ziel führen, hätte aber zum Ergebnis eine Treffermenge 〉1 (=Dokumente (a), (d), (e)), da alle an (a) geknüpften (und durch (a) aufgebauten) Dokumente ermittelt würden.

Bsp. 2 = Mehrbändiges Werk mit Stücktitel und unselbständigem Band

Haupteintrag des mehrbändigen Werkes (a)

IDN: 3 ◄
TIT: Mehrbaendiges Werk
BAS: MEHRBAENDIGES WERK

Stuecktitel (b)
IDN: 4
TIT: Stuecktitel
SER: Mehrbaendiges Werk. 31
BAS: STUECKTITEL
(Standort/Signatur/Buchungsnr.)

Vw. zum mehrbaendigen Werk (c)
IDN: 4
TIT: Mehrbaendiges Werk
EBD: 31
BEM: → Stuecktitel
►XXX: 3
MCC: 231
(Standort/Signatur/Buchungsnr.)

Unselbstaendiger Band (d)
IDN: 5
TIT: Mehrbaendiges Werk
EBD: 32
ETl: Unselbstaendiger Band
BAS: UNSELBSTAENDIGER BAND
XXX: 3◄
MCC: 232
(Standort/Signatur/Buchungsnr.)

Erläuterungen zum Beispiel:
- Die Suche über ein Titelelement des mehrbändigen Werkes („Werk“) im Aspekt BAS=Basic Index ergibt 1 Treffer = den Haupteintrag des mehrbändigen Werkes (a)
- zur Anzeige der zum mehrbändigen Werk gehörenden Bände wird intern die Suche mit der Identnummer („3“=Inhalt des Aspektes IDN) fortgeführt; jedoch wird für diesen weiteren Suchschritt der Aspekt XXX abgefragt, da der Haupteintrag selbst nicht mehr angezeigt werden muß (bzw. soll)

- als Ergebnis werden (c) und (d) ermittelt, wobei es sich bei (c) um eine Verweisung (Hinweis auf den Stücktitel) und bei (d) um den Haupteintrag des unselbständigen Stückes handelt
- die sortierte Anzeige wird über den Aspekt MCC (=Matchcode) mit der sortieraufbereiteten Bandzählung gesteuert
- eine vollständige Anzeige des GOLEM-Dokumentes, das hinter (c) steht (i.e. (b)), ist dann zu erreichen, wenn eine weitere Suche über den Basic Index mit dem Begriff „Stuecktitel" durchgeführt wird; eine Suche über die Identnummer („4"=IDN) würde ebenfalls zum Ziel führen, hätte aber zum Ergebnis eine Treffermenge 〉1 (=Dokumente (b), (c)), da alle an (a) geknüpften (und durch (a) aufgebauten) Dokumente ermittelt würden.

B.5 Struktogramm der Benutzeroberfläche

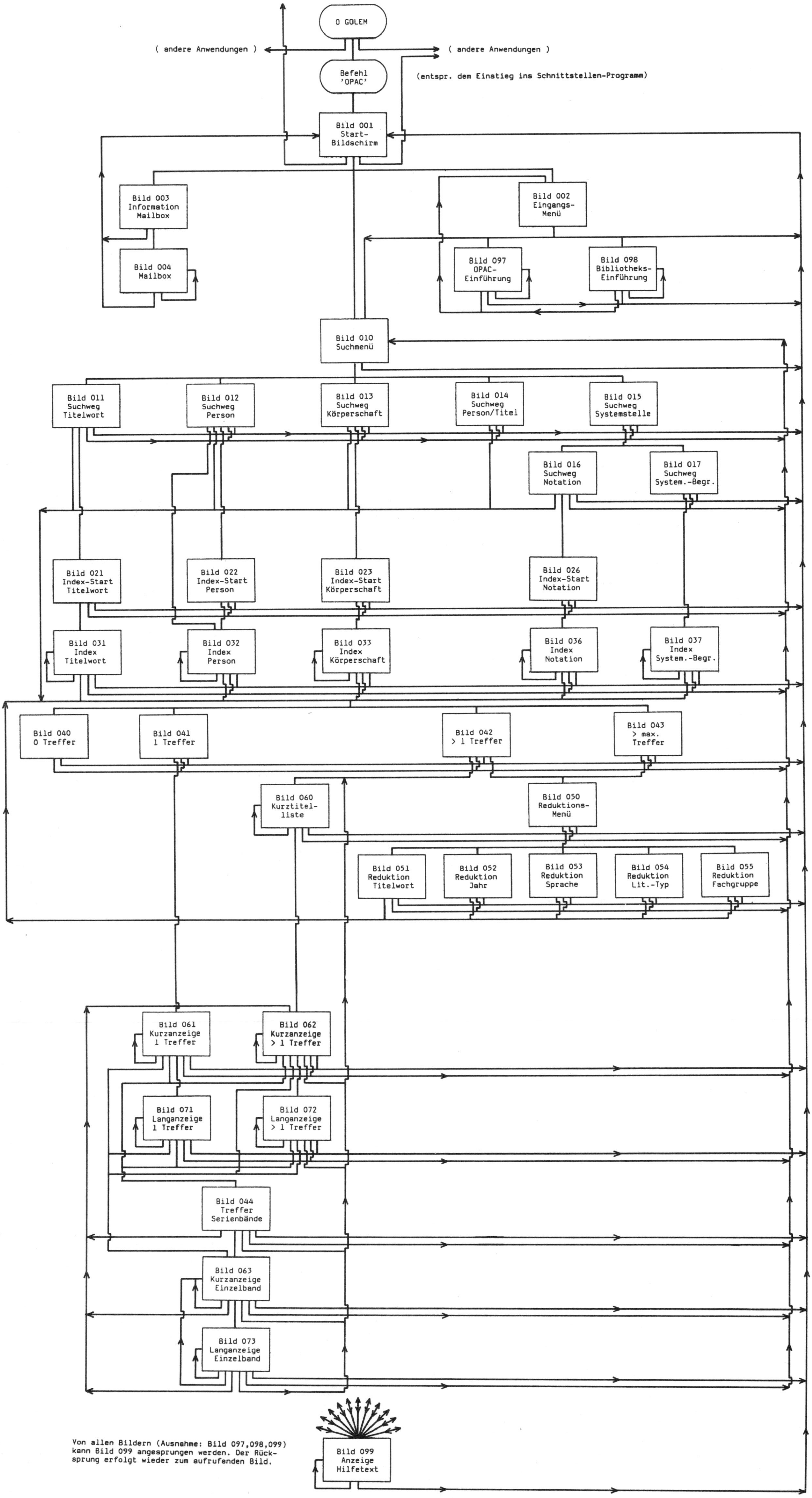

Von allen Bildern (Ausnahme: Bild 097,098,099) kann Bild 099 angesprungen werden. Der Rücksprung erfolgt wieder zum aufrufenden Bild.

Ab Bild 021 sind die Rücksprünge auf den Suchweg (entspr. Bild 011 - 015) nicht mehr aufgeführt.